外国法学精品译丛

主 编 李 昊

德国民法基本概念

从案例出发的德国私法体系导论

（第17版）

［德］哈里·韦斯特曼（Harry Westermann）
哈尔姆·彼得·韦斯特曼（Harm Peter Westermann） 著

张定军 雷巍巍 李 方 译

Grundbegriffe des BGB

Eine Einführung in das System des deutschen Privatrechts anhand von Fällen

(17. Auflage)

中国人民大学出版社
·北京·

主编简介

李昊，北京大学法学学士、民商法学硕士，清华大学民商法学博士，中国社会科学院法学研究所博士后。现任中南财经政法大学法学院教授、博士研究生导师、数字法治研究院执行院长。曾任北京航空航天大学人文社会科学高等研究院副院长、北京航空航天大学法学院教授（院聘）、博士研究生导师。德国慕尼黑大学、明斯特大学，奥地利科学院欧洲损害赔偿法研究所等国外高校和研究机构访问学者。兼任德国奥格斯堡大学法学院客座教授、中国法学会网络与信息法学研究会理事、北京市法学会物权法学研究会副会长、北京中周法律应用研究院理事兼秘书长、北京法律谈判研究会常务理事、北京市金融服务法学研究会理事、北京市海淀区法学会理事、湖北省法学会民法学研究会理事，《燕大法学教室》（简体版为《法学教室》）主编、《月旦法学杂志》副主编、《中德私法研究》和《法治研究》编委委员。著有《纯经济上损失赔偿制度研究》、《交易安全义务论——德国侵权行为结构变迁的一种解读》、《危险责任的动态体系论》、《不动产登记程序的制度建构》（合著）、《中国民法典侵权行为编规则》（合著）等多部书稿。在《法学研究》《清华法学》《法学》《比较法研究》《环球法律评论》等期刊或集刊发表论文五十余篇。主持“侵权法与保险法译丛”“侵权法人文译丛”“外国法学精品译丛”“法律人进阶译丛”“欧洲法与比较法前沿译丛”等多部法学译丛。

代译序

什么是理想的法学教科书

李　昊

2009年上半年，我曾受《法治周末》之约，撰写过一篇小文《德国法学教科书漫谈》，择拾如下：

每一个初入德国法学之门者，必读之书定为德国教授所著教科书。笔者读硕士之时，梅迪库斯教授所著《德国民法总论》方由邵建东教授译成中文引入国内，一时洛阳纸贵。然当时习德文的法学者颇少，德文法学教科书更为罕见。及笔者2004年负笈德国，方得于慕尼黑大学图书馆大快朵颐，每日图书馆阅读疲倦之暇，便至图书馆楼下的小书店，翻阅新近出版的德国法学著作，耳濡目染，逐渐得窥德国法学教科书之堂奥。

德国的法学教科书通常可分为两类，即小型教科书（Kurzlehrbuch）与大型教科书（Großlehrbuch）。

Brox（布洛克斯）教授所著《民法总论》《债法总论/各论》，梅迪库斯教授所著《民法》《债法总论/各论》即属前者。该类教科书以篇幅简短、内容扼要著称（当然，我们看到梅迪库斯教授所著的《债法总论/各论》译成中文时已成大部头著作），多集中于对德国民法基本概念和制度的介绍和阐述。小型教科书最大的优势就是时效强、更新快。由于近年来德国民法修订频繁，民法教科书往往未过一两年即出新版，以2002年德国债法以及损害赔偿法修订前后为甚。另外，小型教科书价格也非常便宜，新书多为20欧元左右（不要换算成人民币，否则仍显昂贵）。而且这些教科书多是一两年便修订一次，每年在图书馆淘汰旧书时购买，往往仅需0.5至1欧元，这也让囊中羞涩的中国留学生得以保有一些原版的德文法学教科书。

后者中经典的如德国贝克出版社所出的绿皮书系列，包括拉伦茨教授所著的《德国民法通论》《债法总论/各论》，鲍尔/施蒂尔纳教授所著的《物权法》，以及德国Springer出版社出版的“法学与政治学百科全书”中属于法学部分的著作，如弗卢梅教授（已于2009年1月28日仙逝）所著的民法总论三部曲、拉伦茨教授所著的《法学方法论》等等。大型教科书多奠基于作者自己的理论体系，借以对相关领域阐幽发微，因而部头颇为庞大。以译成中文的鲍尔/施蒂尔纳教授所著的《物权法》为例，竟然煌煌两大巨册。这种以理论体系建构为特色的教科书不讲求时效性，这也导致它的修订过程比较漫长。以拉伦茨教授的《债法总论》为例，至今使用的仍是1987年出版的第14版。

如果仔细翻阅德国法学教科书，无论是大型的还是小型的，均具有如下特点。

1. 由名家撰写

德国法学教科书多由各大学成名的法学教授撰写，偶尔可以见到由律师撰写的教科书。这与德国的法学教育体制有关，在各大学法学院，大课通常只能由教授讲授，因而，与之配套的教科书也多由教授基于其讲义撰写而成。而且德国大多数法学教科书都是教授独著而成的，不像国内的教科书多采主编制。

如果在翻阅德国民法教科书后，我们还会发现，德国教授撰写的民法教科书中以民法总论最为常见，似乎没有写过民法总论就不能称其写过民法教科书，可见德国法学抽象思维已经深入德国法学家的骨子里了。

2. 通常附有缩略语表和参考文献

如果翻阅德国法学教科书会发现大多数教科书在目录后都会有一个缩略语表，各教科书所附缩略语表内容则略有不同，其中部分为各种法学期刊或者经典教科书的缩略语，如德国常见的法学杂志NJW、JuS、JZ等，部分为德国法学专有名词的缩略语，如无因管理即可略为GoA。这可谓德国法学教科书的一个特色。同时，多数教科书在每章或重要的节次前会提供一个主要参考文献的目录，这可以引导学生在从事研究时有针对性地去查找阅读资料。对于中国留学生而言，查找资料最方便的途径莫过于此。

3. 多援引判例并常常通过小的案例来阐释具体的问题

德国法学教科书最大的特点就是与实务结合紧密。各种教科书中必然会援引重要的法院判例，并加以归类。而小型教科书在阐述具体问题时，也会结合判例设计小的案型帮助初学者来理解复杂的法律制度。这是由于德国法科学生最终的目标是通过国家考试，而国家考试的主要内容即是案例分析，在日常的教科书中结合判例加以阐述，有助于学生掌握判例的基本观点，并加以运用。与此相配套，德国还出版有大量的案例练习书和判例汇编书，而评注书也多是对法院判例的分析整理，目的都在于帮助学生掌握案例分析的基本工具。

4. 师承修订

德国的法学教科书虽然种类繁多，但生命力最长的是那些被奉为经典的教科书。在最初的作者去世后，这些经典教科书便多由其后人或学生修订。如鲍尔（Fritz Baur）教授所著的《物权法》其后便由教授之子Jürgen Fritz和学生Rolf Stürner教授（弗里茨·鲍尔和罗尔夫·施蒂尔纳教授）续订，韦斯特曼（Harry Westermann）教授所著的《德国民法的基本概念》和《物权法》也由其子Harm Peter Westermann教授续订。当然，也存在一些经典教科书并非由原作者的后人或学生修订的情况，如拉伦茨教授的《德国民法通论》后来便由与其并无师承关系的Manfred Wolf教授（曼弗雷德·沃尔夫教授，其《物权法》已由吴越和李大雪教授译成中文）续订。续订后，教科书的书名页便会写明本教科书由谁奠基，由谁修订，作者一栏也随着时间越变越长。

反观国内的法学教科书，是否也有很多可以向德国学习之处呢？

历时十年，该文反映的德国法学教科书的外在特征仍不过时，缺憾的是，没有进一步揭示出德国法学教科书与其法教义学及法典化的关系。就民法而言，可以说，作为19世纪民法法典化典范的《德国民法典》的五编制体系即奠基于该世纪萨维尼、普赫塔和温德沙伊德等法学大家基于对古罗马《学说汇纂》进行研究而形成的潘德克顿教科书及由此演化出的近代民法的概念体系之上。法典化之后的法学教科书则要进一步关注法典的解释和适用，促进法教义学的形成和发展。在此，小型/基础教科书和大型教科书/体系书发挥着不同的作用。德国小型/基础法学教科书最重要的作用就是以通说为基础，借助最精炼准确的语言来表达最为复杂的概念，并借助案例的导入和判例的引入，让抽象概念具象化，奠定学生的基础法学知识体系。而大型教科书/体系书则是在小型/基础教科书的体系之上凝聚作者的学术睿见和思想体系，通过对关键问题的深入分析促进法教义学的发展，进而开拓学生的思维和视野，使其形成更广博的知识结构。

早在 2001 年，谢怀栻先生就在其讲座《民法学习当中的方法问题》中提到了在专与博的基础上来学习民法。[①] 2019 年 8 月 15 日，在谢怀栻先生诞辰 100 周年纪念日之际，该讲座稿又以《谢怀栻先生谈民法的学习与研究》为题在微信朋友圈广泛传播，今日读来仍振聋发聩：

我看到有一些民法书，总觉得他们介绍民事权利，不是整体地从体系上介绍，而是零零碎碎地遇到一点介绍一点。我觉得这样不好。我认为学习民法要首先了解民法的全貌，然后对于民法的基础知识要有一个大概的认识：民法讲权利，什么是权利；民法讲义务，什么是义务；民法讲法律关系，什么是法律关系。当然这些东西你要彻底地搞清楚，不是一开始就行的。但是大体上是可以知道的。比如说我们民法学界直到最近还存在这种情况：讨论这样的问题，讨论民法讲的权利关系。特别是最近制定物权法，所以引起争论：物权法讲的是人与人的关系，还是人与物的关系？**这样的问题在西方国家一百年以前就透透彻彻地解决了，现在我们中国还有人又提出来。**现在还有很有名的法学家提出这个问题：物权究竟是人与人的关系还是人与物的关系？法律关系都是人与人的关系，怎么会有人与物的关系呢？所以这就说明开始学民法就应该把基础概念给学生讲清楚。法律就是解决人的关系，哪里有解决人与物的关系的呢？至于说法律牵涉到物，这是必然的，它是涉及到物，但是它主要的目的不是解决人与物的关系。……所以我就觉得很奇怪的是，有人现在还提物权是人与物的关系。这就是最初学民法时没有把民法学清楚。

那么最初应该怎么样弄清楚这些基本的知识呢？从学生学习方面来说，开始学的时候绝对不能把学习面搞得太广了，**应该抓住一两本书认真地读**（介绍书是导师的责任了）。先不要看外面有这么多民法书，本本都买来看，这样用不着。有的书里面甚至有错误的东西，你学了错误的东西将来就很麻烦了。开始抓住比较好的书，好好地研究透，脑子里有了民法的全貌、基本理论、基本知识，然后再去看别的书都可以。

这就是说看书应该越多越好还是少而精好？学的范围应该多好还是少好？这就是一个博与专的关系，我们做学问都会遇到这样的问题。我很赞成胡适讲的一句话："为学要如金字塔。"**做学问要像建金字塔一样，基础要广，而且要高。**高和广是一对辩证关系，基础越广才能越高，基础小而要建一个高建筑那是不可能的。但是高与广又不是我们一下子就能决定的，我们为了广，什么书都拿来读，那也是不可能的。我一定要把所有的书都读完，再来建高，那也不可能。**高与广是相互循环的，先高一下，就感觉我的基础不行了，**

① 谢怀栻：《民法学习当中的方法问题》，载王利明主编：《民商法前沿论坛》（第 1 辑），北京，人民法院出版社 2004 年版，第 39－41 页。

就扩大基础，然后再高一下，如此循环。所以，读书不要一开始就把所有的书都拿来读，先还是少一点、精一点，等到基础需要的时候，再扩大一下基础。

从谢老的文字中也可以看出，一本经典的法学教科书对于法科学生的基础概念的正确养成具有多么重要的地位，而且谢老提出的质疑也让人反思，作为法律继受国，法学教科书究竟应该怎么写。

德国作为近现代民法理论的滥觞国，其法教义学的理论架构已臻完善，理论和实践互动产生的通说已然形成，民法教科书的撰写和修订则可按部就班进行。反观中国近现代，作为民法继受国，清末民律继受自日本，民国民法则主要继受自德国，并参酌瑞士民法、日本民法、法国民法和苏联民法等。民法理论的继受则与民法典的继受相辅相成。教科书也有着内容和形式上的渐进转型过程，从早先的单纯照搬外国理论，进行简要的法条释义，到逐步有意识地由日入德，建构自己的体系。作为这一时期转型的代表性民法教科书可举例有三：一则为梅仲协先生之《民法要义》。作为概要性的民法教科书，梅先生有意识地追溯到民国民法的源头——德瑞民法进行理论阐述，不局限于民国民法体例，而以体系性为标称。该书亦借鉴德国法学教科书的体例，采用段码体系并提供了法条索引。梅先生还借助执掌台大法律系之便严限学生修习德文，实现了民法理论由日转德。② 二则为民国民法五立委之一的史尚宽先生所著之六卷本的民法全书。其特点为取材广泛，涉猎德日法英诸国法律，注重探本溯源，并结合参与立法之便，阐幽发微，该全书可谓有民法体系书之实。三则为王泽鉴先生所著之八册民法教科书，堪称华文世界民法教科书之典范。该系列教材奠基于先生一贯所倡的民法学说与判例的互动研究以及比较民法的研究，教材内容以德国法为根基，并广泛征引日本法和英美法，同时注重示例的导入和判例的引入，致力于台湾地区民法通说的形成，颇具德国基础法学教科书之神，而又不像德国教科书那样囿于一国。三位先生均具有留学欧陆背景，梅仲协先生留学法国，史尚宽先生遍历日德法，王泽鉴先生则留学德国，三者均精通德日英三国语言，其所撰教科书之厚重和旁征博引自有由来。

中华人民共和国成立后，我国曾经历了数十年的法律空窗期。自 1986 年《民法通则》颁布以来，我国民商事法律体系重现生机，日趋完善，2020 年《民法典》正式颁行。伴随着法律的发展，我国的民商事审判实践也日渐丰富，网络与大数据技术也进一步推动着民事司法和案例研究的转型。虽然此间我们的民商法教科书在借鉴我国台湾地区，以及日本、德国甚或英美私法理论的基础上层出不穷，也不乏偶见的精品，但与德国、日本乃至我国台湾地区的民商法教科书相比，我们所缺乏的仍是能够为广大法科生奠定准确的概念体系，并与审判实践互动，致力于形成通说的法学教科书。既有的民商法教科书或者局限于对法条的罗列和简要阐述，或者作者基于不同的学术背景和留学经历而阐发自己独特的学术观点，在基础概念的分析和外国法例的介绍上也存在诸多错讹，抑或人云亦云，对审判案例的关注也远未达到理想状态，学生并不能有效地借助阅读教科书形成准确的概念体系，并将之加以妥当运用，这也直接造成各地司法实践的差异化。究其成因，除我国现行立法粗疏，缺乏体系考量，并且立法理由无法有效呈现外，现有民法理论和清末民国时期的民法传统出现割裂，学术界对国外尤其是继受母国的基础民法理论不够熟稔及与现今民

---

② 参见谢怀栻先生为梅先生的《民法要义》所撰序言。

法学说发展无法有效接续也是重要原因，诸如法律行为的普适性和适法性之争、债与责任的关系之争以及物权行为与债权形式主义之争等等皆因此而来，而民法理论、民事立法和民事司法实践之间的疏离感及相互角力，也造成了我国现有法学教科书无法有效承载法教义学的重任。

正是基于自己对德国和中国民法教科书的阅读体验，我希冀能够回到中国民法理论的源头去探寻民法概念体系的原貌，梳其枝蔓、现其筋骨，促进中国民商法教科书的转型。2009 年，甫入教职的我就在人大社启动了“外国民商法教科书译丛”的翻译计划，第一批曾设想择取德国、日本、法国和意大利诸国的经典民法教材，邀请国外留学的民法才俊译介引入。当时留学海外的民法人才尚不如今日之繁盛，最后仅推出德国民法教科书 4 本和日本民法教科书 1 本。自 2012 年始，陆续出版了布洛克斯和瓦尔克的《德国民法总论》（第 33 版）、韦斯特曼的《德国民法基本概念》（第 16 版）（增订版）、吉村良一的《日本侵权行为法》（第 4 版）、罗歇尔德斯的《德国债法总论》（第 7 版）以及多伊奇和阿伦斯的《德国侵权法》（第 5 版）。参与的译者中除 2018 年年初不幸罹难的大军外，其他诸位今日已成为各自领域的翘楚。

第一批译著的推出恰逢其时。鉴于德国债法在 2002 年进行了大幅修订，国内尚无最新的德国民法教科书译作跟进，本译丛中的多部译著受到广泛欢迎，尤其是《德国民法总论》多次加印，部分译作甚至因为断货而在旧书市场上被炒作到数百元不等。译丛的装帧设计也从最初的大 32 开变为 16 开本。

市场对译丛的积极反响也催生了本译丛第二批书目的诞生。第二批遴选的书目中除第一批未及纳入的传统合同法、亲属法和继承法教材外，侧重选择了国内尚不熟悉的德国商法教材。译丛的译者也更新为 20 世纪 80 年代中后期甚至 90 年代出生的新一批中国留德法科生。该批译著最早问世的为 2016 年出版的慕斯拉克与豪的《德国民法概论》（第 14 版），2019 年又推出了莱特的《德国著作权法》（第 2 版）。而第一批书目也将根据最新版次修订后陆续推出，2019 年即更新了布洛克斯和瓦尔克的《德国民法总论》（第 41 版）。借 2019 年改版之机，本译丛采用了更为精致的封面设计和更为精良的纸品。现负笈德国波恩大学的焕然君在网络媒体——微信公众号上对本译丛也进行了图文并茂的推送③，使其为更多的学子所知悉。

由于本译丛所选书目以德国基础民商法教科书为主，读者阅读时自当手边备有《德国民法典》④ 和《德国商法典》等法律的条文参照阅读，对于中国法无规定或有不同规定者，自当斟酌差异及其理由，对于相似规定，则可比较有无细微差异，甚或是否为形似而实非，更重要的是要体悟民商法的重要基础概念之内涵及其体系以及司法之运用，以便形成个人体悟之架构。而欲深入学习者，尚可借助译著所附之参考文献，按图索骥，进行深入的专题阅读。对德国民法脉络的掌握也有助于对其历史渊源罗马法的学习，并可以以其为参照促进对属于德国法系的奥地利、瑞士、希腊乃至受到德国民法或多或少影响的日本、韩国、意大利、法国和俄罗斯诸法域民法的理解。

这套译丛是我所主持的数部外国法译丛的“头生子”，虽然自策划起算来已逾十年，

---

③ 即“杰然不瞳”于 2017 年 5 月 30 日发布的《德国民法教科书中译本：书目概览》。

④ 北大出版社的台译本采中德对照方式，有德语基础者可参照双语阅读。

拖延久许，但作为我初入法学出版领域的敲门砖，有着别样的意义！译丛得以推出要真诚地感谢人大社法律分社的杜宇峰女士，无论是选题的报送还是版权的联系，她都不辞辛劳！感谢施洋等诸位编辑的辛勤耕作，为译丛的及时出版和质量完善提供了有效的保障！感谢诸位年轻译者一直以来的支持，能够忍受我的催稿督促！

借助两批书目的译介，本译丛将基本完成德国民商法基础教科书的体系化引入。我期待能够通过对国外尤其是德国和日本最新的经典基础民商法教科书的引介，回到我国民法体系的理论源头去探寻准确的民法概念体系，为学生学习民商法和学者进一步深入研究提供更为准确的参照，同时为我们形成自己的民商法教科书体系迈出第一步。如有所成，当幸甚焉！

第 17 版序言

乍看之下，本书的标题与上一版相比只有微小的变化，仍然是关于“德国民法基本概念”。然而，这不应该让人产生这样的印象，即这些通过法律案例才能生动阐明的最重要的私法基本特征，似乎仅仅经由概念的解释就能呈现了。现如今，对法条概念和科学方法准确而清晰的运用仍然至关重要，而德国私法建立在一套基本价值、主导思想原则以及对这些基本价值和思想原则在概念上的精准定义及最终在个别法律案例中的具体化之上，这一点同样十分明确。正是在这样的语境之下，本书新版试图通过作者在学术研究和教学中的经验，依托其中最重要的基本概念来介绍我们的私法体系。这自然也必须要涉及法律改革以及作为这些改革之基础的法律和社会政治理念，这也促使本书的新版需要进一步关注欧盟所规定或者欧洲法院通过判决所续造的对欧盟成员国在法律上的要求。

很明显，这些发展可能会给在本国法律制度中的工作者（还有学习者!）带来不少有分歧的问题。因此，本书的论述必须比以往更加深入地涉及那些仍未解决以及部分有争议的问题，并在某些情况下提供深入阅读的指引。不过总体而言，读者仍然可以相信，在本书中所论述的私法体系中产生和发展出来的信念和具体决策，还是始终关注着已经明确化的法律适用实践（绝不只是法院的实践），这一点对于体系的介绍以及后续的考试准备是很有必要的。

因此，这本著作适合法学院新生阅读，根据法学院的学习课程安排，他们本来也不必担心或者说也不用指望在第一个学期就会面对私法或者哪怕仅仅是《德国民法典》的全部范围。不过，无论如何读者也应该在他的法学教育起步阶段就至少熟悉本书中所论述的债法和物权法条文，稍后也应该熟悉家庭法及继承法的相关规范，因为对于专业学习而言十分必要的民法练习是以对这一领域的条文具备一定的认识为前提条件的。

对于本书在这一版本中所追求的这些目标，作者如果能够从读者那里获得建议和批评，那将会受益匪浅。

哈尔姆·彼得·韦斯特曼

2013 年 7 月于图宾根

第16版序言

本书第16版的修订并不仅仅局限于对文章内容进行审查式的修订。1999年以降，恰值本书前一版本出版之后，民法的发展速度惊人，其主要原因在于欧盟指令的影响。因此在新版本中，必须关注因消费品买卖指令而几乎被完全重新构建的民法典债法编，它导致对买卖法和给付障碍法（以及这些章节之间的关系）进行了一个全新的阐释。因此，我全部重写了前一版本中的第九章和第十一章，重写的部分还有买卖法的第十二章第一节以及第十章的一些重要内容。我决定在第十一章中纳入之前未在本书研究的一系列问题，例如消灭时效，它在债法改革中同样得到了根本性的变革。

一个面向积极进取的读者群的新版本，不应仅仅满足于阐释一些通过立法或者法院判例发展而来的、新的、部分也是从特别法纳入民法典中的个别规定，还应该尝试使影响我们民法的一些法律政治主要潮流发挥其应有效用。因此，在本书的前几个章节中，尤其在第二章和第六章中，比之前更加着重地阐释了主要涉及消费者保护的欧盟法之目标。

第1版序言给出的重要建议——拿着《德国民法典》的法律条文研究本书——同样适用于这个新的版本，甚至比之前更加重要，因为曾被规定在特别法中的众多条文因债法改革而被纳入民法典中，法典虽然未更加层次分明地规定它们，却使其内容更加接近民法的实际。

如果作者能从读者群中获得对这个版本的建议和批评，那无疑将促进本书所追求目标的实现。

哈尔姆·彼得·韦斯特曼

2004年9月于图宾根

第 12 版序言节选

在第 1 版的序言中，已经阐释过这样的尝试，即借助法条和简单的案例向读者呈现对包罗万象的日常生活事件进行规范的合理法律制度；在这样一本书的每个新版本中，都必须以独立的方式进行这个尝试。这特别适用于，新的修订者以一个被证明有效的构想为基础，并使用这个已经卓有成效的教义学方法，以阐释已被修改的法律条文、实践应用的重点，以及最重要的是人们对社会问题和法律问题态度的转变以及因此法律工作者对这些问题看法的转变。与本书早先版本和最初构想的时间间隔以及作者的代际更替这些事实总是会促使重新修订。在修订时，本书全方位地关注了以下这些问题：当今《德国民法典》的基本概念有哪些？应该如何介绍这些基本概念以及在应用中最容易产生哪些实践问题（此亦为法典编纂所考虑和要解决的可能性和困难）？因此，与本书之前版本的结构相比，在新版本中，一些章节的比重——比如债法和物权法的比重、动产物权法和土地法的比重，以及一些新规定的特别领域的比重——与先前的结构安排相比，部分地得到调整。书中各处都增加了新的案例。然而，最重要的是本书用于教学的目的未曾改变。鉴于教学的实践经验，这一追求对新版本的作者产生了重大影响，这并不比本书创始人受到的影响小。同样，一如既往地欢迎各位读者就本书的基本设想或者文本中的具体部分向作者提出建议和意见。

哈尔姆·彼得·韦斯特曼

1988 年 8 月于柏林

第 1 版序言节选

（序言，不仅仅要阅读，还务必牢记于心。）

创作本书的原因在于，我在教学过程中发现：一般的初学者往往不能领悟抽象的法律条文，遑论过后能够记住它们；案例则可以激发他们的兴趣，并使他们过后能够再次记起。然而，法律和法学并非来自对案例分析解答的堆砌。案例在很多情况下只是通向理解抽象法律条文的桥梁；然而，从另一方面而言，这些法律条文本身也不应被视为目的，而是用来帮助理解对包罗万象的日常生活事件进行规范的合理法律制度。

首要的原则在于，读者必须尝试自己解决案例，但并非依赖自己的善良之心或者法律直觉以求解答。读者必须拿着法律条文，尝试寻找和应用适当的条文。读者亦必须阅读和仔细思索文中所引用的每个条文。因此，每位意图仔细钻研本书的读者都必须准备一本《德国民法典》以及相关特别法规范的文本，并且经常使用它们。

书中案例的解答仅仅是范例性地应用法律条文和法学方法，并通过这些方法发现法律、应用法律和分析法律。显而易见，这样的一本著作适合于初学者。因而，应该在钻研系统化的著作之前阅读这本书。当然，本书也无意替代这类系统化的书籍，而是应作为对其有益的预读文献。本书每章的结尾均提供小结和其他可供参考的教科书，在其中，勤奋的读者可以发现各式各样的用来解决特定问题而必需的特别文献。这本用于引领入门的书籍亦会有助于将来的复习。

本书资料的选择符合教学的目的，并以人们在研究《德国民法典》时必须理解的基本概念为准。因此，在第一学期仍在与总则的难点作斗争的读者，如果也能够借此通读本书的债法和物权法部分，则是最好不过了。如果读者已经了解民法典第二编和第三编中的基本概念，那么总则部分的抽象条文会变得生动活泼。

本书并不探讨有争议的问题。本书通过对基本概念的阐述，致力于使理解和自主解决这些争议问题成为可能。

哈里·韦斯特曼

1958 年 5 月于明斯特

缩略语表

（以德文字母为序）

a. F.	alter Fassung	旧条文
AbzG	Abzahlungsgesetz	《分期付款买卖法》
AGB	Allgemeine Geschäftsbedingungen	一般交易条件
Art.	Artikel	（宪法或法律的）条
BauGB	Baugesetzbuch	《德国建筑法典》
BGB	Bürgerliches Gesetzbuch	《德国民法典》
BGH	Bundesgerichtshof	德国联邦法院
BGHZ	Entscheidungen des BGH in Zivilsachen	《德国联邦最高法院官方民事裁判集》
ders.	derselbe	同一的
EheG	Ehegesetz	《婚姻法》
1. EheRg	1. Gesetz zur Reform des Ehe- und Familienrechts	《婚姻法和家庭法改革一号法》
ff.	folgende	以下各……
GBO	Grundbuchordnung	《德国土地登记簿条例》
GewO	Gewerbeordnung	《德国营业法》
GG	Grundgesetz	《德国基本法》
HausTWG	Gesetzüber den Widerruf von Haustürgeschäften und ähnlichen Geschäften	《德国上门交易及类似交易撤回法》
HGB	Handelsgesetzbuch	《德国商法典》
i. d. R.	in der Regel	通常
i. V. m.	in Verbindung mit	连同适用……
NJW	Neue Juristische Wochenschrift	《新法学周刊》
RG	Reichsgericht	帝国法院

Rn.	Randnummer	（书中段落的）边码
sog.	sogenannte	所谓的
StVG	Straßenverkehrsgesetz	《德国道路交通法》
ZPO	Zivilprozessordnung	《德国民事诉讼法》

若无特别说明，本书所引法律条文即为《德国民法典》中的条文。

文献目录

Brox/Walker, Erbrecht, 25. Aufl. 2012;

Brox/Walker, Schuldrecht Allg. Teil, 36. Aufl. 2012;

Brox/Walker, Schuldrecht Besonderer Teil, 36. Aufl. 2012;

Brox/Rüthers/Henssler, Arbeitsrecht, 18. Aufl. 2011;

Buck/Heeb, Kapitalmarktrecht, 6. Aufl. 2013;

Dethloff, Familienrecht, 30. Aufl. 2012;

Emmerich, Schwerpunkte, Schuldrecht Besonderer Teil, 13. Aufl. 2012;

Erman, HdK zum BGB, 13. Aufl. 2011;

Frank/Helms, Erbrecht, 5. Aufl. 2010;

Köhler, BGB, Allg. Teil, 36. Aufl. 2012;

Kühl/Reichold/Ronnellenfitsch, Einführung in die Rechtswissenschaft, 2011; Looschelders, Schuldrecht Allg. Teil, 11. Aufl. 2012,

Looschelders, Schuldrecht, Besonderer Teil, 8. Aufl. 2013;

Medicus, Allg. Teil, 10. Aufl. 2010;

Medicus/Lorenz, Schuldrecht, Allg. Teil, 20. Aufl. 2012;

Medicus/Lorenz, Schuldrecht Besonderer Teil, 16. Aufl. 2012,

Michalski, BGB-Erbrecht, 4. Aufl. 2010; Münchener Kommentar zum BGB, Bd. I, 6. Aufl. 2012; Münchener Kommentar zum BGB, Bd. Ⅱ, 6. Aufl. 2013; Münchener Kommentar zum BGB, Bd. Ⅲ, 6. Aufl. 2011;

Prütting, Sachenrecht, 33. Aufl. 2008;

Prütting/Wegen/Weinreich, Kommentar zum BGB, 8. Aufl. 2013;

Rüthers/Stadler, Allg. Teil BGB, 17. Aufl. 2011;

Schack, BGB/Allg. Teil, 13. Aufl. 2011;

Schlüter BGB, Familienrecht, 14. Aufl. 2012;

Schwab，Familienrecht，19. Aufl. 2011；

Wertenbruch，BGB Allg. Teil，2. Aufl. 2012；

Westermann/Gursky/Eickmann，Lehrbuch des Sachenrechts，8. Aufl. 2012；

Westermann，Schwerpunkte Sachenrecht，12. Aufl. 2012；

Westermann/Bydlinski/Weber，Schwerpunkte Schuldrecht Allg. Teil，7. Aufl. 2010；

Wolf/Wellenhofer，Grundrecht des Sachenrechts，26. Aufl. 2011.

目录

Contents

第一章
自 然 人

案例 1： 根据德新社的一则消息（《法兰克福汇报》1999 年 3 月 15 日），英国的《星期日邮报》报道，在英国斯陶尔布里奇镇，25 只猫从它们早前的主人那里继承了一座房子，并可以住在房子里直到它们生命终结。这个主人的朋友有义务每日给猫送食物并清洁猫厕。为使猫继续感到它们生活在自己家里，家里的布置不能改变。

第一节 权利能力

如果这个案件发生在德国，那么有几个方面值得注意。因为（被继承人的或者仅仅是报社记者的）这个想法似乎要走到这一步，即这些猫可以针对被继承人的朋友享有一个请求权，并且是这栋房子的继承人。但这仅在它们能够享有权利的情况下方有可能。对此，仅取决于“能够享有”，而不取决于提出权利请求的能力。因而关键是，猫是否可作为权利的享有者。由此，**权利能力（Rechtsfähigkeit）**的问题被提出。尽管在法律规范中关于权利能力的规定存在一些解释空间，即使这里是考虑到动物才提出了该问题，但其所涉及的是一个人性的基本决定（Grundentscheidung）。因此必须立刻再回到动物的例子和人的集合体的例子。 1

1. 有权利能力即意味着能够作为权利的享有者和义务的承担者；有权利能力的即是**权利主体**（Rechtssubjekt）。谁是权利主体，则由法律规范确定。这并不是一个法律制度预含的规定，特别是当宪法——比如《德国基本法》第 1 条或第 2 条——包含了对人之生命的承认和保护的指导性规定（Vorentscheidung）时。虽然权利的主观性（Subjektivität）在所有法律领域都具有重要意义，但传统上，该规则的立足点是私法，首要的是《德国民法典》。《德国民法典》对其规定，对所有在 2

该法典中被规范的关系[①]以及全部私法上的关系，即由私法规则所规定的人与人之间的法律关系，均具有普遍的决定意义，即使该关系并非规定在《德国民法典》之中。这一点在《德国股份法》、《德国有限责任公司法》以及《德国合作社法》中所规定的商事组织之权利能力的取得和丧失上最明显不过了，这将在下文 2 中予以介绍。**动物（Tiere）**没有权利能力，尽管通过《德国民法典》第 90a 条对它进行了特别保护，但对其仅得准用关于物的规定而作为人之权利的客体。

3 2.《德国民法典》第 1 条规定了自然人的权利能力始于何时；这一规定仅在此前提下方可理解，即自然人是有权利能力的。事实上也是如此。自然人的权利能力对《德国民法典》来说是如此的理所当然，以至于在法典中未对此作出明确规定。

> 人们或许认为，《德国民法典》的这一基本决定源于人权的一般认识。不过人权首先属于国际法规范，尽管目前尚无对全球有约束力的相关法典（Kodex）；而且在那些事实上承认个人享有独立请求权及相应保护性权利的社会（Gesellschaft），与那些仅将个人视为集体组成部分的社会之间，存在重要区别。尽管联合国大会一直致力于建立对全球有效的规则，但目前而言，其要辐射到私法领域尚依赖于内国法规范的肯定，而德国法则在当下民法领域亦须予以关注的、被人们称为“基本权利”的影响下构建该当权利群。[②]

4 法律技术上的考虑对权利能力的赋予也发挥着作用，不仅自然人具有权利能力，而且通过法律制度的积极肯定而规定的**人的集合体（Personenzusammenschlüssen）**（社团、有限责任公司、股份有限公司），以及在个别情况下甚至财产的集合（基金会，第 80 条）的权利能力被承认，也是可能的。

> 或许可以在本章开始的案件中这样确定这一遗嘱，即被继承人的财产应当由某个相关的社团（比如动物保护组织、猫咪饲养组织或者类似的其他组织）继承，其作为法人根据《德国民法典》第 21 条享有权利能力并因此也能够负担规定的义务，即以报道中所描述的方式对猫进行照料。

5 在承认自然人的集合具有权利能力时，法律以合目的性的视角为标准；根据合目的性的观点也允许自然人的集合享有权利能力；因而可以规定，一个法人（当然）不能结婚；也可能规定，其不能成为另一个公司的管理人、继承人或者监护人。[③]

6 根据利益判断的标准，以及合目的性的标准，《德国民法典》必然进一步通过一个确认性（positive）规范，决定**权利能力的开始（Beginn der Rechtsfähigkeit）**

---

① 关于《德国民法典》的结构，见本书第二章第一节。

② 关于人权的含义，详见 Ronellenfitsch：Kühl/Reichold/Ronellenfitsch，Einführung in die Rechtswissenschaft，2011，§ 16 Rn. 13 ff。

③ 关于将法人设定为监护人的不同标准，见《德国民法典》第 1791a 条。

这个常有疑问的问题［作为可能的起点纳入考虑的有：怀孕（Erzeugung）、生育的开始（Beginn der Geburt）、婴儿的首次生命表征（erste Lebensaeuserung des Kindes）］等。《德国民法典》第 1 条选择了生育的完成（从母体脱离）这一最早享有权利能力的可能，以及相对较容易被确定的时间作为该时间点。与此相反，**刑法**（Strafrecht）则通过《德国刑法典》第 218 条的一个极有争议的规则，对一个尚未出生的生命——胎儿，提供了保护。④

根据人性的和社会政策的立场，此点具有决定性意义，即权利能力不与其他任何东西相关而仅与纯粹的人之存在（bloße Menschsein）相关。这一点是基于生命的本质源于人本身。基于这一回到对人权的承认的立场，如之前个别法律规定那样，将人的家庭出身、国籍、种族、宗教信仰或者其他的特征作为权利能力的起点或前提加以要求，是不能接受的，对此也参见《德国基本法》第 3 条第 3 款。权利能力不取决于年龄、理性、识别能力或行为能力（Handlungsfähigkeit），也不仅仅取决于生存能力。德国法律体系无疑在如下方面作出了一个变革，即在特定情况下，私法关系受到当事人**社会角色（soziale Rolle）**的影响，当《德国民法典》第 13 条和第 14 条规定了何为“消费者”，何为“经营者”时，便意味着，在消费者与经营者从事的特定法律关系中，从经营者在与消费者的法律交易中的优势地位出发（而非基于一般政策考量），安排了一个对消费者利益进行保护的法定预防措施。这一保护的必要性，即为消费者解除对其已经生效的合同提供明显宽松的可能性，系于人之关系，并不包含对权利能力的扩张或改变，而是对“经营者”在与“消费者”的交易中自由设定义务的限制。因此这一发展必须与人的行为能力及“消费者保护”的规定结合起来讨论，见本书第二章第二节 3。 7

纯粹的人之存在对权利能力具有决定性，这也得到了《德国基本法》第 1 条的宪法性保障。严重畸形的孩子，即被医生认为不能生存或者永远不可能有智力发展的孩子，是人并因此是有权利能力的。前面案例中的猫则不是。 8

私法将权利能力与纯粹的人之存在相关联，仅在近代方实行。所有旧的法律至少部分地将权利能力与人的某些特征联系在一起，比如其出生或者其属于何群体。古代的法律规定甚至将人作为物加以认识（作为奴隶），在中世纪和近代早期存在所谓的家奴（Leibeigene）。

3. 在私法中，**外国人（Ausländer）**在很大程度上与德国公民被同等对待（这与在公法中不同，比如选举法）。不过当涉及外国人的法律关系的规则时，也必须考虑其本国的法律，比如其年龄是否可以缔结一个有效的婚姻；此类问题是私法特别规范——国际私法——的调整对象，其作为内国法规定了德国人也可能参与其中的 9

④ 对此，以及出生过程中保护的特殊问题，参见 Kühl：Kühl/Reichold/Ronellenfitsch，Einführung in die Rechtswissenschaft，2011，§ 32 Rn. 25 ff。

跨国事务（比如一个德国人与一个外国人结婚，从而通过一个德国人取得一块在外国的土地；两个在柏林生活的土耳其人的遗嘱；一个荷兰人与一个德国人在阿姆斯特丹斗殴）。另一方面，大量增加的跨境商业活动（不仅限于欧洲），也促使制定此方面规则的国际努力不断加强，特别是在合同法领域。[⑤]

10 同样的一个新发展，即因为欧盟而制定的一项**反对歧视（Diskriminierung）**特定人或特定人群的法律规则，德国私法在**《平等待遇法》（AGG）**的框架下产生，该项发展之影响尚无法清晰预见。其重点在于，当一个相对人同意与某个私人（Privatperson）订立合同时，限制该私人的缔约自由（例如：一个酒店不容留来自非洲的人过夜）。一个非常棘手的复杂问题是，如何平衡这种限制与属于私人自治范畴的缔约自由之间的关系（第六章边码 155）。

11 4. 大体而言，权利能力体现为，一个自然人或者一个法人（主要为人的集合体）可以享有权利，其可以指向**物（Sachen）**，甚至可以像所有权那样表现为支配关系（《德国民法典》第 903 条）。所有权的客体也包括动物，尽管动物也可能作为制定法规范（Schöpfungsordnung）要保护或照料的客体（比如《德国动物保护法》和《德国文物保护法》）。《德国民法典》未在任何法律条款中规定动物具有权利能力。动物在一定程度上被置于其所有权人的任意（Willkür）之下的结论，借助于 1990 年新修订的《德国民法典》第 90a 条，即规定动物不是物，以期对这一状况予以矫正。同时应当注意到，动物同为造化造物（Mitschöpfe），但法律规范的基本规定并未改变，即动物并不分享人的权利能力及基于权利能力产生的相应法律后果。《德国民法典》第 90a 条第 2 句规定，关于物的规定准用于动物。法律规范对动物的必要保护，主要在《德国动物保护法》中通过公法性途径得到实现。

所以前面案例中的猫不能享有自己的请求权。如果被继承人死亡后须对这些猫进行照料，那么可以通过将猫的所有权移转给一个人，而该人享有要求继承人对猫进行必要的照料的请求权。这一点也应当予以考虑，即一个自然人或法人作为继承人并因此成为猫的所有权人，由此其在遗产范围内对被继承人的那些对猫负有义务的朋友享有一个要求他们照料猫的请求权（关于继承法见本书第二十章）。

12 5. 随着人的死亡——与灵魂不死的基本信仰无关，源于他的权利能力**消灭（endet）**。

案例 2：在 K 出生时其母亲死亡；K 的父亲 V 不幸于两天后死亡。V 拥有一个大的企业。现在谁是该企业的拥有者（Inhaber），享有 V 的权利并承担 V 的义务？

这一法律原则对于《德国民法典》来说也是如此的理所当然，以至于该法

---

⑤ 部分提示参见本书第二章第三节。

典并未对此进行明确的规定。死亡时间的确定也被认为是没有困难的，而且放弃了一个与《德国民法典》第1条相应的关于权利能力之消灭的规定。但由于医学的发展，关于死亡时间的正确标准在今天非常难于确定；其部分地根据临床上的全部表征，部分地也根据脑功能是否确定地、不可逆转地丧失。尽管绝对普遍的标准意义重大，但其仅是针对特定场合的决定，在作出这一决定时，立法者——比如以器官移植为目的之器官摘除的前提性规则——也可能要求以一个确定的程序为根据，比如一个或两个医师委员会的决定。

因为不存在终结人之存在的其他方式，所以除死亡外，也不存在其他权利能力丧失的原因；特别是，在我们的法律规则中不存在基于法律上之行为（Rechtsakt）的权利能力丧失。当被宣告死亡之人尚生存时，根据1958年1月15日的《德国失踪法》所作的死亡宣告⑥不生效力。 13

随着人因死亡而丧失权利能力，所有基于该人产生的权利和义务均变得没有主体。为避免出现这种情况，《德国民法典》第1922条让继承人取代被继承人（死者）的地位，对这一地位，即使继承人完全不知道继承已经开始以及自己是继承人，也发生地位的取代。针对继承人的权利纠纷，通常仅在（继承）程序结束而确定了谁（在继承案件中）取得继承权之后方得出结论。谁成为继承人，立遗嘱人在遗嘱中确定（参见本书第二十一章第二节）；如果没有这样的遗嘱，法定继承发生效力（参见本书第二十一章第一节）。 14

如果V未立遗嘱，那么K成为V的继承人，参见《德国民法典》第1924条和第1930条。K在V死亡之时继受V所有的权利和义务。这是可能的，因为K自出生时即享有权利能力；不过K却不能行使该权利，因为他没有行为能力（参见本书第三章），所以考虑到其父母双亡，其权利的享有必须通过监护得到保障。这在家庭法中得到规定，即《德国民法典》第1773条（见本书第二十章第三节）。

案例3（案例2的变化案例）： V在K出生前两个月死亡。在K出生后其母亲也死亡的情况下，K能否继承其父亲的遗产？

V死亡之时其权利和义务能向K移转，则K必须是有权利能力的，参见《德国民法典》第1923条第1款。而K只有在出生之后方享有权利能力。为了避免K作为继承人被排除（这有违在家庭法领域尽可能地保护继承人的考虑）或者出现困难的生存状态，法典通过第1923条第2款提供了帮助。法律不能使K在此前三个月出生，却可以规定，如该小孩在继承开始之前已经出生那样"发生效力"，通过 15

---

⑥ 其要解决的是，由于自然人陷入重大危险之中（比如战争）而导致其命运不可知，与之相关的资格（Brechtigungen）和人身法律关系（比如婚姻）从而不再那么确定，借由此制度排除该不确定性。

这样的一个**拟制（Fiktion）**，法律用一个仅被预设的案件事实取代真实的案件事实，确定了这一法律后果。

如果假定 K 在 V 死亡之时已出生，那么 K 同样成为 V 的继承人。但前提是，K 在出生后至少存活了一定的时间。在 K 出生时是活体且立刻死亡的情况下，V（的遗产）也由 K 继承，而在 K 死亡时，K 的财产（即遗产）由 K 的继承人，比如父亲一方或母亲一方的亲属继承。如果 K 出生时是死体，那么 K 不能继承 V 的遗产，其遗产由 K 的母亲，即 V 的妻子继承，并因为她的死亡而由她的继承人继承。

第二节　人的保护

案例 4（案例 2 的变化案例）： 如果 V 因为一个应由 X 负责的事故死亡，K 有针对 X 的权利吗？

16 人在重要法益方面针对有过错的侵害受到保护（一部分无过错导致的侵害也受到保护，参见比如《德国民法典》第 833 条，《德国道路交通法》第 7 条）。《德国民法典》第 823 条创设了过错违法侵害法益（Rechtsgütern）时的损害赔偿请求权，生命、身体、健康亦属法益的范畴。这一保护通过一系列的规定得到补充，参见比如《德国民法典》第 12 条对姓名的保护、第 824 条对名誉的保护、第 826 条针对故意违反善良风俗之损害的一般保护。这些被称为“侵权”请求权的有效射程，主要取决于，财产持有人对财产上的法益享有什么样的保护（详见本书第十四章第一节）。基于《德国民法典》第 823 条之损害赔偿请求权的前提是，受害人和受损人是同一人。

参见《德国民法典》第 823 条的条文：被保护的是他人的生命，赔偿请求权对该他人存在，而不是一个其他的人。

17 V 被侵害，受损人是 K，他没有了抚养义务人（“抚养人”）。仅基于《德国民法典》第 823 条，K 不享有针对 X 的赔偿请求权。为了那些被剥夺了一个法定扶养费请求权（与之相反的是意定的请求权）之人的利益，《德国民法典》第 844 条将上述赔偿请求权予以了拓展。

因为 K 本来对 V 享有抚养费请求权（参见《德国民法典》第 1601 条及本书第二十章），X 根据《德国民法典》第 823 条、第 844 条对 K 负有赔偿责任。这里，法律也将这一保护扩及至已孕育但尚未出生的胎儿，参见《德国民法典》第 844 条第 2 款第 2 句；这一规定与《德国民法典》第 1923 条第 2 款相符。

本章小结

对于权利能力，我们这样理解它，即能够作为权利的享有者和义务的承担者。其必须与行为能力相区分，后者的意思是，可以通过自己的行为获得权利和承担义务。每个自然人都有权利能力。权利能力的基础是人之存在，而非比如人的一个自然属性、社会的或经济上的成员地位。权利能力始于出生的完成。法律在一些具体规定中将权利能力提前了。随着人的死亡，其权利能力消灭，这是权利能力消灭的唯一原因。被继承人死亡之时，其财产自动地移转给其继承人。法律避免了被继承人的权利和义务变得没有主体。

人的重要法益通过防护性请求权（Abwehranspruch）和赔偿请求权得到保护。

第二章 《德国民法典》及特别私法规范的结构和意义

18 在第一章介绍的自然人（natürliche Person）的权利能力，是民法，包括整个私法领域的重要核心概念。基于此，人们方理解这样的法律原则，即权利的享有者和义务的承担者与他们在国家生活中实际所处的地位无关，而是作为人，作为原则上享有同样的自由和平等的人相互面对。[⑦] 民法典是私法领域最重要的规范，它就私法领域中对每个人最核心的内容作出了规定。同时，在民法典之外还存在一些特别的私法规范，其中一部分并未以法律条文的形式出现（详见本章第二节）。

第一节 《德国民法典》的基本结构

19 1. 看一看《德国民法典》的目录就会发现：《德国民法典》分为五编，即总则、债法、物权法、家庭法和继承法。首先人们可以对第四编和第五编作这样的简单描述：家庭法规定了亲属关系、婚姻及其法律后果（比如供养费，当然，还包括离婚），同时，规定了对未成年人及法律上需照顾者的照料，就此点而言，其重点是尽可能地消除婚生子女与此前所谓的非婚生子女之间的区别。在家庭法领域，现在针对未结婚但共同生活在一起的伴侣的平等待遇的一般政策，正进行着一场热烈的

---

⑦ 在此意义上区分公法与私法，在一些具体细节上已经非常困难，因为主要规定主体之职权（也包括义务）的公法已经成为一个涉及面广泛的规则复合体，其将《版税征收协会法》（Verwertungsgesellschaftsgesetz）第6条的规则转化为经济和社会法规，“公法之手”以各种方式介入到私人之间与经济相关的关系之中。参见Ronellenfitsch的导论：Kühl/Reichold/Ronellenfitsch，Einführung in die Rechtswissenschaft，2011，§14 Rn. 1 ff。

讨论，这很大程度上通过2001年2月16日生效的**《生活伴侣关系法》(LPartG)** 得到实现，取代男女之间的婚姻，即《德国民法典》第四编第一章所标识的“民事婚姻”(bürgliche Ehe)，该法规定的是同性生活伴侣关系。继承法规定了当一个人死亡时其财产（即所谓的遗产）的命运，其涉及谁成为继承人（基于法定亦即自动成为继承人，或者基于遗赠、遗嘱或继承合同）及该继承人享有何权利、承担何义务。

因为继承人经常通过亲属关系被确定，所以继承法与家庭法有非常紧密的联系；这种联系的密切性从这一点也可以看出，即被继承人尚生存之配偶的继承法上地位，受其与被继承人生前共同遵守的婚姻财产制度的决定性影响，对此《德国民法典》第1931条第4款有规定（详见本书第二十章）。

2. 民法上的财产法居于第二编（**债之关系法**）与第三编（**物权**）的核心地位。 20
债法的客体，是两个特定的或可特定的法律主体之间的法律关系，基于这一关系，一方须作出某给付（债务人），另一方应获得某给付（债权人），见《德国民法典》第241条第1款，详见本书第九章。

债之关系贯穿并决定所有法律主体的生活。当我们买卖某物、租赁某物或者缔结某种劳务关系时它便成立了（合同之债）。因过错导致的事故（所谓的侵权行为）、无法律基础的财产移转（因过失而对已清偿债务的支付）或者类似的事实亦可能产生债之关系（法定之债）。债法规定了这些债之关系的内容及其发展，比如债的履行、让与、债权人对瑕疵给付的应对。上文（第一章第一节2）已经提到的消费者保护的思想（在其与一个“经营者”的债之关系中），也属于债法的范畴，且作为重点被进行了规定。

有些困难的可能是对物权法客体的把握。物权法规定物的法律上归属及这种归 21
属关系的内容。

谁是这块土地的所有权人？基于其所有权他可以对这块土地做什么？所有权人可如何使用其法益（Rechtsgüter）提供担保以获得有保障的贷款，比如通过将债务人所有的土地向债权人设定物权？所有权人必须忍受因相邻土地上的噪声、气味造成的影响吗？他能取得一辆因主人疏忽未锁而被小偷偷走并短暂使用后出卖的自行车的所有权吗？如果是一辆小汽车又如何？这是物权法中的一部分问题。此外，以下属于物权法的内容，即某人究竟如何成为物的所有权人及对物的占有有何意义（关于占有与所有权的区别，见本书第十六章第一节）。

债法和物权法基于此而紧密联系，即许多债法上的过程（Vorgang）结束于物 22
权法上。

例如，根据《德国民法典》第433条第1款，一份买卖合同（债法上的关系）使出让人负有移转标的物所有权及占有给买受人的义务；这样，这一买卖合同通过一个物权法上的过程，即通过所有权向买受人的移转得到履行。这一所有权的移转，就动产而言，根据《德国民法典》第929条需要双方合意（Einigung）及交付（Übergabe）；就土地而言，根据《德国民法典》第873条需要双方合意及登记。

23 德国法的一个特征是，与这一债务合同即买卖合同相对应的，总是涉及一些独立的合同。然而这些合同基此相互联系，即所有权的移转履行了基于买卖合同的义务；但这并不否定这些合同的独立性。负担行为和履行行为是两个各自独立的合同，这一点对于德国民法的初学者以及解决实践案例非常重要。详见本书第八章和第十七章。

24 最难的是对《德国民法典》总则的内容进行简要描述。**总则编（Allgemeiner Teil）**规定了一些概念和规则，这些概念和规则对《德国民法典》的其他各编或数编，有时甚至对其他私法规范（比如《德国商法典》），具有重要意义，例如意思表示的概念（《德国民法典》第116条及以下），是所有领域合同的缔结的基础。这些普遍有效的概念在一定程度上被放在括号之前*规定并被赋予普遍效力，借此，立法者无须对这些概念进行重复规定或定义。这便意味着，它们常常作为没有具体法律后果的抽象概念出现，其实践意义和生命仅在将它们与具体的法律安排结合起来观察时方得显现。

正如物的概念，这一概念在总则编仅作了较少的规定，参见《德国民法典》第90条及以下。只有当这个物应当被移转、出质或出卖时，才获得一般概念的生命。权利能力和行为能力也是如此，这两个概念对整部法典，甚至对整个法律都具有意义：只有有权利能力的人才能享有所有权和承担债务，才能成为在法律上有重要意义的亲属关系的当事人，等等；只有具有行为能力（Handlungsfähigkeit）的人才能买或卖某物，才能立遗嘱或者作出侵权行为。抽象概念被规定于总则编，其效果则散布于各编。

25 不过个别法律领域或法律制度的特别价值基础，往往要求对一般规则有所例外。这一点特别体现在《德国民法典》第四编和第五编。这些例外，将被逐一明确规定。比如，非常明显，因对人之认识错误所作意思表示的撤销（Anfechtung），即让已经作出的意思表示随后失去效力的规定（《德国民法典》第119条第2款），不能被用于婚姻缔结过程中作出的意思表示。如果有谁对与其订婚之人的特性或能力（运动能力、健康状况）认识错误，无论该性质或能力对其自己还是在一般意义上多么重要，该意思表示均不能（根据《德国民法典》第119条第2款）撤销，而只能根据第1314条及以下主张婚姻的废止（Aufhebung）。

---

* 由于《德国民法典》的此项编纂技术被形象地称为“提取公因式”的方法，相应地，其总则编被视为放在“括号之前”的公因式，另外一个因式则由括号之内的其余四编之和构成。——译者注

3.《德国民法典》的各编又被**划分**为若干**章**（**Abschnitte**）、**节**（**Titel**）（现在读者应当依照《德国民法典》的目录对各章作一个概览，并争取使自己对法典的基本结构有个清晰的认识）。这一点也是《德国民法典》较好的一面，即在具体的某一编也是首先规定一般规则，然后对特别规则进行规定。法典五编中的这些一般规定，在没有其他特别规定的情况下，对该特定的一编均有效（参见本书第八章第一节对债法总则的介绍）。其结果是，可能须适用来自两个不同总则部分的条款，即一个来自第一编（整个民法典的总则），另一个来自其他具体某一编，在适用总则部分的规定之前，首先考虑特别规定。这一体系方法是《德国民法典》的显著特征。尽快认识到这一点，将使对相关法律规定的寻找和对《德国民法典》的理解更为容易。 26

案例：17岁的B在其父母同意的情况下预订了一台笔记本电脑和打印机。他在预订中明确地写道，他需要电脑和打印机在5月1日准时送达，以便于他能够将其文章准时向“联邦青年研究竞赛”组提交。但电脑和打印机在5月15日才被送到。在打印了一些清晰度尚可的草稿后，该打印机被证明无法打印合适的最终文本。B不得不支付报酬将其文稿交给他人打印，并因此主张损害赔偿。

对这个案例的处理，需在各部分的规则间往返交错：关于买受人B民事行为能力（Geschäftsfähigkeit）的规定，即涉及“法律行为”（Rechtsgeschäft）的一般规定，在《德国民法典》第104条（总则）及以下；关于合同缔结的确认（第145条及以下），其不区分合同的客体，而仅涉及合同合意的达成，同样也是总则部分的一般规定。此外，需适用债法中债务人迟延的规定（第284条及以下）及因物的瑕疵产生的担保给付的有关规定，同时，尚需根据不同合同类型对迟延作合理的区分（买卖依《德国民法典》第434条及以下，承揽依第634条及以下，租赁依536条），并需注意这一案件的特殊性，即一方当事人（如本案中的B）是《德国民法典》第13条意义上的消费者，而另一方当事人（可能的出卖人）是第14条意义上的经营者，因此需注意《德国民法典》第474条及以下的规则。对于这一案件的处理，还需将《德国民法典》第434条（关于买卖标的物瑕疵的确认）和第437条及以下（关于提供有缺陷之物时买受人权利救济的规定）纳入考虑，当涉及承揽合同（Werkvertrag）时，定作人的权利则需根据《德国民法典》第634条及以下确定（如果合同仅涉及改装B现有的电子设备，便属于这种情况）。B可能根据给付迟延主张的损害赔偿（第249条及以下）的规定，也属于债法总则，同时，基于不法行为的损害赔偿规则（《德国民法典》第823条）本质上也属于债法总则。前面提到的比如买卖合同和承揽合同中关于瑕疵担保给付的规定，则属于“各种之债”（债各）第八章。同时，始终需要关注的是，债法总则中关于债务人全部或部分不履行之法律后果的规则（《德国民法典》第275条、第280条、第281条）。 27

第二节 《德国民法典》与私法特别规范

28 1. 在那些受私法思想决定性影响（即使不是唯一影响）的相关法律关系的创设中，权利主体平等的表象并非在所有地方被不折不扣地执行。即使在毫无疑问属于私法的规范中，出于不同方面的考虑，特殊性也需要得到承认。人们反复谈到**私法特别规范（Sonderprivatrecht）**（这些规范包括由立法者制定的或者由法院判例发展起来的规则），并希望这些规范在规定以交易主体原则上平等为基础的私法关系时，考虑到特定人群的特殊义务或保护必要，作出与《德国民法典》有所区别的规定。因为《德国民法典》在其生效后一百余年的时间里当然不可能保持不变而又不远离社会现实，无论是在《德国民法典》中还是在该法典之外（绝非必须是制定法形式的），在这一法律领域都可以看到许多这样的私法特别规范。通过 2002 年 1 月 1 日生效的《债法现代化法》，有不少此类私法特别规范被引入《德国民法典》，并专设一些章节（比如《德国民法典》第 305 条及以下）对通过一般交易条款（AGB）成立意定债之关系进行了规定，详见下文 3。这无疑导致了债法特别的不明晰。

29 2. 较《德国民法典》历史更悠久的是**《德国商法典》（Handelsgesetzbuch）**，这部法典确定了在其第 1 条及以下作为商人被清晰界定的主体之间的法律关系。由此导致，商人的行为在《德国民法典》中基本未作规定，以至于在这一领域仅在极小范围内涉及特别规范；其他行为，比如行纪（Kommossionsgeschäft）和运输代理营业（Speditionsgeschäft），仅在《德国商法典》中进行规定（前者《德国商法典》第 383 条及以下，后者《德国商法典》第 453 条及以下）。同时，《德国商法典》还规定了对商事组织的请求权，规定了一些特定的商事行为模式（比如作为代理的一种典型方式的经理权，《德国商法典》第 48 条及以下），并详细规定了**商事组织（Handelsgesellschaften）**之间的法律关系。今天，除最初在这里规定的作为特别法调整对象的股份有限公司外，《德国商法典》还规定了无限商事合伙（offene Handelsgesellschaft）和有限合伙（Kommanditgesellschaft）。有限责任公司则是在 1892 年方通过一部法律*被纳入商事法领域。有限责任公司在《德国商法典》中从未进行规定，但《德国商法典》还是一如既往地包含了所谓的隐名合伙（stillen Gesellschaft）的相关规定（《德国商法典》第 230 条及以下）。对于所有的商人，包括个体商人和商事组织，《德国商法典》（部分规则缘于欧盟指令）关于企业账目，特别是资产负债表及对它的专业审查（其对税额估算也有重要意义），设有非常细致并经充分讨论的规定。规范**金融市场（Kapitalmarkt）**中企业行为的特别法，一

* 《德国有限责任公司法》。——译者注

定程度上从商法中发展出来，这些法律主要涉及投资，其中一部分也涉及对所谓“受管制的市场”（regulierte Märkte），比如股票市场的规范。

不正当竞争（unlauteren Wettbewerb）法是私法的一个特别领域，其制止市场中的商人之间为了竞争利益而作出的、希望通过其广告对其目标顾客之决定产生不公平影响的行为。这里主要涉及为防止竞争关系的扭曲而对竞争者的保护。与此相反，**《德国反限制竞争法》（GWB）**则是为了防止竞争者相互之间这样的协议，通过此类协议使他们之间的竞争被排除或者在某一点上受到限制。其服务于市场各方主体的利益，因此不限于提供货物或劳务给付这一方之间的协议，也适用于比如滥用市场支配地位压制弱势合同当事人的行为，比如拒绝向他们提供为这些人的生意所必需的货物或对此设置障碍。最后，这部法律还规制了这样的行为，即数个相互存在竞争的企业为了将（其他）竞争者排除出市场，并能够进而加强由这些企业组成的新企业的市场支配力，通过合并为一个新的企业而改变竞争关系的行为（所谓的合并控制）。不过对这一领域，须高度关注欧盟当局的控制和干预职权（关于欧洲法的重要性，参见本章第三节 1）。 30

在这些法律中，关于私法上交易的规则，少于那些使供方以及需方继续处于竞争格局成为可能的规则，在欧洲范围内，涉及在欧盟成员国内建立一个准内部市场的关系。 31

此外，一个非常重要的私法特别领域是没有法典化的**劳动法（Arbeitsrecht）**。其关注于劳动者与雇主之间的劳动关系，以此为限，《德国民法典》关于雇佣合同的规则（第 611 条及以下）仅受限制地可适用。这一观点基于如下理念，即因为绝大部分劳动者对付酬工作存在依赖性而处于他人的管理之下，劳动关系的内容，特别是其终止，不能任由在其他私法中合理的私法自治标准（对此详见本书第六章第三节）来决定。 32

法院判例已经在行使其裁判权的过程中，通过劳动法院发展了大量的强制性规定，特别是关于劳动者权利的规定；其中解雇保护也已经在一部特别法中，即在《德国解雇保护法》中作了法律上的规定。不过这一私法上的特别领域并不限于一个雇员与一个雇主之间的单个劳动关系的规定，而是同样关注于劳动者团体及一部分雇主协会的共同决定，其涉及被成批签订的劳动合同的内容，特别是工资和薪水。这里典型的就是工会和雇主协会之间签订的集体合同，其在**《德国集体合同法》（TVG）**中得到规定。劳动者团体对劳动者之决定的影响——这些决定涉及对劳动合同的日常执行，但也涉及劳动合同的签订和终止——也在关于**劳资组织（Betriebsverfassung，BetrVG）**和企业参与决定的法律规范中作了规定。

私人请求权的执行规定也属于私法不可或缺的规则，其对国家法院（普通司法 33

权，与之相对的是行政司法权和宪法司法权）进行规定。这在**《民事诉讼法》（ZPO）**中进行了统一规定，该法还就针对被判支付金钱或其他给付（比如将其财产出质）的债务人之判决的强制执行进行了规定。

34 3. 特别私法规范也可能涉及实际上属于民法核心问题并因此属于《德国民法典》的对象，所以在教学过程中，它们也和《德国民法典》的条文被一并讲解。这一点最清楚地表现在法律事务往来中极为广泛的、以格式合同为基础的合同缔结问题上，这些基础条件由合同一方当事人——主要是《德国民法典》第 14 条意义上的一个“经营者”——纳入合同，且从他的角度而言这些基础条件具有这样的目的，即一次性地对他大量的、尽可能同样拟定和处理的交易进行规定，这些条件部分地——常常对他自己有利——偏离了法律的规定。人们谈到**一般交易条件（AGB）**，这些条件往往在整个行业（比如银行业）中看起来完全相同或者非常类似的情况并不少见，而且根据经验，这些条件对合同另一方当事人来说——他们在缔结合同的时候，对其他事物的兴趣比对这些“以小号字体印刷的内容”的兴趣更高——几乎不会被了解，且无论如何不会对细节进行研究或者根本就不理解。此点已经得到确定，即既要对一个具体条款能否被订入（Einbeziehung）合同进行控制，又要对其内容进行**控制（Kontrolle）**，而且是以这样的方式来控制，即法院在当事人对一个一般交易条件的条款理解有分歧时，可以排除对这一在特定前提之下的条款的适用，并得以相应的法律规定取而代之（不过并不总是存在这样的法律规定）。通过法院对一般交易条件的订入控制（Einbeziehungskontrolle）和内容控制（Inhaltskontrolle），于 1976 年在一部特别法，即《德国一般交易条件法》中进行了规定，2002 年的债法现代化改革之后，现被规定在《德国民法典》第 305 条至第 310 条。消费者组织的起诉权则被规定在另一部特别法，即《德国不作为诉讼法》（Unterlassungsklagengesetz）中；为进一步进行纳入控制和内容控制，这一诉讼不仅可以介入消费者与经营者之间的交易，而且可以在经营者之间（比如商场与其供货商）的关系中提起此诉讼，参见本书第六章第五节。

35 具有类似意义的一定程度上衡平民法基本原则（比如缔约自由）的规则被引入特别法，其基于对接受货物或服务之消费者提供更强保护的思想。比如 1990 年通过的《德国消费者信贷法》，其涉及保护一个属于“消费者”范围的借款人（Kreditnehmer）避免签订轻率的或者他不能充分认识清楚的信贷合同（不仅是借款合同，也包括其他的融资形式）。这些规则现在位于《德国民法典》第 491 条至第 507 条，包含在债法分则第三节，一定程度上依据合同类型排列的数个目中。另外一个专门的消费者保护，指向那些并非通过与经营者的门店联络而订立合同，即成立一个**上门交易行为（Haustürgeschäft）**的消费者，并赋予他们在一定期限内自由作出撤回合同的意思表示的权利；这一内容现在与“远程合同”（Fernabsatzvertrag）的规则（《德国民法典》第 312b 条至第 312f 条）一起，位于《德国民法典》第 312 条及以下。

这里，法律技术上是这样处理的，即规定一个消费者的退还权（Rückgaberecht）和撤回权（Widerruftsrecht），该权利的行使及其对合同的后果也与之位于同一目之下（第 355 条至第 359 条），此外，正如从《德国民法典》第 495 条得出的结论一样，一个签订了消费者信贷合同的消费者——无须是“上门”服务的——也享有这样的撤回权。[8]

另外一个《德国民法典》之外的特别法，是 1989 年 12 月 15 日的《德国产品 36
责任法》（Produkthaftungsgesetz）。它涉及一个缺陷产品的生产者对因该产品受到伤害的最终消费者的责任，这个消费者通常无法得到一个对该生产者的请求权基础的支持，因为他不是直接从生产者那里购得该缺陷产品。所以法律必须对这一现象进行处理，即生产者因为生产一个有可能带来损害的物，或者因为相关产品特性的不透明信息，而违法地侵害了受害人的法益。一个全新的、某种程度上与前者在同一轨道上平行的发展，导致了 1990 年 12 月 10 日《德国环境责任法》（Umwelthaftungsgesetz）的颁布，对此及《德国产品责任法》请参见本书第十四章第二节。

第三节 《德国民法典》与欧洲法律的协调

1. 关于建立一个**欧洲经济共同体**（现在的欧盟）的罗马条约，其目标也是在共 37
同体成员国内部建立一个准内部市场关系。这就意味着，企业和其他从事经济工作的人，比如雇员和自由职业者，考虑到他们的工作所处的法律框架，原则上必须在各个领域寻找到允许他们按所在国的实际情况经过合理调整后自由地进行经济活动的条件。这首先迫使合伙法和企业法尽可能地得到协调。这一协调必须从这样的角度来实现，即与在国内经营的外国企业进行协商的合同伙伴可以随处获得相同的例如关于该企业的信息，由此，他们至少针对资金不充足之企业，以及针对该企业对其代表人之职权进行限制的聘任行为，享有相类似的保护。因此该国家私法规范的某项制度，在德国其归属于或者可以归属于《德国民法典》，在基本点上必须相互协调。

法律协调的最重要方式是**指令（Richtlinie）**。其中涉及已由欧盟委员会颁布的 38
《欧盟条约》（现在的《欧盟运行条约》）中的有关条文，其规定，成员国有义务在一个指定的期限内使其内国法与指令相适应——在个别方面留有一定回旋空间。这一期限经过以后，该指令甚至可以在特定前提下直接为欧盟公民创设权利；拖延的

---

⑧ 对此，参见 Reichold 的简介：Kühl/Reichold/Ronellenfitsch，Einführung in die Rechtswissenschaft，2011，§ 130，该处有作者的评注。

成员国也可能因为所谓的立法不当而向该公民承担损害赔偿责任。[⑨]指令通过国家立法机关的特别法转化为该国内国法，同时，不同成员国的立法者可以根据指令的蓝本规定其内容，直到该指令在内国法中受到尊重，因此内国法的改变是不可避免的，比如参见本书第十二章第一节 4。指令的转化并不意味着，没有将指令的所有相关内容进行规定的内国法失去效力，以其必须与指令达成一致为限，该内国法继续有效。另外一个特点是，通过转化欧盟指令而产生的内国法，比如《德国产品责任法》，此后德国法院的解释也不能不考虑到其来源于欧盟法，所谓的**"与欧盟指令一致的解释"(richtlinienkonforme Auslegung)**。还可能出现这样的情形，即一个国家的法院在对欧盟指令的一个具体问题的解释上没有把握，而对内国法的解释与欧盟指令的一致性又取决于这个问题，那么该法院将这个问题提交给设在卢森堡的欧洲法院。然后欧洲法院来决定，应当如何理解这个指令（所谓的前置决定程序 Vorabentscheidungsverfahren）。对此，民事法律方面的问题最近使用这一程序的情形有所增加。

39 2. 德国民法中许多重要的新规定都可以追溯到欧盟指令。

40 现在已经被吸收进《德国民法典》的关于德国消费者信贷和上门交易的规则，以及《德国产品责任法》均属于这种情形；远程交易也是如此，对此，《德国民法典》第 312c 条创设了一系列的**信息提供义务（Informationspflichten)**。后来通过的关于在消费者合同中滥用（优势地位）条款的欧盟指令[⑩]，仅作了些微改动后作为德国的特别法，不过现在已被纳入《德国民法典》。2000 年 6 月 27 日通过的《远程交易法》，《德国民法典》第 13 条、第 14 条关于消费者和经营者的一般概念规定，特别是《德国民法典》第 312b 条至第 312d 条，关于运用"远程联系手段"订立的、为提交货物或提供劳务给付的合同的规定，均源于对《欧盟远程交易指令》[⑪]的转化。1999 年 7 月 17 日的**《消费品买卖法指令》**[⑫][*]引起了最大的变革，该指令在 2002 年 1 月 1 日被转化为德国法，主要转化为《德国民法典》中的规则。不过这一转化在通常被称为债法现代化的过程中，并非是对发生在消费者与经营者之间的货物买卖合同重新进行了规定[*]，而且直接将之作为一个分目在《德国民法典》中加以呈现（第 474 条至第 479 条"消费品买卖"）。此外，基于根本上采纳欧盟指令的考虑，德国的立法者还将整个买卖法和大部分所谓的给付障碍法（详见本书第九章和第十一章）根本性地作了重新规定。与此同时，对于世界上许多国家已经签

---

* 即不是通过修改债法分则中的买卖合同规则。——译者注

⑨ 欧洲法院 1991 年 11 月 19 日作出的著名的"Francovich"判决，NJW，1992，165，德国最高法院基本上跟随了这一判决，BGH NVWZ 1993，601。

⑩ 1993 年 4 月 5 日通过的关于销售合同中的滥用条款的指令，Richtlinie 93/13 EWG。

⑪ Richtlinie 97/7/EG. 关于其通过，以及转化为内国法的历程，参见 Reichold 的简介：Kühl/Reichold/Ronellenfitsch，Einführung in die Rechtswissenschaft，2011，S. 65。

⑫ 关于消费品购买和消费品质量保障方面的特定指令，Richtlinie 1999/44/EG，ABIEG Nr. L 171。

署并经承认而被作为内国法生效的《维也纳国际买卖公约》（亦称《联合国国际货物销售合同公约》）[13]，也被德国法体系性地承认。尚存许多争议内容的《欧洲买卖法》仅是一个草案，根据目前的状况，其仅得作为“选择性”规范生效，亦即，当国际货物买卖合同的当事人希望适用这一规定时方有效力。

参考文献

Köhler, BGB, AT, 36. Aufl. 2012, § 3; Medicus, AT, 10. Aufl. 2010, §§ 2, 3; Rüthers/Stadler, AT des BGB, 17. Aufl. 2011, §§ 1, 2 Ⅶ; Brox/Walker, AT des BGB, 36. Aufl. 2012, §§ 1, 2.

⑬ 承认该条约的法律在德国于 1989 年 7 月 5 日通过，该条约于 1991 年 1 月 1 日正式对德国生效。

第三章 自然人的行为能力

41 与权利能力最相关的无外乎人之存在。而**行为能力**（**Handlungsfähigkeit**）* 则以行为人能对自己行为负责为前提。意思能力（Willensfähigkeit）、识别能力（Einsichtsfähigkeit），以及对行为负责的意识（Bewusstsein）属之；这些能力一个小孩并不具备，即使他完全能表达（zeigen）他的意思。对于无民事行为能力人（Geschäftsunfähige），也包括处于这一状态的成年人，涉及法定代理人，此即父母（参见《德国民法典》第 1626 条）或监护人（参见《德国民法典》第 1793 条）。他们以自己的名义行为为无民事行为能力人作出行为。由此产生的权利和义务并非由行为人享有和承担，而是由被代理人享有和承担（换言之，仅无民事行为能力人的行为需由父母或监护人代为作出，而其权利能力不受影响）。

第一节 民事行为能力与民事责任能力

案例 1：10 岁的 K 用自己攒的钱买了一个足球；他将球踢进了邻居的房子并打碎了一块窗玻璃，现在需要赔偿。

42 这一案例涉及两个问题：10 岁孩子签订的买卖合同效力如何？及他必须赔偿这块玻璃吗？对此，取决于他的行为能力；而这一行为能力是他因为其行为而承担法律后果的前提。K 作出了哪些行为呢？他买了某个东西，那么他签订了一个合

* 本章涉及三个基本概念，即 Handlungsfähigkeit，Geschäftsfähigkeit 和 Deliktsfähigkeit。这三个术语，特别是前面两个术语，如果直译易造成理解上的困难。结合这三个概念之间的关系以及我国的使用习惯，将 Geschäftsfähigkeit 译为民事行为能力、Deliktsfähigkeit 译为民事责任能力，而将这两者的上位概念 Handlungsfähigkeit 直译为行为能力。需要特别说明的是，Deliktsfähigkeit 译为侵权（行为）能力更为妥当，考虑到我国的使用习惯，故采此译法。——译者注

同。他打碎了一块窗玻璃，也就是说他导致了一个事实上的后果，而且这是不法的。

这里指出了一个人的意思表示行为与事实行为之间的重要区别。基本的考虑是，指出此乃两种不同类型的行为：前者取决于行为人的意思及其表示（表示行为亦可在事实性行动的场合成立，比如登上有轨电车、往自动售货机投入货币，这并不改变行为人作出了意思表示这一事实，即乘车人希望与电车公司、投币人希望与自动售货机的设置者签订合同）；后者的关键则仅在于该事实性行为（tatsächliche Handeln），如果K仅仅是想“踢球”但并不想将球踢到玻璃上，该行为仍然存在。 43

这表明，对自然人而言，在他从孩童时代慢慢成长的过程中，随着他年龄的增长而取得一定的能力，他也就必须承受其行为，包括不法行为的后果。因此，法律必须对民事行为能力和民事责任能力进行分级，借此安排不同层级的责任（Verantwordlichkeit）。 44

第二节 民事行为能力

1. 买卖合同取决于买受人K和出让人双方的意思表示；要约和承诺共同构成这一买卖合同（不过这一在《德国民法典》第145条及以下所规定的规则不仅对买卖合同有效，而且对所有的合同均有效，这属于“典型的总则部分规则”）。但K的意思表示仅当其**有民事行为能力（Geschäftsfähigkeit gedeckt）**时方对其具有拘束力。如果合同一方当事人无民事行为能力，则整个合同不生效力。 45

民事行为能力同样是总则部分的典型概念。其对涉及意思表示的任何场合均具有重要意义。这适用于整个私法领域，比如下面的情形：买卖合同和租赁合同（债法），物的交付及提供担保（物权法），婚约、结婚及孩子的领养（家庭法），遗嘱、遗产的接受与放弃（继承法），以及参与商事组织的设立（商法），这些都属于意思表示。这一一般前提，即民事行为能力，属于总则条款，其被规定在《德国民法典》第104条及以下，还部分地涉及特别规定，参见《德国民法典》第1303条、第1304条、第2229条、第2230条。

K10岁，属于《德国民法典》第2条和第106条规定的情形。《德国民法典》中大体上规定了三个层次的民事行为能力：无民事行为能力，见第104条；限制民事行为能力，见第106条；完全民事行为能力，见第2条。这三个层次取决于人的成长状况，不过在类型化的考量中，（年轻）人成熟度方面的区别未被纳入考虑，而且为了法律的可适用性也不应将之纳入考虑。一个成年人也可能因为心理方面的疾病，或者因为身体上的、智力或精神上的缺陷（也可能是因受年龄限制）而没有 46

能力处理自己的事务，从而是没有民事行为能力的，见第 104 条第 2 项。在上述情况下，监护法院可以为其选任一个照管人（Betreuer），不过对一个非因心理疾病而仅因身体缺陷不能处理其事务的成年人，非基于其申请不能为其选任照管人，见第 1896 条第 1 款。为保护具体情况下需帮助之人，在民事行为能力的逐次划分不依赖于人的具体身体状况的同时，介入上述规则，而且照管人之任务和权限的范围，依据被照管人具体身体状况进行了规定（第 1896 条第 2 款）。相反，这一照管制度不适用于不属于或不能纳入第 104 条第 2 项之情形的无民事行为能力人。

47 2. **无民事行为能力人（Geschäftsunfähigen）**的意思表示是无效的，见《德国民法典》第 105 条第 1 款；它在法律上毫无意义。《德国民法典》完全未考虑将无民事行为能力人的意思纳入意思表示的范畴。这一无效性即使通过追认也不能被补正。

> **例如：**一个 6 岁的小孩拿着一张价值昂贵的邮票回家，这张邮票是其用一张毫无价值的邮票与一个成年人交换得来的。对这一幸运的收获，小孩的父亲非常高兴。但那个成年人仍可索回这张邮票。这一互易合同及交付不可补正的无效。小孩的父亲不能追认，合同也不能借此得以生效（区别于限制民事行为能力，参见本节下文 3)。

48 3. K 是 10 岁的**未成年（minderjährig）**人。这里适用《德国民法典》第 106 条及以下条文（**限制民事行为能力**）。未成年人的意思可能是理性的，也可能是非理性的，后者对他们而言可能带来危险，因此应当对未成年人进行保护，使之免受其所作出的危险表示的影响。同时，法律追求这样的教育目的：父母作为监护权的享有者应当决定，他们希望在什么范围内允许未成年人作出行为。

> 例如在邮票互易案中，如果这个孩子是 14 岁（而不是 6 岁）的未成年人，那么他的意思表示并非无效，而是效力待定（schwebend unwirksam），见《德国民法典》第 108 条。那么孩子的父母可以认可这一交易或者否定这一交易。如果他们不希望孩子这么早就进行财产法上的交易行为（教育目的），他们将不考虑这一交易事实上对该未成年人有利而仍对之予以否定，或者可能在下面的情况下对这一交易予以否定，即这个未成年人“欺骗了”成年的合同相对人。

49 《德国民法典》第 107 条规定了这样的基本原则：一个仅给未成年人带来纯粹法律上利益的行为，因其并不给他带来危险，所以是有效的。不过这样的行为非常少见。

> “纯粹法律上利益”这一表述必须严格遵守。其取决于法律上的后果，而非经济上的后果。上述以毫无价值之邮票交换价值昂贵之邮票，在经济上是有

利的，但不是一个纯粹法律上的利益，因为这个未成年人也应当承担义务。

至于前面案例中关于足球的买卖合同，则适用《德国民法典》第108条，这个合同效力待定。在父母追认的情况下，这一合同有效；在父母否定的情况，这一合同无效。在这两种情况下，合同的效力均溯及于未成年人订立合同之时。也就是说，这一合同起初处于效力不确定的状态，但根据父母所作出的不同决定，从一开始就有效或无效。在作出上述决定方面，父母不受任何因素的制约；他们可以根据其自由喜好作出决定。未成年人所订合同的相对人不被保护，即使其不知道也不应当知道其合同相对人是未成年人；合同效力仅取决于法定代理人的意思。如果合同归于无效，合同相对人必须返还未成年人已作出的给付，当然，该相对人也有权要求返还其已经作出的给付（以该给付尚存在为限）。 50

单方（法律）行为（比如解除），其对未成年人并非仅带来法律上利益，根据《德国民法典》第111条无效。第110条规定了一个适应日常生活事实的特殊规则（所谓的“零花钱条款”）。根据该规定，未成年人与他人订立合同，并基于合同义务作出了给付（在足球买卖中即其价金之给付），如果用以履行其合同义务的财产乃其法定代理人或其法定代理人允许的第三人提供给该未成年人，且未成年人的法律行为与提供该财产的目的相符，或该财产本即提供给未成年人自由处分，则该合同有效。 51

这对于足球买卖尚可想象，个别情况下可能为了庆祝元旦而购买爆竹，而且这笔钱是未成年人从其叔叔那里获得，合同是否有效，就进一步取决于该未成年人的父母是否同意。 52

4. 以孩子对一个法律行为不能单独作出决定为限，其法定代理人，一般是父母双方，在**法定代理（gesetzliche Vertretung）**的框架内有权为其孩子作出（《德国民法典》第1629条第1款第2句）。但同时他们必须遵守法律明确规定的限制。这些限制参见《德国民法典》第1629条第2款及第1795条的规定。最重要的限制是《德国民法典》第1795条第1款第1项的规定，即法定代理人不得代理其孩子与该代理人之配偶间的法律行为［从字面来看，这一规定是关于监护（Vormund）的，但因第1629条的援引使之亦适用于父母代理的情形］。 53

我们再看看**第一章的案例2**：如果K的母亲在其出生时没有死亡，而且不久即与K一起继承了其罹难之丈夫的遗产，那么K与其母亲是该企业的共同拥有者（Inhaber）。如果K的母亲为了拓展业务想设立一个K及其母亲都参加的商事组织，那么无论是就该商事组织的成立，还是此后对该商事组织进行变更，这个母亲均不能代理其孩子签订合同。

由父母担任法定代理人，进一步地还通过《德国民法典》第1643条、第1821条和第1822条进行了限制。根据这些限制，在上述案例中，母亲在没有得到监护 54

法院同意的情况下，不得代理其孩子签订商事合同（第 1822 条第 3 项），甚至因为她自己根本未参与该商事组织而使《德国民法典》第 1795 条第 1 款第 1 项的限制不适用时也不行。但这一对父母作为法定代理人的限制并非对所有方面均适用或一般地被适用，而仅是对个别的、因为父母不能处理事务的场合，对这些具体行为，根据《德国民法典》第 1909 条之规定，必须由法院为未成年人设定一个保佐人（Pfleger），一个所谓的**补充保佐人（Ergänzungspfleger）**。当满足《德国民法典》第 1643 条、第 1821 条、第 1822 条所规定的前提时，对于该特定法律行为，保佐人同样须得到监护法院的允许。

第三节 民事责任能力

55 对侵权行为，情形则完全不同。其不取决于表示出来的意思，而取决于后果。不过并非此后果造成这一赔偿义务，而是可归责性和违法性导致这一结果，如果加害人的行为没有法律支持，比如正当防卫（《德国民法典》第 227 条），便成立赔偿义务。对行为人而言，过错要素（Verschuldensmoment）与意思表示类似，依赖于其实际的识别能力（Einsichtsfähigkeit）（见《德国民法典》第 828 条）；但同时，必须添加另外一个标准：关键的不是对法律和经济上后果的识别，而是对禁止和允许的认知。因此，法律将行为能力区分为民事行为能力和民事责任能力。这两种能力均涉及对自己之行为负责的问题；但同时，《德国民法典》正确地阐明了对意思表示和侵权行为的不同标准：一般而言，一个年轻人对其侵权行为能够认知的时间，早于其能够作出有效意思表示的时间。

民事行为能力因其对意思表示的普遍有效性而被规定在法典的总则部分。民事责任能力原则上仅对侵权行为有意义，就是说在法律技术上属于与债法各论相关联的规则，其因此被规定在《德国民法典》第 827 条及以下。

56 1. 对案例 1 中玻璃的损坏，适用《德国民法典》第 828 条第 2 款，其涉及一个所谓的**“受限制的侵权责任能力”（bedingte Deliktsfähigkeit）**。关键的是，K 在这一具体案例中是否具有必要的、认识到其行为的不法性（Verbotene）和危险性（Gefährliche）的识别力（Einsicht），以及是否能够与此识别力相适应地作出行为。其与《德国民法典》第 106 条及以下条文之规定的区别较为显著：在第 828 条的情形下，其取决于受限制的民事责任能力人的识别能力，而在第 106 条及以下条文所规定之情形，起决定作用的仅为行为的方式（纯粹法律上利益）。

例如：17 岁的 M 长期以来随其作为二手汽车销售商的父亲辗转全国，他由此获得较一般 17 岁之人丰富得多的知识和经验。如果有一次他在未得到其父亲事前允许（Einwilligung）的情况下，以自己的名义买了一辆发生过车祸的汽车，那么这个交易同样是效力待定的，而不取决于在这一具体案例中该未成年人有足够的识别力。

法律希望对民事行为能力作出一个完全硬性的、客观的规定，对民事责任能力给出一个柔性的、根据具体情形加以酌定的标准。因此必须检验，在打碎窗玻璃的这一案件中，K是否有必要的识别力。如果有，他便必须承担赔偿责任。 57

不过人们喜欢提出这样的疑问：即使在具体案例中，一个未成年人有认识到其具体行为之不法性或者危险性的能力，但如果完全由他承担对其所造成损害的赔偿责任将导致其终生受此负累，那么对该未成年人，是否就无须针对如此非比寻常之高额度的损害安排另外一层保护？一个类似这样的案例在走完民事司法程序后，数年前被呈交到联邦宪法法院。[14] 58

例如： 行为时年龄分别为15岁和16岁的两个年轻人，在铺有木地板的礼堂里将电话号码本点燃，且在离开礼堂时没有正确地将火熄灭。这个损失总计超过300 000欧元，而仅有一个年轻人幸运地投了责任保险。

在这个例子中，人们会赞同，这两个年轻人具有能认识到与火灾相关之危险的识别能力。因为在责任法中，如果承担责任的前提满足，那么就必须对全部损害承担责任，而并不根据过错程度相应地界定责任范围（所谓的“全赔或者不赔原则”Alles-oder-Nichts-Prinzip），因此根据《德国民法典》第828条第2款之规定，两人需对全部损失承担责任。这对于债务人的未来生活而言，可能意味着一个沉重的，或许永远不可能完成的负担（损害完全可能是这一额度的20倍）。对于《德国民法典》第828条第2款的这一效果，一审法院看到其与《德国基本法》第2条所保护的一般人格权之间的冲突。联邦宪法法院当然没有作出判决，其认为（地方法院提交的判决）材料是不可接受的，然后，法律争议通过和解的方式得到解决。至于宪法能否强制性地使一个确定的民法条文不适用，是一个备受争议的问题，也有人详细论证了通过对“全赔或不赔原则”进行限制的校正方案。[15] 但人们必须看到，一个判决与一部以文字写出的，在这里还是一部表述清晰、不会产生歧义的法律相矛盾，是非常难于作出解释的。 59

2. 让父母为其孩子承担责任的这个观点并不是一个好的解决方案（正如经常在建筑工地或其他未经授权不得进入的地方看到的一样）。因为一个这样的责任并非理所当然的。根据法律，父母对孩子负有监管义务，但这并不意味着父母当然须对 60

---

⑭ 该案于1998年8月13日结案，JZ 1999，251，对于该案件，亦请参见呈交该案例的Dessau地方法院的判决，VersR 1997，242 ff.；Celle地方高等法院的判决，JZ1990，294。

⑮ 对于宪法上的问题，参见Rolfs JZ 1999，233 ff.，其同时对民法上校正的尝试进行了论证；Erman/Schiemenn，§ 828 Rn. 7。

由其孩子导致的损害进行赔偿。而是仅当他们违反了监管义务时方承担责任，参见《德国民法典》第 832 条第 1 款，特别是第 2 句。所以上述“父母为孩子担责”这样的标牌在实践中没有法律上的效果，因为立标牌者不能单方面地将父母的监管义务导向或者集中于一个确定的、由立标牌者自己造成的危险源上，父母监管义务的范围和程度必须根据他们的生活境况及孩子的特殊性来界定。

本章小结

行为能力取决于这个人能否对其行为承担相应的后果。此乃识别能力和意思能力的问题。为此，法律区分了民事行为能力和民事责任能力。

民事行为能力，是能够通过自己的意思表示取得权利和承担义务的能力。民事行为能力及其不同的发展阶段建立在惯例的基础上。一个人作为孩童，直到年满 7 周岁之前，均不具有民事行为能力，见《德国民法典》第 104 条第 1 项。未成年的状态一直持续到年满 18 周岁之前，见《德国民法典》第 2 条。一个无民事行为能力的孩童或者有精神疾病之人的意思表示无效。未成年人（年满 7 周岁不满 18 周岁）是限制民事行为能力人。他们在单方民事法律行为中作出的意思表示无效；他们在双方法律行为中作出的意思表示，直到他们的法定代理人作出决定之前，处于效力待定的状态；对这一法律规则具有决定意义的，是保护目的和教育目的。

民事责任能力，是能够对自己的不法行为承担赔偿责任的能力。其被规定在《德国民法典》第 827 条及以下。幼童及精神疾病者不具有民事责任能力。青少年的民事责任能力则受到限制，也就是说，是否具有民事责任能力，取决于在具体案件中，其是否具有必要的识别能力和意思能力。

参考文献

Köhler，§20 Rn. 2ff.；Medicus，AT，§63. Ⅰ 2；Wertenbruch. BGB-AT. 2. Aufl. 2012，§§4 Ⅰ，17；Brox/Walk，AT，§12；Schack，BGB-AT，13. Aufl. 2011，§2 Ⅱ；Rüthers/Stadler，§14 Rn. 2－5.

第四章 法 人

案例 1： 已登记社团（e. V.）施瓦本足球俱乐部在一次德甲比赛中失利，愤怒的球迷打碎了俱乐部大楼的玻璃，并损坏了俱乐部主席的大轿车。俱乐部因此要对其中两个球迷R和S采取措施。其中，R是俱乐部成员，他应当被开除出俱乐部。

第一节 私法法人和公法法人

1. 在案例1中，利益受到损害的是俱乐部，因为它的财产被损坏。因而，享有权利的主体（所有权，损害赔偿请求权）是这个俱乐部，而不是它的全体成员。从这里可以看出，除了人——自然人——之外，还存在其他的权利主体，即法人。法人的特征是，它是一个**自身具有权利能力的组织体（Gebilde mit eigener Rechtsfähigkeit）：**享有权利和承担义务的主体不是社团的全体成员，而是社团本身。社团成员的财产与社团的财产被相互区分（在案例1中俱乐部主席的汽车也受到损坏），并且在社团和它的成员之间存在特别的债权债务关系也是可能的（比如：施瓦本足球俱乐部委托它的一个俱乐部成员G修理俱乐部大楼被损坏的玻璃；俱乐部成员R则被要求支付损害赔偿的费用）。在社团和社团成员之间还可能存在特别的社员资格关系，并且这个关系可以被社团解除（例如：社员R被开除出社团）。 61

法人的种类较多、数量巨大，并且具有重要的经济和社会意义。特别需要提及的是已登记社团（根据第21条的规定，在社团登记簿上登记后，该社团即可获得权利能力；相反，未登记的社团则不具有权利能力，见第54条）[16]、股份公司 62

---

⑯ 关于无权利能力社团，详见本章第二节1。

（Aktiongesellschaft 缩写为 AG）、有限责任公司（Gesellschaft mit beschränkter Haftung 缩写为 GmbH）、合作社（Genossenschaft，它获得权利能力的前提是在商事或者合作社登记簿上进行登记）以及交互保险社团（Versicherungsverein auf Gegenseitigkeit，其权利能力的获得是基于国家授予）。这类法人属于私法上的法人。

63 社团是一个由社团成员组成的组织体，它有自己的章程和规则，在社团成员发生变更时，该社团仍然存在且不丧失其同一性。人们称之为社团法人（Körperschaft）。一般而言，股份公司、有限责任公司以及合作社均是社团法人，并且因而是社团，即商法上的社团。即便有被称为组织体法（Organisationsgesetze）的下位法规定，除了《德国股份法》、《德国有限责任公司法》和《德国合作社法》之外，《德国民法典》第 21 条及以下也适用于这些社团法人。

64 此外，在现实生活中还存在具有法人资格的财产联合，如各种基金会（参见第 80 条及以下），例如大众汽车基金会。这种独立的基金会是法人，现实生活中人们通常称之为基金会，它们实际上是附有目的的赠与或者遗赠。

例如：A 在去世前立遗嘱赠与他的家乡 100 万欧元，该 100 万欧元的收益用来补贴家乡博物馆的民俗馆。此时，并没有成立一个新的权利主体，而是他的家乡——这个城市本身是已经存在的法人——是遗产的所有权人，并且有义务为特定目的使用该遗产。这个例子中的基金会被称为“非独立的基金会”。

65 另外，城镇、联邦州、国家以及大学等都是法人，它们是公法上的法人。它们不仅是国家权利和义务的主体，也是私法主体。

城市有税收权（公法权利）；它还可以享有土地所有权，可以获得贷款以及签订买卖合同（私法权利）。

66 2. 法人最大的特征是，社团成员对社团（通过其机关，参见本章第三节）的债务，比如前两案例中球员和教练对施瓦本足球俱乐部的薪金请求权，不承担责任。对于大的社团，包括专业的竞技体育社团，可能因此产生严重的财政问题。社团（Verein）除具有经济意义外，还具有社会意义，而且企业（Unternehmen）对社会结构（Gsellschaftsform）的影响非常大，比如在公众高度关注的钢铁产业、汽车制造，以及有报酬的足球运动社团中所体现的那样，同样地，现在体育场馆内的观众举止也被纳入一般政治维度（allgemein-politische Dimension）。当一个社团通过跨区域联合而组成联合体从而影响整个生活领域时，表现得特别突出。

第二节 法人权利能力的取得

67 1. 案例 1 中讲述的俱乐部是一个已登记的社团。在社团登记簿上进行的登记是一种国家行为，它使社团获得了权利能力。类似的还有股份公司、有限责任公司和合作社在商事登记簿以及合作社登记簿上的登记。因而，法人权利能力的获得乃是基于一种**国家行为（Staatsakt）**，这种国家行为赋予了社团权利能力（创设性的），而不仅仅是宣示该权利能力（宣示性的）。

第 21 条中的"通过登记便获得权利能力"这一表述非常明显地将法人权利能力的获得区别于自然人，对于自然人而言，人之存在使其获得权利能力。在户籍登记簿上登记刚出生的孩子并不能使其获得权利能力，该登记只是公示了人之存在，并且可以用来证明其身份（所谓的权利宣示性的国家行为）。 68

在没有登记这个国家行为的情形下，一个社团也可以在其社员的管理下为一定的社会行为。但是，它不具有权利能力。如果案例 1 中的社团没有登记，它就不可能享有体育场的所有权，也不能向 R 和 S 提起损害赔偿。享有权利和承担义务的主体就只有社团全体成员；全体成员必须在土地登记簿上登记，所有成员都必须针对 R 和 S 采取措施，等等。这个例子表明，如果社团想参与法律生活和交易行为，基于现实性的考虑，它就必须获得权利能力。

《德国民法典》第 54 条对于未登记因而无民事行为能力之社团的规定并不令人满意，而且当人们考虑到并不少见的如工会（或商会，Werkschaft）这样的未进行社团登记的大型社团时，常常认为是立法上的失败。该条第 2 款关于执行社团事务之社团成员对未登记社团承担责任的规定，比如一个为了演出而租赁一个音乐厅的演唱社团的董事。对此，引发了一长串不断发展的所谓"法律构造"的判决，以期至少如已登记社团（《德国民法典》第 23 条及以下）那样处理未登记社团的内部关系；近来，对于执行社团事务之社团成员对社团的责任，也尝试将之视为通过协议解除法律的限制。[17] 69

2. 当社团成员提起社团登记申请时，国家并不能任意决定这个社团是否可以登记以及在登记后是否能获得权利能力。确切地说，并非任意组成的任何团体均可被登记于社团登记簿或商事登记簿，而需适用**准则主义（System der Normativbestimmung）**：如果一个组织体满足第 21 条及以下规定的条件，则必须在社团登记簿上登记；同样，如果一个组织体符合了《德国股份法》或者《德国有限责任公司法》所规定的作为股份公司或有限责任公司登记的前提条件，也必须进行登记。按照第 21 条和第 22 条之规定，如果一个社团的目的是进行营利性的经营活动，那么它在登记时还需要国家的许可［**行政许可主义（Konzession）**］。有时很难区分营利性目的与纯粹思想性目的（bloß ideeller Ziel），特别是在一些社团具有强大经济实力的情形下（如案例 1 中所讲到的德国足球甲级联赛），人们也考虑到税务咨询社团和汽车社团。这些具有强大经济实力的体育社团促使人们考虑，在将来是否应将有报酬 70

[17] 参见 Erman/H. P. Westermann，§ 54 Rn. 15。

的竞技体育以资合公司法上规定的法律形式（股份公司或者有限责任公司）进行经营。如此一来，这些已登记社团就可以成立公司（股份公司或有限责任公司），并取得其股份，甚至在股票市场上交易这些股份。当该社团持有超过半数（或者单独持有）此公司股份时，这个公司就可雇佣运动员和教练员经营职业性的竞技体育。[18]

71 对设立法人而言，准则主义是自由设立社团法人和保留国家许可之间的政治妥协。

72 根据《德国民法典》第 80 条之规定，成立基金会须获得联邦州的许可，这取决于州法律规定的不同的前提条件，多数以基金会之目的具有公共福利性为前提。

第三节 法人的行为能力

73 1. 除了以人之特性为基础的权利和义务外，法人享有其他各种权利和义务。可是，法人如何行为呢？例如在案例 1 中，谁会针对 R 和 S 主张权利？这里便涉及行为能力这个问题，自然人的行为能力来自本性（Natur），并伴随着年龄的增长而不断得到完善，直至享有完全行为能力。而对于法人这个人造的组织体而言，亦只有人方能作出行为。我们将法人的行为人——与自然人相对照——称为法人的机关。根据《德国民法典》第 26 条之规定，法人的行为机关主要是董事会。

74 在**案例 1** 中，施瓦本足球俱乐部的董事会聘请一个新的球员。此时，具体执行该项事务的董事就必须使对方明显看出，他是为该社团作出这一行为。这样一来，只有这个社团承担该董事行为的后果；只有这个社团，而不是这个董事支付这个球员的工资和支付可能已经协商好的“转会费”（参见《德国民法典》第 26 条第 2 款和第 164 条）。

75 2. 让社团对侵权行为承担相应后果也可能是必要的，正如一个协会（Verband）就社团成员的骚乱和危险行为而有必要对该社团（Verein）采取惩戒手段和强制措施[19]，不过在实践中也可能发生这样的情形，比如前面提到过的演唱社团的“保安”（Ordnungswart）粗暴地将一个试图搞破坏的前社团成员扔出演出大厅。如果存在第 823 条意义上的违法并有过错的身体伤害，则根据**第 31 条**之规定，在这样的情形下，即如果该保安“根据章程有资格代表社团”，比如担任社团章程规定的某个职位，并且他的行为被视作履行他承担的义务，亦即他的行为与社团章程规定的维

---

[18] 参见 H. P. Westermann, Organisationsformen für Sportunternehmen-von der Rechtsform des eingetragenen Vereins zur Kapitalgesellschaft, in: Sport und Recht, herausgegeben vom Justizministerium Baden-Württemberg, 2001, S. 42 ff。

[19] 无疑存在这样的区别，即那些横冲直撞的“流氓”绝大多数根本就不是该社团成员。

护社团大楼秩序的相关义务存在明显的客观联系时，应由该社团承担责任。不过**第 31 条**不仅仅对侵权行为发生效力，对社团机关的行为违反社团的合同义务时亦生效力，比如在前面的例子中，如果这个“保安”在与破坏者争执的过程中将从演出大厅租来的麦克风毁坏。此外，还可能出现这样的情形，即一个董事会成员的行为违反了其对社团的某项谨慎义务而使社团遭受损失（比如该董事将会员会费遗失）。此时由应负责之机关的成员基于义务违反而对社团承担损害赔偿责任。不过这一责任通过 2009 年生效的**第 31a 条**之规定得到限制，即一个无偿或报酬不超过每年 720 欧元的董事会（其成员亦然），仅在其故意或重大过失地作出行为时方承担责任。不过，对这一具有鼓励无偿行为之目的的规则存在很大争议。

第四节 社团与合伙

案例 2： 上同一堂课的五个学生约定，课前和课后一起预习和复习课上所学内容。为此，他们需要买一些学习书籍；他们首先平均分摊 50 欧元，接下来不足时再补交。他们在书商 B 那里总共购买了 130 欧元的学习书籍，预付款是 50 欧元。他们谁应该支付剩余的 80 欧元？谁是所购书籍的所有权人？

1. 在案例 2 中可能成立了一个社团或者一个**合伙（Gesellschaft）**。社团的特征在于它拥有团体章程，在外统一行为。团体的章程表现在：一个社团拥有社团机关和社团成员大会，社团不受社团成员变动的影响，并规定有例如其存在的目的和单个社团成员的参与等。享有权利能力的社团和无权利能力的社团都拥有这样一个团体的章程；只有登记的社团才具有权利能力。因而，在案例 2 中，并未成立一个社团。 76

相反地，合伙是合伙人的个人联合；合伙的一切均以此为准。合伙行为时，或是全体合伙人一起行为；或是某个合伙人为全体合伙人行为。通常合伙人对合伙而言非常重要，以至于合伙因一个合伙人死亡、被除名或退出后而终止。但是，这样的规定在实践中只适用于民法上的合伙（Gesellschaft bürgerlichen Rechts）（第 727 条），对商法上的**人合公司（Personengesellschaften）**而言——法律以《德国民法典》第 705 条及以下条文为基础对其进行了规定（《德国商法典》第 105 条第 2 款、第 161 条第 2 款），根据绝大多数的合同实践，合伙人死亡并不再导致该合伙的终止，而只导致该合伙人（从而也导致他的继承人）退出该合伙，参见《德国商法典》第 131 条第 2 款第 1 项之规定。成立民法上的合伙是为了追求一个共同的目的（《德国民法典》第 705 条），这个目的可以是营利性的，也可以是非营利性的，但必须由全体成员共同行为，以谋求实现这个目的（《德国民法典》第 706 条第 1 款、 77

第 709 条第 1 款）。仅当约定了合伙的经营期限或者在合伙协议（Gesellschaftsvertrag）中对解散作出了限制性规定时，合伙才不受合伙人提出的解约通知的影响。

例如：五个朋友计划租船在爱琴海上旅行；在雅典，五个人中会驾驶船的那个人决定“下船”回家。由此一来，他们的目的几乎不可能实现了。但是，当一个合伙人退出时，其他人可以共同协商继续他们的合伙；他们也可以吸纳一个新的合作人。

78 案例 2 和上面决定一起出海旅行的例子都涉及第 705 条及以下条文规定的合伙，在这类合伙中，合伙人只是追求某个时间段内的目的，或者只有必要的共同合作才能达到的目的，人们称这样的合伙人为“临时性合伙”的合伙人。

79 在民法上的合伙之外，现实中最常见、最重要的莫过于商事合伙这种形式了（《德国商法典》第 105 条及以下、第 161 条及以下，参见本书第二章第二节）。它们是真正的合伙，不是法人；但是，它们可以在法律事务中以自己的商号从事法律行为、起诉或者应诉（《德国商法典》第 124 条），在这一点上，它们与法人几乎无异。相反地，尽管股份公司和有限责任公司的称谓中含有“合伙”（Gesellschaft）两字，但不是合伙，而是法人，它们有权利能力，但以在商业登记簿上登记为前提。

80 2.《德国民法典》规定个人合伙（Personengesellschaft）的出发点在于，在合伙中，**享有权利和承担义务的主体（Träger der Rechte und Pflichten）**是全体合伙人，他们共同享有权利、共同承担义务并共同管理合伙。这样一来，法律就必须创设一个法律上的组织，这个组织的成员共同拥有权利——如实现目的所需物品的所有权——以及共同承担责任（在**案例 1** 中，书的所有权和对书商的支付义务），它的成立以共同追求某一目的为前提。第 718 条和第 719 条之规定证明了当时立法者的观点，这两条规定了合伙财产的产生和管理。这一被称为**共手（Gesamthand）**的概念，其特征在于，每个合伙人都是完全的权利主体，但其享有的支配力因其余的合伙人享有相同的权利而受到限制。在这种情形下，因法律行为产生的合伙义务以这样的方式成立，要么所有的合伙人须共同地以全体作出给付的方式，要么以一个（或几个）合伙人代表其他合伙人（也代表自己）行为的方式，对此参见《德国民法典》第 714 条。这便可能给债权人（在**案例 1** 中的书商）带来不便；在这种情形下，债权人就必须同时向全体合伙人提出请求权，即使他可能完全不知道谁才是合伙人（或还是合伙人）。法律因而规定了这样的一个解决方式，即所有的合伙人共同承担因其中一个合伙人或者他们的代理人的行为产生的义务，他们是**连带债务人（Gesamtschuldner）**。这就意味着（第 421 条、第 427 条）：债权人可以向他们其中任意一个人主张全部债权，但是债权人总共只能主张一次债权。其中一个连带债务人在清偿全部债务后，可以根据他与其他连带债务人之间的约定要求其他债务人补偿（第 426 条）。

法律创设的这个概念在实践中，特别是在债权人通过对合伙人共同持有的财产强制执行实现债权时，以及合伙人用自己的私人财产承担个人责任时，造成了一定的困难。2001 年，在学术著作已经作出广泛论证的基础上，德国联邦最高法院作出了一个关涉基本原则的判决[20]，这个判决改变了历史传统。联邦最高法院认为，合伙人组成的“团体”，即所有人在一起具有**“部分权利能力”（teilrechtsfähig）**。这意味着，在法律事务往来中，合伙可以以自己的名义获得权利和承担义务、提起诉讼和应诉以及进行破产程序；如此一来，债权人就可以直接向合伙采取措施，甚至为了满足债权而对合伙财产提请强制执行。合伙人以自己的私人财产承担责任及合伙人承担连带债务的原则并未改变；同样，法律中规定的共同管理合伙财产的方式也未改变。通过这个判决，民事合伙承担责任的方式和无限商事合伙（Offene Handelsgesellschaft，缩写为：OHG）承担责任的方式变得极为相似：就如《德国商法典》第 128 条规定的无限商事合伙一样，民事合伙的合伙人以自己的财产对合伙财产承担无限责任，除非在个案中债权人同意对他可采取的行动方式进行限制。所有这些均是从合伙债权人的角度发展的。 81

法律上对**无限商事合伙（OHG）**的规定（《德国商法典》第 105 条及以下）也突出了这一点。这种合伙形式在经济往来中的信用以其合伙人拥有的财产为准。同样，在这里，合伙人对无限商事合伙承担连带债务人责任，使合伙人处于一种危险的境地。根据《德国商法典》第 105 条，无限商事合伙当然会不可避免地从事一项其合伙人对相关业务有必要经验的商事营业。两合公司（Kommanfitgesellschaft，缩写为：KG）也是人合性商事合伙，其与无限商事合伙仅存在以下区别，即在存在无限合伙人的同时，还存在有限合伙人，如果有限合伙人已经缴纳在商事登记簿上所登记的出资额，则其不再以其私人财产对两合公司承担责任，见《德国商法典》第 171 条、第 172 条。 82

本章小结

法人是自然人或财产的集合，并且自身具有权利能力。它依据国家行为获得权利主体资格。需要区分的是公法法人（国家、城镇、大学等）和私法法人（社团、股份公司、有限责任公司、合作社、私法上的基金会）。就如自然人一样，法人享有自己的权利并承担自己的义务，它针对自己的成员也享有一定的权利并承担一定的义务。法人通过法人机关从事行为。

在技术层面上，合伙并不是法人；商事合伙——无限商事合伙和两合公司在法

---

[20] BGHZ 146，341；关于这一法律续造性判决的争议，参见 K. Schmidt，NJW 2001，993；Erman/H. P. Westmann，§ 705 Rn. 18，19。

律交易中具有很强的法人特性，根据最新的司法判例，民事合伙亦已经具备了这一特征。

参考文献

法人：

Köhler，§21；Medicus，AT，§65；Brox/Walker，§34；Schack，§5；Rüthers/Stadler，§15 Rn. 2 ff.

有关合伙和社团：

Brox/Walker，§34 Ⅰ，Ⅱ；Wertenbruch，§5.

第五章

权利客体

案例 1：E1 是 a 土地的所有权人，该块土地只有通往小径的出口，而没有通向大路的出口。E1 和与之相邻的 b 土地的所有权人 E2 达成协议，“为土地 a 设定如下权利，经过土地 b 开设一条与大路相连的通道”。基于这一法律关系，谁是权利的享有者和义务的承担者？

第一节　物及其他权利客体

1. 本书在第一章和第四章，列举了作为权利主体的自然人和法人，这一列举是穷尽的；不存在其他的权利主体了。尽管将动物与其他物的地位进行了区分（《德国民法典》第 90a 条），但并未改变什么。上述案例中，a 土地和 b 土地均不能成为权利主体，而仅能作为法律上支配权的客体。像这样的客体均属于**权利客体（Rechtsobjekte）**。权利主体永远只能作为权利的享有者和义务的承担者，而不能作为被支配的客体。他们被表述为义务的承担者和法律命令（Rechtsbefehl）的受领人，也会而且常常涉及他人，比如债权人的利益。 83

E1 可以基于通行权享有对 b 土地一定的支配权并行使该权利（这块土地是权利客体）；他可以要求 E2 忍受其对通行权的行使（E2 作为法律关系主体乃是一个义务的债务人）。a 土地是支配权的客体；这一点由此变得清晰，即其处于 E1 的所有权之下。E1 可以对该土地进行使用、出让和设定负担。

2. 我们这里提到的 a 土地和 b 土地是权利客体。它们属于不动产；除不动产之外还有动产。 84

85 **物（Sachen）**是有体的客体，见《德国民法典》第 90 条。这一有体性决定了支配关系实现的方式。

自由的空气及空气中的气体不能被支配；因此它们不是“物”。其与一个容器之中的煤气（丙烷气体）不同。密封使对之进行支配成为可能，并因此使其具备了物的属性。

86 无体的权利客体是**权利（Rechte）**；权利也是法律上支配权的客体。

例如：这一通行权妨碍了 E2 原先在其土地上进行种植的打算。他希望通过与 E1 达成协议以消除这一通行权；那么，这个通行权便应当是实现（本案中双方当事人的）一个支配关系的客体。

第二节 权 利

87 1. 对这些大量存在的权利，可以从不同的角度进行分类。最重要的一种分类是绝对权和相对权。绝对权的效力针对每个人，所有的绝对权根据《德国民法典》第 823 条均受到保护；相对权则仅在两个或多个特定的人之间有效，即对特定的权利人和义务人或者特定的数个权利人和数个义务人有效。

如果 E1 对 E2 享有一个债法上使用其道路的权利，那么 E1 的这个权利仅针对 E2；E2 必须容忍 E1 对该道路的使用，E2 是该义务的债务人。如果 E1 想使其权利更有保障，即使在 b 土地的所有权发生转移时也享有该权利，那么他必须在 b 土地上设定一个物权。此后无论谁成为 b 土地的所有权人，这一通行权均对其有效。

88 物权与相对权——主要是债法上的权利——在这一绝对效力方面（即对所有人均有效）存在区别。

如果 E2 仅同意 E1 享有一个债法上的权利，那么 E1 仅能请求 E2（及其继承人）忍受其对该道路的使用。这一权利不能对 b 土地所有权的受让人行使，即使该受让人在取得 b 土地的所有权时知道 E1 之权利的存在。

89 相反，如果 E1 在 b 土地上享有一个物权，则该权利可对抗 b 土地的任何所有权人；即使 b 土地的受让人不知道该权利的存在亦然，因为这一权利在土地簿上进行了登记（参见本书第十八章）。一种这样的权利叫作地役权（Dienstbarkeit），见《德国民法典》第 1090 条、第 1018 条；特别重要的是不动产担保权（Grundpfandrecht）（抵押权，Hypotheck 和土地债务，Grundschuld），关于其内容，见《德国民法典》第 1147 条以及本书第十九章。

2.法律对物权逐一进行了规定。至于基于法律行为的物权设定，对动产而言，原则上需要让与合意（Einigung）及占有移转（Besitzübertragung），参见《德国民法典》第929条；对于土地而言，需要让与合意并在土地登记簿上进行登记（Eintragung），参见《德国民法典》第873条。通过这种方式，法典实现了物权的存在对于第三人也能显而易见。这具有非常重要的意义；因为物权对第三人也产生效力，因此该权利的存在对第三人也必须是显而易见的，（土地上的）权利必须能够在土地登记簿上查阅到。 90

如果E1和E2希望设定一个地役权，也就是说一个物权，那么他们必须将该权利在土地登记簿上进行登记；具体内容参见本书第十八章第一节（关于法定的必要通行权，参见本书第十五章第三节）。

专利权、创作人的版权等也属于绝对权，由此发展出来的“工业产权保护”（gewerbliche Rechtsschutz）规则属于最重要的私法特别规范（参看上文第二章第三节1）。在他人享有所有权的物上的物权，不可能像所有权那样可以对该物进行全面的支配，而是基于其法定的内容被限制（关于所有权和**限制**物权，参见本书第十五章第一节和第二节）。仅在当事人之间产生效力的“相对”权，比如买受人对货物的请求权、出卖人对价金的请求权、出借人对借款的返还请求权，也可能是民事法律行为的客体。 91

这些债权可能以这样的方式作为支配权的客体，比如债权人可以将此权利让与（übertragen）（参见《德国民法典》第398条及以下条文关于债权让与的规则）或者放弃该请求权（参见《德国民法典》第397条债务免除）。无论如何，不考虑根据《德国民法典》第823条第1款对债权进行保护（比如债权人针对阻碍债务人履行其债务的行为）。在我们的经济生活中，特别重要的是成员权（Mitgliedschaftsrecht），其中一部分甚至以证券的形式得到书面确认（比如股票）。成员权既包括支配权（股票持有人可以在股东大会上行使表决权）、债权（对红利的权利），（大多数）也可以进行移转（股票持有人通过证券交易所出卖其股票）。

因此，这些权利被认定为权利客体。 92

第三节 物的结合

案例2：H是一个运输企业的持有人，为了使运营中的20辆载重汽车以及它们的挂车在不使用时有地方停放，他取得了一块土地，这块地紧挨他四年前建立的这个运输企业。他在这块地上建了一个大厅，在这个厅里可以存放运输工具。E 是 H 的一个债权人，他可以就这些汽车或者这个大厅设定质权（pfönden）吗？L 为建设这个大厅提供了石头，但在获得价款前并未移转这些石头的所有权（所有权保留，《德国民法典》第 449 条，详见本书第十七章第四节），他可以将这些石头从大厅的墙上拆下来运走吗？

93 案例 2 提出了一个这样的**问题（die Frage）**，即大厅的**“独立物的属性”（die selbstständige Sacheigenschaft）**与为建造大厅被使用的石头之间的关系，即物及其组成部分之间关系的问题。进一步而言，载重汽车特定目的的法律意义，必须被作为运输企业的运营设备予以解释。在这两种情形下，对于（物的）用益（Nutzung），物的结合（Sachzusammenfasung）在经济上的重要性显而易见。

94 1.《德国民法典》中有物的成分（Bestandteil）的概念和从物（Zubehör）的概念，但在第 93 条至第 95 条仅包括对所谓重要成分的规定。**成分（Bestandteile）**是法律上不具独立性的物之构成部分，也就是说，它不是一个独立的物。

这一被坚固建造的大厅是土地的成分，且是重要成分，参见《德国民法典》第 94 条。载重汽车则是独立的物，其不是成分，而只能是从物，参见《德国民法典》第 97 条及本节 3。

95 **“重要成分”（Wesentlicher Bestandteil）**并非指决定“整个物（ganze Sache）之本质”的成分，而是指这样的成分，即若将之从整体物（Gesamtsache）分离出来，将导致物的其他成分毁坏或使物的性质改变，见《德国民法典》第 93 条。其不取决于这一分离对整体物产生的后果，而是取决于对该整体物的其他部分的影响，这一点有时被忽略。

建造大厅的石头是重要成分，这无须依据《德国民法典》第 94 条；而一辆汽车的发动机则不是，参见《德国联邦最高法院官方民事裁判集》第 18 卷第 226 页，因为可以用另外一个被批量生产的发动机替换这一个，而对这个被替换的发动机而言，其与这辆汽车分离后仍可用于其他汽车上。根据第 94 条，高层建筑中的电梯是该建筑的重要成分，因为没有这部电梯，这个建筑就没有“完工”，换言之，没有在第 94 条第 2 款的意义上完成建造。（电梯与汽车发动机可能没有什么两样，但《德国民法典》对土地上的成分进行了限制。）

96 重要成分**不得为特别权利的客体（nicht Gegenstand besonderer Rechte）**，也就是说，只有这个整体物享有物权法上的地位，见《德国民法典》第 93 条、第 946 条及以下。非重要成分（比如没有墙基的木屋或者简易建筑）尽管大多数情况下影响了整体物的命运，但也可以将之从中取走，从而成为特别权利的客体。第 93 条包含一个强制性基本原则。作为对这一基本原则的贯彻，《德国民法典》第 946 条及以下条文规定*，在具体情况下这个权利的统一体应当被如何安排。

> 根据第946条之规定，L对其石头所保留的所有权（即出卖人在得到全部价金的给付之前仍享有对标的物的所有权，参见《德国民法典》第499条），因这些石头被修入墙体而丧失，换言之，H作为这块土地的所有权人，自动地（无须法律行为性的交付）成为这些石头的所有权人。在这里，借助于一个强制性法律原则，《德国民法典》选择了牺牲先前那个动产所有权人的利益，而对经济上合理的物之统一性进行了维护，不过根据《德国民法典》第951条和第812条之规定，动产的所有权人应得到救济，且通常情况下也能享有一个债法上的赔偿请求权。

当大厅“定着”于土地时，这一点在案例2中被清楚地表明，其作为一个整体是土地的重要成分。它不是一个独立的动产，那么也不能被出质，因为只有在动产上设定质权才是可能的，参见《德国民事诉讼法》第808条及以下。反之，如果前述木屋没有牢固地定着于土地之上，则基于其保留的所有权，根据《德国民法典》第985条之规定，可请求该企业返还那些已经提供给它并已经使用，但尚未支付价款的材料。 97

2.物之重要成分不得作为特别权利之客体的规定，在土地法领域有非常重要的意义。也就是说，在这里，这一规定将产生这样的效果，即土地（它永远是主物）的所有权人，也总是成为通过建造而定着于该土地上之建筑物的所有权人。这不仅具有法律技术上的效果，而且由此产生经济上的影响，即房屋的建造，也包括那些应当作为住宅的房屋，只有在取得土地所有权之后方具实际意义，这一效果可能因为不断上涨的土地价格而产生问题。这一问题通过私法特别规范得到解决。 98

首先，根据《德国地上权条例》**，通过**地上权（Erbbaurecht）**的形式存在这样的可能，即地上权人在其不享有所有权的一块土地上，在一段时间内（现在一般是50年）享有广泛的用益权，比如在这块土地上进行建造和设定负担，且这一权利亦可被转让（因此这一关系属于“准土地所有权”grundstückgleiches Recht）。在使用该土地期间，地上权人支付一定的土地使用费（Erbpacht），期间经过之后，这个使用权消灭，地上权人就尚存在于土地上之建筑的剩余价值将得到补偿。**建筑物区分所有权（Wohnungseigentum）*****也类似。在这里，一个通常由多间住宅组成的建筑之内，每个共同权利人对其自己之住宅的专有权（Sondereigentum）和对共同使用部分（楼梯间、花园、围墙）的共有权（gemeinschaftliches Eigentum）被区分。公寓住宅所有权也可以用于设定负担或者转让，不过须与对共有部分的权利 99

---

* 关于附合、混合和加工的规定。——译者注

** ErbbauVO，该条例在2010年12月8日被修改为ErbbauRG（《德国地上权法》）。——译者注

*** 德文原意为“公寓住宅所有权”。——译者注

一并处分。所有这些均在《德国公寓住宅所有权法》（WEG）中得到规定，而且在今天的生活实践中扮演着重要角色，特别是考虑到对门禁或维修基金（比如对屋顶的翻新）的管理。

100 3. 案例2中的载重汽车是独立的动产。不过，其是否也属于《德国民法典》第97条意义上的从物，尚有疑问。一方面，人们可以说，其作为经营工具服务于土地之目的，且与这块土地有相应的空间关系。另一方面，在今天的经济关系中，运输企业并不依附于特定的土地，而是通过将载重汽车投入公路上行驶得到运转，特别是因为电子数据处理（EDV）的投入使用，使运输企业可以从任何地点出发开展运营。因此载重汽车作为H之土地的从物的属性不久前被否定[21]，这与一个在农业企业运行的拖拉机不同。即使这些载重汽车的从属性被肯定，也可以独立于主物（这块土地）被转让；但如果这块土地上存在一个抵押权，如果这块土地被强制拍卖，则根据《德国民法典》第1120条之规定，这些载重汽车也可能成为强制拍卖的客体。

本章小结

只有自然人和法人才是权利主体。他们是权利的享有者和义务的承担者。权利客体是支配权的客体。须要区分的是物（有体的、能够支配的客体）和权利。

物权也指向作为义务人的人。其权利设定在物上，换言之，被设定负担之物的所有权人的变更，对该物之上的负担没有影响。物权发生绝对效力，即对所有人发生效力，而债权仅对特定的义务人发生效力。

根据交易上的观点，非独立的物之部分为物的成分。成分的概念在法律中没有进行定义。成分无须影响物的其他部分或整体物的法律上的命运。而“重要成分”（这一概念被《德国民法典》第93条进行了定义）不能作为其他物权的客体。《德国民法典》第97条意义上的从物不是物的成分，根据这一规定，是为了同一目的与主物松散关联在一起的独立的物。

参考文献

Köhler，§23；Medicus，AT，§4 Rn. 22 ff.，§69；Rrox/Walker，AT，§35；Schack，§8；Rüthers/Stadler，§11.

---

[21] BGHZ 85 234，238.

第六章

意思表示

案例 1：顾客 G 在酒馆里喝了两瓶啤酒，然后坐在那里读报。酒馆服务员无声地在他桌上又放了一瓶啤酒，这名顾客把第三瓶啤酒也喝了。结账时，G 只想对他点的两瓶啤酒付账。而服务员要求他也必须付第三瓶啤酒的价钱。谁的主张是正确的？

第一节　意思表示的有效要件

1. 关于第三瓶啤酒，作为请求权基础，必须考虑一个在顾客和店主（服务员代理了他，参见《德国民法典》第 164 条，进一步介绍参见本书第七章）之间的买卖合同。合同通过要约（Angebot）和承诺（Annahme）成立，参见《德国民法典》第 151 条。酒店服务员以将第三瓶啤酒放在顾客桌上的行为作出了要约。那么，将啤酒喝完是一个承诺吗？回答这个问题须对什么是意思表示（**Willenserklärung**）进行解释。 101

这是一个非常普遍的问题，只要有意思表示的地方，都有可能出现这样的问题。在整个私法领域是如此，几乎在所有的法律领域也是如此。买卖合同、租赁合同、借贷合同是基于债法的意思表示的例子。所有权移转（Übereignen）、出质（Verpfänden）、所有权的抛弃（Eigentumsaufgabe）则意味着物权法上的意思表示；结婚（Eheschließung）和收养（Adoption）是家庭法上的意思表示，立遗嘱（Testamentserrichtung）、继承权的放弃（Ausschlagung）或者接受继承（Annahme der Erbschaft）则属于继承法上的意思表示。因此，意思表示是私法法律关系的构成要素。

意思表示是典型的“总则部分规则”。意思表示是人创设法律关系的工具，因 102

此是一个自由的法律体系中最重要的塑造工具（Gestaltungsinstrument）（关于这一自由的边界见本章第三节）。意思表示可能如此简单和经常性地作为日常现象出现，而对这一概念进一步的分析又是如此的错综复杂和困难。实践上首要的问题是意思（Wille）和表示（Erklärung）的关系。

103 2. **表示（Erklärung）** 是一个意思的可被认知的表达。如何做到这一点，这并不重要，特别是并不一定需要一个口头的或者书面的形式。使这一意思对意思表示相对人而言是可被认知的，即已足。表意人（Erklärende）无须将其意思的每个细节都表达出来。通常情况下，他仅将其意思中对他或者对表示受领人重要的部分表达出来。之后，在这样一些情况下，意思表示的其他内容特别是可以通过参考通常的表达方式或行为方式加以确定。

例如：顾客只说："一杯啤酒"，然后服务员就拿来一杯啤酒。一个买卖合同的缔结在这个酒馆通常的条件下得到表示。一个乘客登上有轨电车，由此成立了一个在有轨电车公司所提出之条件下的合同。在其他情况下，也可能经常地、全面地参考所谓的一般交易条件，这些条件因此成为合同的内容（参见本章第三节5、第四节3）。

104 所谓的 **"可推定的行为"（schlüssige Verhalten）** 亦足以构成对意思的表示。当行为人的行为被锁定在一个确定的意思上时，便存在一个可推定的行为。

例如：顾客将其空啤酒杯举高以使服务员看到，或者：他将放在其面前的啤酒喝光。该顾客的行为在合理的范围内只能被理解为，他愿意将这啤酒看作是基于合同向他提供的且其对这啤酒享有所有权。换言之，他对该要约作出了承诺。进一步而言，登上有轨电车，等于对有轨电车公司作出的缔结一个运输合同之要约的承诺；一个自动售货机的设置，等于对商品进行出售的要约。

105 当法律在个别情况下要求一个"明示的"表示时（比如《德国商法典》第22条、第48条，《德国民法典》第305条第2款第1项），那么至少需要一个没有歧义的表示。与（这一规定的）保护目的相适应，在《德国民法典》第305条第2款第1项的情况下，仅有一个可推定的表示是不够的。也存在一些这样的情况，即法律对某个意思表示，或者甚至对双方当事人为缔结合同而作出的**意思表示**，要求某种特定的**形式（Form der Willenserklärun）**。比如《德国民法典》第311b条要求土地买卖合同需有法院或公证机关的证书（Beurkundung），便属此种情形。这里，买卖双方当事人的表示均须被制作成证书。在赠与的情况下，则赠与人的表示须作成公证证书，见《德国民法典》第518条；在保证的情况下，保证人必须作出书面的表示，见《德国民法典》第766条。另一方当事人的表示并非可有可无（赠与和保证便属此类合同），但是对（表示的）形式没有要求。如果法律要求以一定的形式作出表示，那么非以这一形式作出的表示无效，见《德国民法典》第125条。但在其他情况下，形式自由（Formfreiheit）这一基本原则在《德国民法典》中得到贯彻，亦即，对于绝大多数合同，表示无须以一定的形式作出便有效。

根据法律规定（第 126 条），**书面形式（Schriftform）**是指在一份记载于证书中的文本上亲笔签名，这个文本可以是事先打印好的、在打字机上打出的或者手写的。一个完整的、以同样方式亲笔签名的表示，仅在自书遗嘱的情况下是必要的（第 2247 条）。对于书面形式，以文本下面存在签名为前提，基于此，在一份证书由多页纸张构成时，其同一性（Einheit）也能基于其他情况（比如页码）得到确定。在要求以书面形式缔结合同时，合同双方当事人必须在同一份证书上签署，参看第 126 条第 2 款。 106

3. 近些年来，以**电子形式（elektronischer Form）**，也就是通过互联网，作出意思表示及缔结合同的情形大量增加，因此第 126 条第 3 款承认了这样的可能性，即根据法律的规定（或者当事人之间的约定），书面形式可由电子形式代替。根据第 126a 条，这就意味着作出相关意思表示的人，必须根据 1997 年《德国电子签名法》（SignaturG）（这部法律来源于欧洲法）的标准，将其姓名以一个合格的电子签名的方式在该意思表示上签署。因此必须确保，作出意思表示的人能够被识别，且之后对文本的改动能够被认识到。双方当事人均须以这种方式签署合同。也存在一些法律规定，根据这些规定，以电子形式作出的意思表示无效（比如第 766 条第 2 句对保证之规定）。一个在原件上有亲笔签名的、通过传真作出的意思表示，在何种程度上满足书面形式的要求？对这一问题，没有作出一般性的解释。法院判例将之与要求书面形式的各该法律规定之目的相关联，并多次否定了以此方式作出保证。[22]这与在保证的情况下书面形式所具之不可或缺的警告功能（Warnfunktion）有关。最后，还有个别法律规定对**文本形式（Textform）**的意思表示进行规定或者说承认。文本形式的意思表示是一个包含在一份证书中或者固着在一份合适的电子文档上的意思表示（参见《德国民法典》第 126a 条），其应指明表意人，不过也可能通过复制签名而完成意思表示；比如《德国民法典》第 312c 条所规定的，在远程交易合同缔结的框架内，一个消费者应收到的信息，即属此（参见第 312c 条第 2 款）。 107

4. 表示出来的意思必须指向一定的法律后果。在**案例 1** 中，这杯啤酒的购买毫无疑问便属此情形。赠与和借用虽然是无偿的（unentgeltlich），但同样也都是法律行为。然而纯粹社会性的表示不是意思表示，因为其不指向一个法律后果。 108

A 和 B 约定于星期天进行远足。如果 A 改变主意，B 不能主张 A 一起去。（如果 A 和 B 对于用 B 的汽车一起进行一次假期旅行并平摊费用达成一致，那就不一样了。亦见本书第四章第四节的案例。）

其次，意思表示以一个他人可认知的、希望发生确定法律效果的表达为内容。 109

---

[22] BGHZ 121，224，229.

表意人受此意思的**拘束（der Erklärende gebunden）**；基于该愿为（Wollen）产生一个当为（Sollen）。买受人表示，愿意支付价款；合同成立后（极为罕见的情况下，基于单方的意思表示合同即已成立），他必须支付价款。此即法律命令（Rechtsbefehl）的后果；无此，便不能使表意人负担义务，这一曾作为其愿望被表达的意思必须被执行，即使他改变了主意也不行。

110 在一些较新的涉及消费者保护的法律中，部分地基于特别的视角，即在交易经验上处于劣势或者在经济上依赖于另一方当事人之合同给付的合同当事人，在订立合同时较易处于不利地位，因此由他们自由签订之合同对他们自身的拘束力在许多方面得到减轻。比如在本书第二章第二节 3 已经介绍过的，关于由一个（在第 13 条意义上的）消费者在“上门交易”或消费者借贷中所作之表示的规定，就属于这种情形，根据这些规定，消费者所作之意思表示在一个确定期限内可以没有特别理由即被**撤回（widerrufen）**，此点必须在合同中书面地告知消费者，否则，撤回期间将不开始计算（详见《德国民法典》第 495 条、第 500 条、第 502 条、第 312 条、第 312d 条；亦见本书第十二章第二节）。这一撤回权的行使——对此无须理由，以便消费者在事实上有改变主意的可能——不允许给消费者带来不利后果；如果这个合同已经部分地得到了履行，也必须进行清退。对一个由成年的“消费者”所订合同之拘束效力（Bindungswirkung）的减轻，在一个以私法自治（Privatautonomie）（见本章第三节）为基础的规则框架内并不是没有问题的，它常常导致这样的结果，即“经营者”在撤回期间没有经过之前并不履行其债务。

111 实践上更为重要的，是**法院对合同内容控制（gerichtlicher Inhaltskontroll）**的可能性，特别是在格式合同（Formularvertrag）的情况下，对此见本章第四节。此外还可能存在一个特别的、**法律规定的阻却事由（gesetzliches Hindernis）**。符合该阻却事由的意思表示无效，也就是说，这一意思表示不具有法律意义。这一无效性自动发生，无须一个意在使该意思表示无效的特别行为。法院判决仅使该无效性得到确认。除前面已经提到的表意人无民事行为能力（《德国民法典》第 105 条）外，这种无效的情形在《德国民法典》中还包括违反法律的禁止性规定（gesetzliches Verbot）（第 134 条）、违反善良风俗（Sittenwiderigkeit）（第 138 条第 1 款）、暴利行为（Wucher）（第 138 条第 2 款）和形式瑕疵（Formmangel）（第 125 条）。

112 法律的禁止性规定可能来源于刑法规定，比如，一个艺术品收藏者闯入展览馆，盗窃由其喜欢的画家创作的作品；也可能来源于特别法，比如一份黑工（Schwarzarbeit）合同。禁止性规定的数量一直在增加。因为违反善良风俗，即与“公平合理思考者的正当感受”相冲突（帝国法院的一个表述），合同也无效；在如下情况下可能**违反善良风俗（Sittenwidrigkeit）**（第 138 条），比如，金钱的支付是为了换取对犯罪行为的沉默，或者一笔金钱的支付将使付款者处于非常不利的处境；“代孕合同”（Leihmutter-Vertrag）也属于违反善良风俗。早前，为性交这样的性交易行为支付金钱的合同被一致认为构成违反善良风俗，不过 2001 年生效的**《娼妓法》（ProstG）**在如下程度上带来了如下变动：根据该法第 1 条，即使以性交易的名义约定支付金钱也是被允许的，但不能就此提起诉讼。立法者希望借此适应已经明显改变的社会环境。当给付和对待给付之间存在显而易见的严重失衡（显示公平）时，便构成**暴利（Wucher）**；不过该合同必须是在《德国民法典》第 138 条第 2 款明确规定的不平衡状态下（订立的）。

5. 在案例 1 中，如果 G 恳切地表示他没有注意到服务员又给他放了一杯啤酒，怎么办？他声称，他没有看向那里，他当时专心看报，相信那仍是第二杯啤酒而将它喝掉了。 113

G 的外部行为表达了购买这杯啤酒的意思，但他**并无此意思（Wille fehlt）**。意思表示的受领人，即服务员，只能认识到这个“表示”（Erklärung）；因此这一“表示”对他而言是决定性的。他从何处认识到表意人真实的意思，并不取决于表示，而是取决于可被认知的意思，亦可参见第 116 条、第 117 条。其在实践和理论上既不取决于表示，也不取决于事实上作为意思表示关键构成部分的意思，而需从维护交易安全（Verkehrsschutzinteresse）之必要性的角度进行解释。如果每个人都可以主张，其本来的意思与其表示不一样，那么对意思表示的拘束及由此所致的交易生活将变成什么样子？ 114

对此，主流观点给出了一个理论上非常重要、但实践上没有太大意义的例外：主流观点要求，对意思表示，表意人有意识（Wusstsein）作出某种具有法律意义的行为（rechtserheblich handeln）（所谓的**表示意识，Erklärungswusstsein**）。如果表意人不具有表示意识，则“表示受领人”（Erklärungsempfänger）不受保护。不过准用第 122 条则是正确的。 115

> **例如**：一个外国人在一个拍卖场所举起手，以和他的一个熟人打招呼。他不知道在这个城市有一个传统，即在拍卖会上将手举起，便意味着一个比先前的出价高出 10 欧元的更高的出价。在这里，这个行为人不具有作出有法律意义之行为的意识。那么这里不存在一个意思表示，而仅存在一个意思表示的外观（Schein）。

在本章开始的案例中，如果 G 相信其只是在继续喝他点的第二杯啤酒，当他将第三杯啤酒喝完时，便不存在一个意思表示。他确实以为他已经是这杯啤酒的所有权人且仅仅是在喝先前已提供给他的那杯啤酒。因此他不具有作出一定法律意义之行为的意识。但是 G 必须基于第 122 条补偿啤酒的价值（并非必须与啤酒的价格一样，详见本章第二节 4）。 116

那么，这个意思表示是一个指向一定法律后果的、私人的意思表示。 117

> 不存在一个与得到明确界定的法律行为之概念相对的、同样确定的意思表

示的概念，在《德国民法典》中，对**法律行为（Rechtsgeschäft）**和意思表示没有清晰的术语上的区分，部分地作为可相互替换的概念使用。在概念上，人们可以将法律行为理解为，由一个意思表示以及多数情况下和一个另外的事实要素（Tatbestandsteil）共同构成。这一事实要素可以是不同的种类；其可以是占有的交付（参看第959条），或者是第二个意思表示，比如在合同的场合。但是，法律行为和意思表示也可以是同一的（identisch），比如在通知解约（Kündigung）和撤销（Anfechtung）的场合。

第二节　意思表示的解释及意思表示错误

118 1. 因为《德国民法典》关于意思表示的规定建立在意思自治的基础之上，所以仅在极少数情况下要求意思表示以特定方式或措辞作出，因此，经常需要通过**解释（Auslegung）**来确定表意人内心意思（Gewollte）的内容。根据第133条之规定，对意思表示进行解释，不以（可能并不正确的）法律用语或其他专业术语为标准，而是根据表意人到底想说什么来确定其内容。

例如：A开了一间标以"影碟外借"的商店，对每个人而言可能是非常清楚的，即他并非想（无偿地，第598条）"外借"（verleihen）影碟，而是想（有偿地，第535条）出租（vermieten）影碟。

119 不过与此同时，不仅仅表意人个人的语言习惯及由其生活关系决定的知识是重要的，而且表示受领人所了解的或者至少从他的角度可认识到的情事（Umstand）也是重要的。这一**"从受领人角度"（vom Empfängerhorizont）**的解释，乃是人们根据第157条的指示提炼出来的，在一定程度上必须同时参考第157条和第133条。

例如：在一个关于签订一份由德国某炼油厂向国外提供汽油之合同的前期磋商中已经达成协议，最终的生效合同文本应当由双方当事人签字，不过双方当事人分别将已签字的正式文本"通过传真"发送至对方即已足。对于所有其他的合同表示，比如部分履行的通知，也约定以同样的方式作出。然而双方当事人总是相互认可地以E-mail的方式作出了所有的表示。后来产生了纠纷；出卖人认为合同无效，因为双方之间商定的合同文本仅以E-mail的方式存在。

120 根据双方当事人的共识，一个通过E-mail传输的文本是有效的，即使根据协议的字面意义这些表示本应通过传真作出。所使用之语词的含义经常以类似的方式从缔结合同的信件往来中得以确定。根据第157条从表示受领人角度的解释，与根据第133条以探求表意人内心真意为标准作出的解释在某种程度上是对立的，此时，基于交易保护的考虑，从一个客观的表示受领人的角度进行的理解得到承认。

2. 如果通过上述方式解释得出的表示内容与表意人的意思不符，那么可以被认定为存在意思表示**错误**（**Irrtumsfall**）。 121

在案例 1 中，G 或许注意到另外一杯啤酒被放在了他的面前。但是他以为是坐在隔壁桌上、与他进行过短暂交谈且对他有些许歉疚的熟人为他点的。那么，G 的行为作为意思表示，其客观的、可认知的内容是：我接受酒店老板关于出售这杯啤酒的要约。相反，他想表示的是：我接受另一个顾客的赠与。这是一个在《德国民法典》第 119 条第 1 款意义上的所谓内容错误（Inhaltsirrtum）。当行为人存在关于表示符号（Erklärungszeichen）的错误，比如说错了话，或者作出一个请求结账而服务员可以理解为继续点餐的手势时，便存在一个意思表示错误。

一个这样的错误并不阻止意思表示的有效性，但这种错误给了作出错误表示的人一个撤销（anfechten）其意思表示的可能（第 119 条第 1 款），**撤销**（**Anfechtung**）使其意思表示溯及既往地无效，见第 142 条。不过仅对非常确定的意思表示错误的情形准许撤销。所谓的动机错误（Irrtum im Motiv），即表意人在意思表示时的动因（Beweggrund）错误，不属于意思表示错误。如果赋予每个动机错误一个撤销权（Anfechtungsrecht），那么在实践中对意思表示的拘束就完全不存在了。因此从法律交易的利益衡量角度出发，原则上表意人应当受其表示的拘束，即使该表示被错误地作出。 122

例如：在本章开始的案例 1 中，如果 G 在点了五杯啤酒并全部喝掉之后，又点了一杯啤酒。当服务员将啤酒拿过来时，G 以瞥了一眼其啤酒盖的方式表示，他已经喝了五杯啤酒，而且因为他还得开车，所以他不再想要最后点的这杯啤酒了。

这里非常明显，因对其已经享用的啤酒数量的疏忽，在点酒的时候 G 处于一种动机错误的状态。如果服务员知道，G 一向认为自己的驾驶技术很好，且在点这杯啤酒时已经喝了五杯，那么 G 也不能主张其动机错误。即使告知动机，对这一点也丝毫没有改变，即这个动因和错误对表示相对人没有任何影响（毕竟服务员不知道，G 是否与某人约定，由那个人将 G 送回家）。 123

案例 2：M 与 F 生活在一起，双方已经决定，不久后结婚。M 将这一点告知了曾到其住处进行推销的一个家用纺织品公司的代理人。M 填写了订单，在订单上，他将本想订购的“枕头”的数量填在了“被套”一栏上。当他所订的用品被送来时他才发现这个错误。让 M 更加气恼的是，此时 F 已经变卦并抛弃了他。

M 存在两种不同类型的错误。当 M 将他所希望的“枕头”（从受领人角度来 124

看）订成了“被套”时，这份订单在这一范围内是可撤销的，见第119条第1款。对F将与之结婚的意图的错误估计则不是撤销的理由（Anfechtungsgrund），因为这仅涉及一个动机，即使M将这一动机公开，它也不因此成为意思表示的客体。顺便提一下，在这种情况下，新的消费者保护规则显示出其实践意义：当M就这份订单未被赋予法律上的撤销权时，他可以在没有任何相关理由的情况下撤回（第312条、第355条），当然也可以是因为与F的分手。

案例3： 艺术品鉴赏专家G知悉I的一幅油画古老而有价值，在他以其专业经验宣称这幅油画毫无价值后，得以从I处以150欧元购得该画。

125 这里不存在一个根据《德国民法典》第119条第1款的错误，而是存在一个根据该条第2款的错误（对该画作为真迹及年代久远性的性质认识错误），而若仅仅是对价值认识的错误尚不足以构成前述（第2款的）错误，因为这个价值仅是一个估算（Kalkulation）或者甚至是推测（Spekulation）的结果，而非物之性质（Eigenschaft）。不过本案首先满足了《德国民法典》第123条，因为G故意造成了I对该画价值的错误认识。也就是说，I可以撤销。这个案件不仅涉及《德国民法典》第123条，根据正确的观点，当表示与物之性质相关，而通常情况下正是该性质使表意人产生表示之动机时，还涉及在第119条第2款规定的例外地将动机错误纳入考虑的情形。与案例2的情形相反，对这些动机错误赋予撤销的权利，是基于这些错误的原因：在案例3中，是因为恶意作出行为的表示受领人无须保护；在第119条第2款，则是由于这一关于表示客体（Erklärungsgegenstand）之“交易上重要性质”（verkehrswesentliche Eigenschaften）的错误具有如此严格的可受限性，以至于可以被允许撤销。

126 3. 第119条及以下条文平衡表意人（一般情况下其仅希望受一个无错误之意思表示的拘束）和表示受领人（他希望表意人受拘束于其意思表示之可被认知的内容）相互之间的利益。当第119条及以下条文借助抽象的标准作出判断，而正因为如此，这些条文需要对整个私法均具有效性时，就此而言这些条文属典型的“总则部分规定”。必要的交易安全在法律规则中扮演了极为重要的角色。所以这也是顺理成章的，即根据法律及从法律中进一步推导出的法院判例，在与交易安全关系较小的情况下**扩张（erweitert）撤销权的可能性（Anfechtungsmäglichkeit）**，而在与交易安全关系特别大的情况下则**限缩（einengt）**撤销权的可能性。因此对于第2078条关于遗嘱（Testament）和继承合同（Erbvertrag）的另外一种撤销规则应这样解释：这里不存在交易安全；因此，对于任何动机错误均可撤销，参看第2078条（亦见本书第二十一章第二节3）。与此正好相反的一种情况，是由法院判例发展起来的，即在一个商事组织已经与第三人发生法律关系后，一个加入该商事组织之表示的可撤销性被排除。这当然也与此有关，即一旦登记入商事登记簿，便设定了一个对第三人的信赖保护，这一信赖保护非因重大事由不得被排除。

127 4. **可撤销的后果（Folgen der Anfechtbarkeit）**。因为撤销权仅涉及表意人利益的保护，所以法律不需要对一个错误的表示规定自动无效，而是可以由作出错误表示的一方当事人来决定，其是否撤销。

案例 4：旅店老板 H，其传真机暂时失灵，接到一封从旅行社 I 发来的电报："为复活节周六/周一上午订六个房间。客人大约 21 点到。I 的签名。" H 预留了房间，并说，由于他那里从现在开始已经没有别的客房，其他客人的预订将被拒绝。大约 21 点时，旅行社老板 I 出现了。当 I 得知自己所发电报的内容时，（便向 H 证实）自己当时发电报时写的是"订两个房间"。但 I 不主张因错误而撤销，因为他看到了一个机会，即在路过的旅行者有强烈需求的情况下，将这些房间提供给旅行者以宣传他的企业。

128 根据第 120 条的规定，旅行社 I 的意思表示是可撤销的（这里涉及一个特别的意思表示错误的情形）。但可撤销并不是无效（Nichtigkeit）。I 可以撤销，但不必撤销。H 不能自己主张这个错误对其合同相对人产生效力。

129 根据第 143 条之规定，撤销通过单方的表示对另一方当事人作出，只要表意人清楚地表明，因为错误，其希望使意思表示不生效力即已足。不过撤销均受期间的限制（为了另一方当事人利益的保护），参见第 121 条、第 124 条。《德国民法典》的一个特别范畴是**撤销的效力（Anfechtungswirkung）**。根据第 142 条，在撤销之前完全有效的意思表示一旦被撤销，便溯及既往地无效。

在案例 3（买画案）中，I 在合同缔结和所有权移转时均有一个明显的错误。他可以撤销；但直到他撤销之前，G 是该画的所有权人。如果 G 将该画转让（übereignen）给 D，G 是作为所有权人进行的处分（verfügen）。如果 10 天后 I 发现这个错误并撤销所有权的移转（Eigentumsübertragung），那么便认定，G 从未成为过所有权人；因此 G 作为无权利人进行了处分（那么 D 只能根据《德国民法典》第 932 条取得了所有权，详见本书第十七章第二节）。这一点甚至在这样的情况下也是如此，即为了生效，权利的变更必须被登记到如土地登记簿等国家有关簿册上，正如转让一块土地那样。如果在一块房屋土地（Hausgrundstück）的转让（Veräußerung）中，就该房屋的性质，出卖人被欺诈，那么如果买受人在此期间已经作为所有权人变更登记到土地簿上，由出卖人提出的撤销也将使向买受人发生的所有权移转（Eigentumsübergang）失其效力（zunichte）。此时土地登记簿是错误的，见第 892 条及本书第十八章第二节。

130 5. 撤销剥夺了撤销相对人（Anfechtungsgegner）的法律地位（Rechtsstellung）；如果相对人既不知道也不可能知道对方的错误，那么对他就太苛刻了。因此法律为《德国民法典》第 122 条的情形创设了一个补偿请求权（Ausgleich）：撤销人（Anfechtende）必须赔偿另一方当事人所谓的信赖利益（Vertrauensinteresse），也就是说，必须使另一方当事人恢复到什么都没有发生的状态，换言之，就像这个被撤销的意思表示根本就未曾作出过。这是撤销的一个非常重要的法律后果。

例如：在案例 4 中，酒店老板因为这份电报拒绝了其他客人，这些客人本想一直待到周末。现在仅来了两个客人：I 撤销（其他四间房的预订）；这些客房在此期间未能被租出。根据《德国民法典》第 122 条，H 享有一个赔偿请求权。如果 I 没有发这封电报，那么 H 已经将这些房间都租出去了。这一损失（Ausfall）I 必须赔偿。但是第 122 条第 1 款的最后半句在如下范围内对这一请求权进行了限制，即，对信赖利益的请求权，不能超过这个被撤销的意思表示有效的情况下，表示相对人所取得的利益。因此在这里，H 仅得就此四间客房向 I 主张直到复活节周一上午的租金，以及他可从这四个房间的客人那里获得的其他收入。除此之外，他不能主张，比如对因为这四间客房在复活节后还有几天未能被租出所产生之损害（Schaden）进行赔偿。因为这一损失（Einbuße）即使在 I 的意思表示有效的情况下也会产生。

第三节　私法自治及其借由合同之缔结的实现

131 1. 自此，从上面的例子可以清楚地看到，在实践中，绝大多数情况下，合同由两个意思表示构成——在个别情况下也可能需要更多的意思表示，比如合伙合同（Gesellschaftvertrag）。**合同（Vertrag）**是参与者共同规范与他们有关的一个法律关系的工具。仅在例外的情况下，一个人可以单方面地确定其法律关系，比如通过所有权的抛弃，参看第 959 条，或者通知解约（Kündigung）。

132 只要有**私法自治（Privatautonomie）**的地方，便存在合同。在整个私法领域基本上都是这种情况。私法自治意味着，范围广泛的不受限制的缔约自由（Abschlußfreiheit），以及根据法律领域的区别享有不同的合同内容上的创设自由（inhaltliche Gestaltungsfreiheit）。确定合同对方当事人，以及是否与该当事人订立合同的自由，也是属于私法自治的范畴；不过合同当事人选择自由不再是完全不受限制的了（详见下文边码 155）

通常，没有人被强制出卖某物、出租某屋或者雇用某员工。所有例外（所谓的缔约强制 Kontrahierungszwang）需有法律的明确规定，或者是一个垄断地位的个别后果；比如在没有法律明确列举的障碍存在时，德国铁路公司必须运送所有的旅客（在使用者和铁路公司之间成立私法上的合同）。这里涉及一些马上要讨论的新发展。

只要不适用强行法（zwingendes Recht），合同当事人就根据他们的意愿安排合同内容。正如已经提到的，法律的禁止性规定（Verbotsgesetze）（《德国民法典》第134条）和善良风俗规定（Sittengesetz）（《德国民法典》第138条）为之设定了边界。通常情况下，内容自由（Inhaltsfreiheit）在债法领域都是适用的；与此相反，与人之地位相关的家庭法上之行为的内容，则通过强制性规定进行了限制。 133

一份关于土地或住房的租赁合同可以设定期限，也可以在签订合同时根据喜好为出租人或承租人设定从给付义务（Nebenleistung）。相反，不存在一份"在婚姻关系存续期间允许再婚的结婚合同"或者一个可自由撤回的收养。

2.《德国民法典》**总则编的合同法（Vertragsrecht des Allgemeinen Teils）**呈现出一个一般的、抽象的合同概念，而在实践中总是仅签订具体的合同，这些合同通过其内容被确定。 134

合同当事人签订一份买卖合同、使用租赁合同（Mietvertrag）、用益租赁合同（Pachtvertrag）或者借贷合同（Darlehensvertrag）；他们通过合同转让一个物，设定一个不动产担保权。

第145条及以下创设了通过要约和承诺成立合同这个机制，它以这种概括的方式对所有类型的合同均适用。对此重要的是，根据第151条，合同的成立依赖于要约的到达，同时，基于第147条，要约在到达受要约人之时，尚不得使之消灭，而是需待（承诺）期限经过方可（**第147、148条**）。要约人也可以表示，对该要约他仅在其给定的期间内受拘束，第148条。如非第149条所规定的特殊情况，通常因邮件运送所致，迟延到达要约人的承诺不能使合同成立。当然也可能因为要约受领人的原因导致承诺迟到；对此重要的是，根据**第150条第2款**，迟到的承诺视为新要约，要约人得承诺之，但并非必须作出承诺。同样重要的是，承诺对要约内容进行变更的，也视为新要约，如果要约人同意，则可以视为（绝非少见），双方当事人在其希望订立的合同中用不同的内容替换了先前表示的内容。对于这一（合同订立的）过程，**第154条**规定，只有当双方当事人就其所希望的各点均达成一致，合同才成立。 135

例如：商人K通过传真询问水泥厂Z，关于500吨具体型号水泥的价格。Z水泥厂第二天通过传真告知了价格。3个月后，K回复称其接受这个要约。Z以承诺迟到为由拒绝了该承诺。另一方面K则主张，一个所谓的商业用途，即对用于高速公路建造之水泥的要约，通常的承诺期限是3到5个月。

K的第一份传真仅是一个对收件人的要约邀请（Auffordnung zum Angebot），尚非K所作出的可承诺的要约。Z的回复是一个要约，对这一要约，K仅得在《德国民法典》第147条第2款规定的期限内承诺，但被搁置了。但是，如果K所主张的商业用途（《德国商法典》第346条）存在且是可得而知的，即Z知道K想将这些水泥用于高速公路的建造（“表示受领人的角度”，见上文本章第二节1），那么Z所作要约的内容适用这一长的承诺期限，K也便作出了承诺。否则，Z的要约因期限经过而失效，K的回复便是一个新的要约，Z有权选择对这一新要约作出承诺或者予以拒绝（第150条第1款），现在基于Z已经作出的拒绝这一合同的表示，合同不成立。即使Z愿意接受这一要约，但K在其最后的信件中还涉及运输费用，而Z对此并不同意，合同也因此不成立。

136 3. 订约人可以尝试将所有能想到的问题在合同中进行规定。但这种情况极少发生；在实践中基本上也不太可能。所以通常情况下，当事人会采用一个**由法律以任意性规范规定的合同类型（vom Gesetz durch nachgiebiges Recht geregelten Vertragstyp）**，并同时规定（但并不总是这样）一些具体的、对他们而言比较重要而又与法律不一样的内容。任意性规范仅在当事人没有作出不同规定时方有效。立法者以这样的理念创设这些任意性规范，即：相关合同种类所对应的任意性规范具有利益上的公平性（interessengerecht），且在法律规则与他们交易的特别形式不相符或者他们对该利益有不同认识时，通过他们的创设自由而达成适合于他们的规则。也就是说，任意性规范与立法者对现实生活及由此发展起来的公平正义观念（Gerechtigkeitsvorstellung）的确定观点相符。不过这些任意性规范也是**补充性规范（ergänzendes Recht）**，也就是说，当双方当事人对某方面的问题完全没考虑到，从而没有作出相关规定时，这些规则方发生效力。比如在日常交易中很容易想象，合同当事人没有考虑到，将租赁物交由第三人使用或者解约期限等问题；于此情形，便需适用第540条、第573条。相反，如果当事人约定背离强制性规范，该约定之效力即被否定，比如第574条第4款。

137 4. 立法者相信，在一个特定场合提供任意性规范是可以接受的，因为他是从这一点出发的，即如果这一安排对当事人不合适，他们会协商达成另外的规则。但现代社会的大量交易基本上不允许这样单独地逐个协商；而在实践中基本上形成这样一种情况，即一次便将那些对今后所有合同都适用的条件，所谓的**“一般交易条件”（Allgemeine Geschäftsbedingungen，AGB）**，都起草出来，然后仅需关注将成为具体某一合同组成部分的条款。

案例5：家具经营商H仅在这样的条件下出售所有的家具，即家具价款必须在供货时根据当日价格进行支付，而货物应当在合同签订3周后进行交付。这一规定可以在订货单和送货单上看到，也可以从其商店的宣传单中获知。在这个一般交易条件中还规定，卖家因催交价款而寄送催款单时，该催款单被寄出时视为其已送达。

这个例子显示，一般交易条件不仅可以改变与特别合同相关的任意性规范［比如出卖人的瑕疵担保责任（Mängelhaftung)］，而且可以改变总则部分的规定（这里改变的是第 130 条）或者债法总则的规定。（条件）提出的单方性，加之另一方当事人交易经验的欠缺或者认识上的不成熟性，使利益的天平经常通过一般交易条件向一方当事人倾斜。现在对于消费者来说，不接受一般交易条件就签订合同基本上不可能或者非常困难，因为一般交易条件在整个行业里都有效，特别是，与本节第 2 点中描述的自由决定模式相反，消费者对特定给付有多重的依赖性。对这一问题的洞悉，促使法院判例长期以来致力于保护被另一方当事人提出的一般交易条件所限制的一方当事人，而且对被引入合同的一般交易条件也不再不加审视地予以接受，而是将其置于一个内容控制之下，这在第 305 条及以下进行了规定，对此参见本章第四节。 138

第四节 对通过一般交易条件成立的债之关系的内容控制——民法上的消费者保护规定

1. 正如已经在本书第二章第三节中指出的，德国法已经对消费者在与经营者之交易中的保护进行了彻底的修改，并将这一保护提高到一个非常重要的程度，直至作为私法自治的对立面（Gegenpol）。这一点由此可以看出，亦即，消费者法上的规定在如下意义上是强制性的，即总是只能为了消费者的利益才允许通过合同背离这些规定。 139

不过《德国民法典》第 305 条及以下并非单纯的消费者法，因为正如从第 310 条第 1 款可以看到的，这些规定至少有一部分也适用于针对经营者使用的条款（也就是说，将之纳入与一个经营者的合同中），比如一个生产者与一个零售商签订附一般交易条件的买卖合同或供货合同，或者与一个大客户签订附一般交易条件的买卖合同（并不少见），即属之。仅第 308 条及以下和第 305 条所称的特别禁止性条款将自身限定于经营者与消费者之间的合同。与此相对，关于撤回权（Widerrufsrechte）则适用不同的规则，即第 312 条和第 355 条，或者在提供有瑕疵的物（参看第 474 条及以下各条有关“消费品买卖”的规定）时，考虑到买受人权利的明显更有利的地位，仅对动产的买卖或者第 312 条和第 355 条的交易适用，因为在这里，应当得到“经营者”之给付的消费者，应当得到保护。 140

2. 第 13 条和第 14 条对**“消费者”（Verbraucher）**和**“经营者”（Unternehmer）**作出的法律上的定义的位置被不恰当地安置在法律中。因为它们与人的民事权利能力或者民事行为能力没有任何关系。不过法律的安排显示，从更长远的角度来看，私 141

法将根据“消费者”是否参与到该法律关系之中而被区分。

案例 6： 25 岁的熟练安装工 G 想为专业技师考试做准备，并在今后作为安装工独立地进行工作。但他为了参加课程必须尽可能地开车去。因此他在零售商 H 那里买了一辆二手车，这辆车在 2012 年 5 月交给了他。3 个月后，这辆车在运行时踩离合非常困难，但 G 没有采取任何措施，因为他的妻子认为，他可以对此不作处理（毕竟“丈夫掌舵”*！）。但又过了两个月，G 向 H 提出主张并希望行使瑕疵请求权。H 则反驳 G 说，仅当这个瑕疵在风险移转时、也就是在车交付时即已存在的情况下，他才承担责任，而且这一点应当由已经驾驶这辆车 5 个月的 G 来举证证明。

142 H 的这一异议（Einwand）是正确的，即根据第 434 条，瑕疵必须被证明“在风险移转时”（bei Gefahrübergang）即已存在，风险移转的时间即交付的时间。尽管根据第 438 条第 1 款第 3 项及该条第 2 款，一个动产买受人的瑕疵请求权只有在交付后两年内方完成消灭时效，但是买受人必须证明该物的瑕疵在交付时即已存在。正如案例中所显示的，要证明这一点并不容易。毕竟可能是这样的情况，即离合器不灵活这一瑕疵的出现是因为买受人造成的。买受人从困难局面中解脱出来，是根据第 476 条，通过如下推定（Vermutung）得以实现，即 6 个月之内发现的瑕疵推定在风险移转时即已存在。但这一推定仅对消费品买卖（Verbrauchsgüterkauf）有效，因此其取决于，G 是否属于第 13 条界定的消费者，以及 H 是否属于第 14 条所规定的经营者。G 是私人（Privatmann），其未从事商业活动（Gewerbe），而买车的目的可以通过这一打算得以确定，即为了通过专业技师考试而可以独立地开展业务。但是 G 尚未独立开展业务，而这辆车也可能根本就不会被用于和适合于这个尚不存在的、独立的手工营业（Handwerksbetrieb）。不同的消费者保护法对消费者概念的确定不同，特别是在私人目的与职业目的相混合的时候，尤其是涉及“自由职业者”时。因此这一问题必须得到确定，即当他已经开始其努力追求的、独立的职业运营时，那么这一对私人消费者适用之保护对他而言是否显得可有可无，因为此时他才真正地必须习惯于对其行为的法律上和经济上后果有清楚的认识；因此，将“自由职业者”作为“消费者”对待，多数情况下被否定。[23]

143 H 是第 14 条意义上的“经营者”，这一点由此得出，即贸易（Handel）是一种商业活动（Gewerbe），且该汽车零售商在经济上是独立的，在具体案件中，可能无须要求他在专业或经济方面特别高明。

144 3. 对合同一方将一般交易条款纳入合同的另一方当事人的保护，其出发点在

---

* 德文原文“Mann am Steuer”，是一句源自《圣经》的德语俗语，使徒保罗在圣经《以弗所书》第 5 章第 22 节强调，做妻子（Frau）的应当顺服丈夫（Mann），因为丈夫是妻子的头，意指丈夫在婚姻中扮演“领头”“掌舵”的角色。这里作者开了一个双关语玩笑，因为这句话的字面意思是“要由丈夫来掌舵或者驾驶”，在作为丈夫的 G 听来，也可以理解为妻子称赞其驾驶技术好，区区小问题能够自己解决，完全不用理会。——译者注

㉓ BGH NJW 2005, 1273；Erman/Saenger § 13 Rn. 16；主要参见 MünchKomm/BGB/Micklitz § 13 Rn. 54。

于，正如上文所言，并非某人具有消费者或经营者的属性，而是**一般交易条件的概念**。

145 法律对一般交易条件的定义是：在合同缔结之前由一方当事人（使用者）事先起草的、希望在大量合同中使用的条件，见《德国民法典》第 305 条。对此特别典型的，是将一般交易条件作为已经完成的整个合同引入。如果这些条件被双方协商，那么这个合同便获得了与非格式合同一样的合同公平性的保障；因此根据《德国民法典》第 305 条第 1 款第 3 句，不适用第 305 条及以下的规则。关于“协商”(Aushandeln)，法律的理解是，“使用者”已经准备好对一般交易条件的内容进行协商，且在可能的情况下变更这些条件。

146 正确的是，**立法者并没有禁止一般交易条件**；它们作为使大宗交易之法律行为(Rechtsgeschäfte des Massenverkehrs) 适应于合同种类之特殊性的合理途径，并不是无足轻重的。法律只确保一般交易条件在上述框架内发挥作用，而不是从一个合理化的手段变为一个追求不合理利益或损害应得利益的工具；此外，还必须是使用者的合同相对人表示同意使用一般交易条款，见《德国民法典》第 305 条第 2 款，对这一规定的理解，参见下文 4。通过审查一般交易条件是否有效地被纳入合同[**订入控制（Einbeziehungskontrolle）**]，以及是否未违反禁止性规定而具合法性[**内容控制（Inhaltskontrolle）**]，法律将一般交易条件所涉及的问题划分为两个方面。

147 哪些是法律绝对不希望作为一般交易条件的内容，这在《德国民法典》第 308 条、第 309 条的禁止性规定中可以得出，在这两个条文中，具体的禁止性条款被一一列举；此外，第 307 条对一般交易条件的一般控制标准（Kontrollmaßstäbe）进行了规定［“诚实信用”（Treu und Glauben）、“清晰易懂的内容”、对法定规则“基本思想”的背离］，正如已经说过的，该一般标准也必须适用于在经营者之间的交易中使用的一般交易条件。第 305c 条保护（一般交易条件）使用人的合同相对人免受出人意料之条款的约束。

148 对内容控制之限制应在如下方面适用，即对价格之确定及当事人主给付义务之约定不能进行控制，因为在市场经济秩序中，法官不应当成为国家的价格确定者。第 307 条第 3 款第 1 句无疑包含这一思想，只是没有完全表达出来；而且这一规定也并未阻止法院判决根据其观点，将非常难于弄清楚的关于给付报酬的（硬性）规定，比如在一般交易条件中，银行和储蓄银行关于贷方凭证（Gut-schriften）价值的规定，或者手工工作的条款比如“在途时间计入工作时间”，以不合理为由排除出合同。[24]

149 4. 法律也仍保留了这一点，即一般交易条件是合同的组成部分。但是与保护目

---

[24] BGH NJW 1994，308；NJW 1997，2752；BGH NJW 1998，309（银行业务）；BGHZ 91，320（“在途时间视为工作时间”）。

的相关的，《德国民法典》第 305 条第 2 款提出了一般交易条件转化为具体合同之内容的必要条件，此即所谓的**“有效性基础”（Geltungsgrund）**。

在案例 5 中，H 通过在其营业场所的宣传单指出了其所希望的规则，或者将包含这一条款的详细的一般交易条件打印在了订货单或送货单的背面。

150 与一般的意思表示规定不一样，第 305 条第 2 款要求作出一个**明确的提示（ausdrücklicher Hinweis）**和使另一方当事人合理知悉的可能性。营业场所的宣传单仅在特定的例外情况下才满足上述规定的要求。

在案例 5 中没有给出一个这样的例外情形。对于家具的买卖，使有购买兴趣的人了解一般交易条件并不困难。因在缔结合同时要求进行提示，在账单上打印出来是不够的，因为这是在合同缔结后被告知的。实践中，宣传单仅在一些小额交易中足以构成一般交易条件，比如通过自动售货机购物时。

151 对于另一方当事人的同意表示（Einverständniserklärung），适用一般法；以此为限，可推定的行为亦已足。

比如在案例 5 中，如果顾客在合同缔结之前收到了这个向他提交的、附有一般交易条款并就其对合同缔结之意义进行了提示的表格，但这个顾客没有作出反对表示。在这种情况下，一般交易条件将被纳入合同。

152 5. 对于包含一般交易条件的合同，即使一般交易条件的某个具体条款因为内容控制而无效时，《德国一般交易条件法》并不影响该合同的效力。只要涉及这样的情形，根据**第 306 条第 1 款**，由法律的任意性规范和补充性规范填补该漏洞，这便将成为客户不再接受该一般交易条件之条款的依据。

153 因此，立法者一如既往地放弃了将其建议的债之关系规则置于强制性具体规范地位的做法。这就意味着，根据第 308 条和第 309 条不能纳入格式合同（Formularverträge）的约定（Abrede），可以通过**非格式合同（Individualvertrag）**被纳入。

154 另外一条推动消费者保护的途径是，对一个非由立法者规定、而是在实践中发展起来的合同类型规定一些具体的权利义务条款，这些条款不能被修改或限制而对消费者造成不利，比如在第 651a 条至第 651m 条中规定的旅游合同（包价旅游 Pauschalreise，即包含一个“旅行给付”的整体的旅游合同，见第 651a 条第 1 款）。在其他合同类型的情况下，一个根据立法者的观点应该给予救济的合同当事人的保护，在合同的其他内容中没有被具体规定时，通过严格的形式规定（参见比如第 492 条），以及这里已经多次谈到的消费者的自由撤回权得到实现。实质上，这也是消费品买卖合同的解决方案，关于消费品买卖合同，第 474 条及以下涉及一些规定，在这些规定之中，与**案例 6** 相关的第 476 条最为重要。

155 6. 2008 年签署的为了消除歧视（Diskriminierung）的**《平等待遇法》（AGG）**，

在一系列经济行为中对缔约自由和当事人选择自由进行了限制，该法致力于消除因为民族、种族、性别、宗教信仰、世界观造成的歧视，以及因为年龄、同性恋造成的干扰。对上述原因造成的“歧视”(Benachteiligungen)，(《平等待遇法》第2条)就劳动合同（包括员工选择标准）、职业咨询和职业教育，以及提供“具公共性”(包括住房）的物质或服务合同中的相关条款进行了干预。对于提供住房的合同，其特殊性在于，不要求是数量庞大的交易，根据《平等待遇法》及作为该法依据的欧盟指令，满足如下条件，即如果房屋所有权人就其房屋通过报刊广告作出了要约(anbieten)，即已足。若此，他便不得拒绝被保护之群体的问询（Anfragen aus dem geschützten Personenkreis）(比如，一个喜欢小孩并希望将房屋出租给年轻家庭的女所有权人，很可能给予她所偏爱人群的申请以优先权)。根据一部分观点，在私法领域的交往中贯彻政治正确（political correctness）这样的思想，在如下情形下将发挥作用，即在劳动法和公务员法领域，那些常常需要特别严苛之岗位评估(的招聘行为）可能受到影响，比如寻找一位具有特定能力（也包括年龄或者身体健康条件）的职位申请者。因为这一原因，以及一些具体问题，《平等待遇法》的适用方式受到较大争议[25]，一部分观点抱怨，这是对基本法所保护之私法自治的严重干涉，而另一部分观点则认为，歧视保护应予优先考虑。对歧视保护的违反，其法律后果并非强制性地使合同成立（所谓的缔约强制)，缔约强制仅对少数垄断性地向大众提供服务的供应方适用（比如铁路、邮政、能源供应)，而是在供应方或销售方对其拒绝无法给出合理理由时，被歧视者享有损害赔偿请求权。

本章小结

意思表示是指向一个法律后果的私人意思的外部表达。当它如所希望的那样被表示出来时，便发生法律后果。在法律对意思表示的形式没有规定时，意思如何被表示，无关紧要。据此，一个意思原则上也可以通过一个可推定的行为表达出来。意思表示必须从表示受领人视角，不拘于其表达形式之原文地进行解释。表意人受其意思表示之拘束。

因错误而受影响的意思表示也是有效的。一个显著的错误可导致有权撤销，换言之，作出错误表示的人有这样的权利，即通过一个有溯及力的撤销表示，使起初生效的意思表示归于无效。显著的错误包括内容错误（Inhaltsirrtum）和表示错误(Erklärungsirrtum)（第119条第1款)。在这两种情况下，意思和表示不一致；对动机方面的众多错误，原则上不存在撤销权［在第123条恶意欺诈（arglistige

---

[25] 关于《平等待遇法》，参见Armbrüster NJW 2007，1494；Maier-Reimer NJW 2006，2577；关于租赁法，参见Rolfs NJW 2007，1489；关于《平等待遇法》之法政策和宪法政策的争议，参见Adomeit NJW 2005，721；Picker JZ 2003，540；Säcker ZEuP 2005，1（所有评论）；主要参见Singer. FS Adomeit，2008，S. 703 ff.《平等待遇法》已经被纳入一些民法典评注中进行阐释。

Täuschung）及第 119 条第 2 款性质错误的情况下则不同]。

合同，两个意思表示的结合，是私法最重要的塑造工具，法律规则从要约和承诺出发，并规定，当当事人通过其意思表示达成最终的、受拘束的合意（Einingung）时，合同成立。作为基本法上保障人之自由的产物，私法自治赋予当事人缔结合同的自由，及在没有强制性法律规定情况下的合同内容自由。借助于任意性法律规范，法典对最重要的一般性问题提供了样本，并对主要的合同类型进行了规定；这些规则也可以被用来填补合同性合意中的漏洞。

现代法律的发展，导致了所谓一般交易条件的产生。在一般交易条件中，一个“使用者”拟定出其希望在多个合同中使用的条件。第 305 条以下对一般交易条件引入单个合同提出了确定的要件，并且使对偏离任意法的一般交易条件之控制成为可能；还在一个条文中列举了法律认为不合法，从而禁止作为一般交易条件之条款的情形。其他合同法上的保护性规则赋予作为“消费者”的合同一方当事人一项在特定情形下自由撤回其合同表示的短期权利，或者通过强行性个别规定确定合同内容。在与私法交往中的歧视作斗争的过程中，《平等待遇法》对一系列合同类型中的当事人选择自由和内容自由进行了限制。

参考文献

意思表示及其解释：

Brox/Walker，AT，§§6－9；Köhler，§9；Medicus，AT，§§21－26；Schack，§§10 Ⅰ；Wertenbruch，AT §§6－9；Rüthers/Stadler，§§17－19.

意思表示瑕疵：

Brox/Walker，AT，§§16－20；Medicus，AT，§§47－50；Schack，§§11 Ⅰ，Ⅱ；Köhler，AT §7；Wertenbruch，AT §12；Rüthers/Stadler，§25.

合同自由与消费者保护；一般交易条件：

Köhler，§16；Medicus，AT，§27；Brox/Walker，AT，§9；Rüthers/Stadler，§22.

第七章

代　理

案例： V卧床不起。他请他的朋友H为他到B的食品店去买一些食品。V给B写信说，在接下来的一些天里，H将去B的商店为V买一些食品，对这些食品V想记在自己的账上。在H去B的商店之前，V告诉H，他不要有酒精的饮料，也不要买含有动物脂肪的东西。尽管H答应了，但他还是在B那里"为V"另外买了一瓶红酒和一份鹅肝馅饼。V必须为这些东西付款吗？

第一节　代理的概念

1. 在案例中，V不能自己活动，因此他让H作为自己的代理人（Vertreter）。 156
代理（Vertretung）在现代生活中非常重要；经济分工和集中经营导致了这样的结果，即在非常多的情况下不是权利的享有者和义务的承担者自己去从事某行为，而是由其他的人为他们去完成。

在所有的大型企业，企业主均不可能亲自去完成每笔交易。商店、百货大楼出售商品，产品生产厂家买或卖货物，等等，必须由雇员或者其他人为企业主去处理。

在法律行为性事务的范围内，将由根据企业主的意愿被指定的代理人来处理其 157
事务（**法律行为上的**代理或意定代理）。对所有无民事行为能力人来说，必须由法定代理人来处理其事务，同样地，对法人而言，由其机关（Organe）来处理其事务（**法定代理或代表Organschaft**）（参见本书第三章第二节及第四章第三节）。对这些事务是否决定及如何决定，代理人作出自己独立的意思表示；与此不同，**传达人**

(Bote) 转达一个由其他人事先拟好的表示（Erklärung），而不对该表示的内容施加任何影响。

在本章开始的案例中，H 是 V 的代理人而非传达人，他在购物时显然应该有较大的决定空间。

158 2. 通常，行为的后果归属于行为人自己。但在作出**意思表示**时，行为人可以表示，他不是希望为他自己，而是为他人，即被代理人（Vertretetene）作出行为。当**第 164 条**的前提满足时，意思表示的后果直接归属于被代理人而不是行为人。但从表示受领人的利益考虑，行为人必须明确表明，他不是为他自己，而是希望为另外一个确定的、承担该行为后果的人作出行为（所谓的**披露原则，Offenlegungsgrundsatz**）。这并不是强制表示受领人接受该他人作为合同当事人。但如果他被告知，这一行为所期待的后果为且对另一个人发生，那么表示受领人就可以决定，他是否希望与这个被代理人缔结合同。

159 但对行为人而言，使自己远离意思表示之后果的可能性，仅适用于意思表示，因为另一方当事人仅得针对该意思表示，方可拒绝缔结合同。在事实行为的情况下则欠缺这一前提，因此原则上该行为的后果归属于行为人，无论如何他不能通过一个意思表示使自己与该后果无关。当然，在一个有分工的组织中，代理人也常常被安排参与法律行为的事实性执行行为，比如货物的移交或接收，此时也涉及，这种行为的后果也应归属于被代理人。但这不是一个技术意义上的代理，当第 164 条原文以“一个意思表示”这一表述起头时，已经明确对此进行了规定。

当 H 为 V 作出行为时，B 是否想与 V 缔结合同，B 须自己决定。在取决于事实上结果的情况下，比如侵权行为，或者义务违反（比如 H 拿着一盒香烟走的时候，不小心撞翻了一排腌黄瓜），行为人所表示的意思不能确定该行为的后果。但是法律可以规定，当行为人是在他人的权利范围内为行为时，该行为的后果也可能由该他人承担，详见本书第十章第三节。

第二节 有效代理的要件

160 1. 为了表示受领人的利益，《德国民法典》第 164 条要求行为人**披露，该意思表示的后果应当归属于谁（aufdeckt, wen die Folgen der Willenserklärung treffen）**。

在前面的案例中已经提到，H“为 V”购买，也就是说，他指明了 V 是后果的承担者。这已满足第 164 条的要求。

161 任何地方，只要在可识别的情况下指出了另一个人作为行为人所成立之法律关系的权利义务的承担者，便符合了第 164 条的规定。

在商店里的出售行为被视为为店主处理事务。亦可参见本书第六章的案例 1，即服务员为酒店老板处理事务；有轨电车的乘务员并非为自己签订了运输合同，而是为有轨电车公司签订合同；等等。

2. 属于有效代理之要件的还有**代理权（Vertretungsmacht）**，即行为人能够作出 162
一定行为的权限（Befugnis），该行为的后果为且对被代理人生效。

（1）代理权可以被代理人的意思表示，即所谓的授权（Bevollmächtigung）（第 163
167 条）（其结果即**意定代理权 Vollmacht**）为基础，或者以法律规定为基础（**法定代理权 gesetzliche Vertretungsmacht**）。

在本章前面的案例中，V 两次表达了通过 H 进行代理的意思；一次是口头对 H 作出的表示，另一次是通过给 B 的信件。第一次的表示称为内部授权（Innenvollmacht），第二次称为外部授权（Außenvollmacht）。这两次授权原则上具有同样的效力，见第 167 条第 1 款。

法定代理权弥补被代理人行为能力上的瑕疵；因此其不能基于被代理人的意思 164
成立。法律本身对此进行了规定并确定了其范围。同时，法律可以直接将其与是否存在代理之必要性这一事实相关联，比如《德国民法典》第 1626 条、第 1629 条，或者使这一代理权依赖于一个国家行为（Staatsakt），见第 1773 条、第 1793 条（监护），对此请参见本书第三章第二节 4。

在通过法律行为设定代理权的情况下，**代理权的范围（Umfang der Vertre-** 165
tungsmacht）亦由被代理人确定。正如被代理人可以自主决定授予被授权人（Bevollmächtigten）完全的代理权一样，他也可以自主确定其范围。一般而言，代理服务于被代理人的利益。特别是代理人在与他人签订合同时须谋求被代理人的利益。如果代理人自己是合同的一方当事人，那么他极有可能谋求自己的利益，因此《德国民法典》第 181 条不允许其以代理人的名义与自己从事法律行为。

商店店主通常授予其雇员出卖商品的代理权，但没有授予，比如购买的代理权。在前面的案例中，H 有为 V 购买特定种类食品的代理权，但他不享有比如购买药品的代理权，在没有特别授权的情况下，他也不能将自己的食品有偿提供给 V。

（2）那么现在，V 的意思表示，即 H 应购买不含酒精的饮料或者不含动物脂 166
肪的食物，有什么意义？通过 V 对 H 的意思表示，不仅设定了代理权，而且同时成立了一个**委托关系（Auftragsverhältnis）**，见《德国民法典》第 662 条（H 当然应当无偿地行为；但有偿地设定代理权也是允许的，《德国民法典》第 671 条）。在意定代理权通过被代理人单方的意思表示成立的同时，这也成为可能，即行为人行为的后果归属于被代理人而被授权人对该行为不承担责任，这一委托（Auftrag）与事务处理合同（Geschäftsbesorgungsvertrag）一样，是被代理人和代理人之间的合同关系。受委托人（Beauftragte）对其行为负有通常的谨慎义务，且还可能因为该行为支出费用而享有赔偿请求权（Ersatzanspruch），见第670条（比如在前面的案例中，当B不同意将价款记账，于是H决定以自己的支付将这笔钱“销账”时，这一规定便可能具有实践意义）。和所有的合同一样，委托也通过要约和承诺成立。V作为委托人（Auftraggeber）可以对被委托人作出约束性指示（bindende Weisungen），参见《德国民法典》第665条。当V要求H在购买时不要购买特定物品时，他却这样做了。

167　所有这些对内部授权和外部授权没有区别地发生效力。因此，委托关系作为委托人与受委托人之间的内部关系，须和被代理人与第三人——针对他，代理权被行使——之间的外部关系区分开来。这一内部关系确定所谓的**“事务管理权”（Geschäftsführungsmacht）**；其蕴含了，代理人允许做什么样的针对被代理人发生效力的行为（法律上的许可规定，Bestimmung des rechtlichen Dürfens）。相反，代理权确定法律上的可能（rechtliche Können）；它决定了代理人为且对被代理人可以（*kann*）作出什么样的对第三人发生效力的行为。

在本章开始的案例中，在与B的关系中，该代理权仅确定了H之行为的效力。这一代理权通过V写给B的信得以明确。因为在这封信中仅说到对食物的购买，相应地，H所购买的东西均在其代理权限内。这个合同对V而言是有效的；他必须支付价款。但是H违反其事务管理权而有过错地对V造成了损害。他对V承担由此所造成的损失。

168　事务管理权与代理权之间的区别，在商法中具有特别重要的意义。为了交易安全，《德国商法典》致力于这样确定代理权，即让第三人可以信任其代理范围。比如参见《德国商法典》第49条、第50条、第125条、第126条。这同样适用于股份有限公司的董事会成员（Vorstandsmitglieder）（参见《德国股份法》第82条）和有限责任公司的经理（Geschäftsführer）（参见《德国有限责任公司法》第37条）。

169　如果代理人**超越代理权（außerhalb der Vertretungsmacht）**作出行为，便与没有任何代理权的效果一样；仅在被代理人追认了该行为时，这一交易方对他有约束力，第177条。如果被代理人不予追认，那么意思表示相对人借此得到保护，即他有权主张这个没有代理权的代理人履行合同或者赔偿损失，第179条。

H以V的名义购买一台咖啡机，这对V不具有拘束力，但可以被V追认；非此，根据第179条，H对出卖人承担责任。

170　（3）在存在代理权的情况下，对事务管理权的违反不影响针对被代理人之行为的效力，对这一基本原理，仅在这样的情况下方存在例外：即对表示相对人无须提供一个免受这一事务管理权之限制的保护，相反，使被代理人的利益免受侵害显得更有必要。

如下情况便属这里所说的情形：如果在本章开始的案例中，H 认为 V 对动物脂肪的担心是荒谬的，且为了向 V 证明，享用动物脂肪并不会对他造成损害，进而与 B 达成一致，不购买含有植物脂肪的相关产品，而购买特别难于消化的（含有动物脂肪的）食品。

在存在代理权的情况下，这样一个有意的对事务管理权的违反，称为**“代理权的滥用”（Missbrauch der Vertretungsmacht）**。这里，当意思表示相对人（在案例中即 B）知道或者因重大过失（grobe Nachlässigkeit）而忽略了行为人违反其事务管理权时，代理人的行为对被代理人不具有拘束力。人们称代理人与意思表示受领人故意造成被代理人损失的行为叫做**“通谋”（Kollusion）**（V 很可能因 H 和 B 的意思而感到非常痛心），对此，根据第 826 条，作为故意违反善良风俗致人损害而承担损害赔偿责任；这里的代理行为当然也不对被代理人具有拘束力。 171

本章小结

意思表示也可以通过代理人被作出和接受。代理人必须有代理权；代理权可基于法律规定或者法律行为产生，代理人还必须以被代理人的名义作出行为。如果这些条件都符合，那么该意思表示的后果仅归属于被代理人。如果代理人没有代理权或者超越代理权作出行为，那么其意思表示对被代理人没有拘束力。如果代理人仅仅违反了基于委托关系的事务管理权，那么该行为仍对被代理人有效，但被代理人可以因代理人违反内部关系而对之享有损害赔偿请求权。仅在代理人滥用代理权，或者代理人与意思表示受领人违反善良风俗共同导致被代理人不利益时，代理行为方对被代理人不具拘束力。

参考文献

代理：

Köhler，AT §11；Brox/Walker，AT，§§23－27；Medicus，AT，§§54－59；Wertenbruch，AT §§28，29；Schack，§17；Rüthers/Stadler，§30.

事务管理与代理：

Köhler，AT §11 Ⅲ 2；Rüthers/Stadler，§30 Rn. 15 ff.

第八章

负担与处分；抽象原则

案例1： V在他的森林里伐了一批木材，并将它们运到了自己的店里。他在一个展销会上碰到K以后，便将其中的30根木材卖给K，K希望马上从V的店里取走这些木材，以用于建造一个棚屋。于是K连忙给他的雇员打电话，委托他们去取这些木材。V也将相关的消息告诉了其木材店。

几小时后，K在展销会上看到一个已经建好的棚屋，在与V达成废止（Aufhebung）先前的买卖合同的协议后，他买下了这个棚屋。V和K忘了作出取消木材的提货和交货的指示（Anweisung）。两天后，V到家时才知道，K的雇员根据指示已经将木材提走。

谁是这批木材的所有权人？

第一节 负担行为和处分行为

172 《德国民法典》的一个特征便是，对负担行为（Verpflichtungsgeschäft）和处分行为（Verfügungsgeschäft）的**明确区分（scharfe Unterscheidung）**。

173 1. 负担行为仅在作为权利享有者和义务承担者的权利人和义务人之间建立一个债法上的拘束，权利客体在法律上的地位并不直接发生变化。这样一个负担性合同的常用例子是买卖合同（亦请参见《德国民法典》第433条的措辞“负担……义务”）。换言之，所有权仍处在它一直所处的地方，出卖人仅负担使买受人取得所有权的义务。

也就是说，在本章开始的案例中，买卖合同对所有权并没有影响。如何确定这些木材中哪一些的所有权已经转让？这个买卖合同仅产生相对权，其指向该店里全部木材中尚需确定的一部分（详见本书第九章第一节 3）。

由此，买卖合同也并不以出卖人是标的物的所有权人为必要。如果他不是所有 174
权人，他同样必须关注，如何履行其所有权移转的义务，否则他必须因不履行而承担损害赔偿责任（参见本书第九章第三节、第四节）。

被出卖的常常是这样的物，它很可能是出卖人必须在签订合同后（想办法）取得的，或者被他人保留了所有权（Eigentumsvorbehalt）（第 449 条）的情况下获得的，也就是说，在合同签订时尚不属于出卖人。

即使支付了价款，所有权也不移转；价款的支付，除意味着对基于第 433 条第 175
2 款之买受人义务的履行外，没有更多的意义，除非是在所有权保留的情况下可能会有所不同（详见第十二章第一节 8、17，第四节）。如果买受人在货物所有权移转之前支付价款，那么他作出了给付。如果在买卖合同签订之后，甚至在价款支付之后，但在货物的所有权移转之前，出卖人的财产被纳入支付不能的程序（Insolvenzverfahren），那么买受人仅享有一个参加该支付不能程序的请求权。其交货请求权（Lieferungsanspruch）被一个金钱债权（Geldforderung）取代，并与所有其他的请求权一样，仅被平等地予以满足。由此，同时也显示了一个仅具有债法上效力的，即仅针对义务人有效的负担行为的弱点。

如果买受人已让所有权移转，但标的物仍留在出卖人那里时，则与此完全 176
不同。

例如： V 和 K 商定，为 K 将 30 根木材分离出来单独存放，并使 K 立即享有这些木材的所有权，参见第 929 条、第 930 条及本书第十七章第一节。这里，K 已经成为所有权人，他可以在支付不能程序中对这些木材行使取回权（absondern），即请求支付不能管理人返还该物的权利。这一效果的基础是，这里不仅存在一个负担行为，而且存在一个处分行为，即所有权的移转。

当义务人违反其义务对买卖标的物另外进行处分时，负担行为仅具有的相对效 177
力及由此产生的弱点也同样会显现出来。因为这一负担（Verpflichtung）仅在权利人和义务人之间产生一个债法上的拘束，而不建立权利人对“负担客体”（Verpflichtungsgegenstand）的关系，所以当第三人从义务人那里取得标的物时，他便取得对该标的物不可剥夺的所有权。

例如： K 通过一个经公证的协议以 50 000 欧元购买 V 的一块土地。K1 出价 60 000 欧元并从 V 处取得该土地；这一事实被登记到土地登记簿。K1 由此成为该土地的所有权人（第 873 条、第 925 条），即使他对第一个合同是明知的。K 仅限于对 V 享有赔偿请求权。

178 因为买卖合同作为负担行为不具有对买卖标的物的直接效力，所以物本身非常明确地被确定也没有必要。如果义务人给付义务的内容被确定了，便已足够。

也就是说，在案例 1 中，V 可以从他的整批木材中出卖 30 根木材；而处分，比如所有权移转，则仅能对已经特定的 30 根木材作出。

179 2. **处分（Verfügungen）**是直接作用于客体之权利状态的意思表示，可能是对客体上之权利的移转（übertragen）、设定负担（belasten）、废止（aufheben）或者变更（Ändern）。典型的处分是动产或不动产的转让、债权让与（Abtretung einer Forderung）（第 398 条）、以物或权利出质（Verpfändung），以及在土地的情况下所谓的设定负担（Belastung）。

在本章开头的案例中，如果 V 和 K 的委托代理人（对该个人作出的指示便是一个第 164 条意义上的授权）根据第 929 条通过让与合意（Einigung）和交付（Übergabe）移转（Übereignen）了这 30 根木材，便涉及一个处分。

180 大部分的处分存在于物权法中，但在债法中也有处分，比如债权让与（Abtretung）（第 398 条）：其将该债权从现在的债权人移转到新的债权人。

例如：G1 欠其银行 5 000 欧元。其因没法偿还，便将其对另一特定客户的 6 000 欧元债权移转给该银行。由此发生了一个债权人的变化；银行取代了 G1 的地位；因此权利的所属发生了变化。

181 处分的意思表示指向非常特定的客体，正如上述被移转的木材、被明确指明的债权。基于给付内容的显然可确定性（整批木材中的 30 根），处分客体也具有了确定性。

182 处分导致权利的变动（Rechtsänderung）；它绝对地发生效力，换言之，它与负担相反。从所有权移转的那一刻开始，买受人便对与他就标的物发生争议的第三人享有优先的权利；出卖人就该标的物作出其他处分时将被认定为无权处分权人（关于从无权利人处取得权利的前提，参见本书第十七章第二节）。

物权法上的处分包含**双重要件（Doppeltatbestand）**，即作为意思要素的合意和公示法律后果的实施行为，比如在动产的情况下第 929 条和第 1205 条中的合意与交付（Einigung und Übergabe），在不动产物权（Liegenschaftsrecht）的情况下第 873 条中的合意与土地簿登记（Eintragung）（亦参见第 1154 条）。对于债权移转，没有要求特别的公示行为（Offenlegungsakt）；仅仅有债权移转的合意便已足，甚至无须通知被移转之债权的债务人，在前面的例子中，无须通知 G1 的客户，其债权即可移转给银行（参见与此相反的第 1280 条关于质权的不同规定）。

第二节　负担行为与处分行为的关系

1. 在日常生活中，通常为了履行负担行为而作出处分行为，此时负担行为和处分行为是一个经济统一体（Einheit）。负担行为确定权利和义务，在处分行为中义务被履行，由负担行为所确定的方案在一定程度上得到实现。 183

在本章开头的案例中，买卖合同（假如其仍然存在）通过对这些木材所有权的移转而被履行；V 让所有权移转，以履行其基于该买卖合同产生的义务。

在这样的交换型合同（Austauschvertrag）的情况下，负担行为为双方当事人均设定了义务，这些义务通常通过两个独立的处分行为得到履行（比如木材所有权的移转和价款的支付）。 184

从经济的角度看，这整个交易具有紧密的关联；从法律的角度来看，其涉及一个负担行为和两个处分行为，即使所有的行为在一个事实性的行为中被作出。 185

例如：在报摊上摆着一份报纸（要约）；K 将该报纸拿起并将价款放在报摊上。从法律上看，这是一个买卖合同，进而发生了报纸所有权的移转（第一个处分行为）和价款所有权的移转（第二个处分行为）。人们，在实践中常常如此，称双方的这种行为为“现物买卖（一手交钱，一手交货）”（Handgeschäft）。

2.《德国民法典》借助于**“区分原则”（Trennungsgrundsatz）**，将这一经济上统一的过程分解为两个相互独立并存的行为：其将处分行为和应履行的负担行为作为两个独立的行为。当作为基础存在的负担行为没有成立或者失去效力时，处分行为仍然有效；这便是**抽象原则（Abstraktionsgrundsatz）**的效果。 186

在本章开头的案例中，K 和 V 又将买卖合同废止了，换言之，当双方的委托代理人移转木材的所有权时，这一合同已不复存在。尽管如此，通过移转所有权的行为，该木材的所有权从 V 移转给 K。这一处分行为是“无因的”（abstrakt），也就是说，其与法律原因（Rechtsgrund）相分离，换言之，当买卖合同可撤销且已经被撤销时，它仍将发生效力。

这一效果并不总是那么容易理解，但该法律效果正是《德国民法典》想要的。人们注意到，第 929 条、第 873 条等条文并没有谈及负担行为；对于处分行为，完成这些特别的、逐一列举的构成要件即已足。

立法者希望以此方式，将这一绝对生效的处分行为从基础行为（Grundgeschäfte）不生效力的巨大危险中解放出来。尽管如此，这一抽象原则仅具有非常有限的价值。事实上它仅是暂时生效。如果欠缺这一负担（行为产生的义务），那么尽管通 187

过处分导致的财产移转是有效的，而且首先针对第三人是有效的，但在当事人之间的关系中则是不公平的。

所以无须进行更多的阐释，在本章开头的案例中，K 不能保有这批木材；不再存在一个买卖合同；K 也无须支付价金。

188 **第 812 条**提供了一个补偿：受领人必须将其无法律原因而获得的财产予以返还（更确切地说，是返还所有权 zurückübereignen）。就此而言，负担（Verpflichtung）最终是关键的。基于第 812 条的请求权是债法性质的，并受到在实践中并不少见的所谓无获利抗辩（Entreicherungseinwand）之威胁（第 818 条第 2 款），这种威胁也可能出现在本章开头的案例中，比如，在店里的属于 K 的木材在一场不幸引发的大火中被烧毁。不当得利返还请求权的这一“弱点”在这样的情况下就会表现出来，即在返还义务人的支付不能程序中，他仅享有一个按比例分配的请求权，而不享有取回权（见上文本章第一节 1）。

在本章开头的案例中，如果 K 将木材的所有权移转给 D，那么 K 是作为权利人进行的所有权移转。D 成为所有权人，即使他了解整个过程。如果 K 陷入支付不能，则 V 仅享有按比例分配的请求权。假若 V 仍为所有权人，情况则完全不同。

189 当事人可以进一步使负担和处分相互依存，比如根据第 449 条进行所有权保留，参见本书第十七章第四节。鉴于日益增加的内国法与欧洲法的交织，且需关注其他欧洲国家法律制度，应当指出的是，抽象原则在比较法上是非常特别的，而且在德国也受到法政策上的质疑。[26]

本章小结

《德国民法典》区分了负担与处分。处分直接作用于一个客体的权利状态，它转让、变更或者抛弃该客体上的权利。比如所有权的转让、出质和债权让与，均属于处分。负担则在债权人和债务人之间设定一个债法上的拘束，而负担行为之客体的法律地位并不被改变，比如买卖、承揽合同即属于负担行为。

《德国民法典》的一个特征就是，处分行为是无因的；换言之，即使该处分行为之所以被作出的法律原因不存在或者不复存在，它仍然有效。但是在无法律原因进行处分的情况下，受领人负有将其所获予以返还的义务，参看第 812 条。

参考文献

处分与负担：

Medicus，AT，§19 Ⅱ；Köhler，§5 Ⅲ 4，Rn. 12 ff.；Brox/Walker，AT，

---

[26] 详情参见 H. P. Westermann，in：Westermann/Eickmann/Gursky，Sachenrecht，8. Aufl. 2012，§3。

§ 5，Ⅱ Ⅲ；Rüthers/Stadler，§ 16 Ⅳ.

无因行为与有因行为：

Medicus，AT，§ 19 Ⅲ 1.

第九章

债之关系中的给付障碍

案例1： A是独立摄影师，但他一般是在社团庆典和舞蹈活动中作为手风琴演奏者挣钱。他以前的老师M，已经不再拥有自己的摄影工作室，碰巧被旅行社R有限公司作为摄影师和演艺人员招入一次大型的游船旅行中，但是在2003年的春季，就在这次将持续数月、拟从不来梅出发，经东亚、夏威夷、美国，然后从中美洲返回德国的旅行开始之前的两个星期，M因为健康原因看来无法一同出行了。因此，他请A代替他出行。M愿意放弃所有的报酬，而A则应当遵守所有先前已经承诺的旅行和音乐会约定。R有限公司和A达成了一致。A想，对将要进行的拍摄，特别是地下和室内活动，将需要更好的摄影设备，于是不久即以6 000欧元从商人H那里买了一台相机及备件，并约定该价款以他的报酬来支付。在旅行期间，A自己冲洗公司和旅行团的日常照片，同时，每晚郊游的照片，特别是一些亚洲茶坊景色的照片，应当在返回德国后到位于不来梅的L的实验室冲洗并寄给旅行团成员。遗憾的是，L实验室冲洗失败；在旅行过程中，A便觉得其所买相机的曝光测量仪有问题，但是这台相机所带的胶卷在L的实验室因操作不当被毁坏。A想将这台相机向H退货，并向L主张损害赔偿，因为他将相片出售给旅行团成员可能获得的收益因为胶卷的损毁泡汤了。

第一节　合同之债

190

1.《德国民法典》第二编规定的是债法，即部分通过合同、部分也通过法律规定，在两个（或多个）人之间成立的关系，其权利和义务不构成对物或权利之所有权或者持有关系（Inhaberschaft）的移转（见本书第八章第一节）。在上面的案例中，R有限公司对M享有一个给付请求权，该给付可能是一个工作或者劳务给付

(Werk-oder Dienstleistung)(第 631 条、第 611 条),即承揽合同和雇佣合同的要素,例如照片的制作和船上的音乐合奏,完全可以在一个(混合)合同中同时满足。M 享有向 R 有限公司主张支付其报酬的请求权,该请求权同时包括主张提供其在船上的食宿。这些义务处于一个**双务性关系中(Gegenseitigkeitsverhältnis)**,换言之,缺少任何一方的义务,另一方的义务也将不会被其承诺。这类合同性债之关系的结果,通常必然导致一个交换(Austausch)(第 320 条、第 322 条),这其中含有对双方当事人的担保。不过这可以由当事人作出不同的约定,比如在案例 1 中,照相器材商 H 在尚未取得价款的情况下即承担将相机及其配件的所有权移转给 A 的义务(先给付义务 Vorleistungspflicht,参见第 321 条第 1 句;在这里,对这一根据第 433 条第 1 款由出卖人负担的移转所有权的义务,通常会达成一个根据第 499 条的所有权保留协议,参见本书第十七章第四节)。

也存在一些**单务(einseitig verpflichtende)**合同(einseitig verpflichtende Verträge), 191
比如赠与协议(Schenkungsversprechen),其与其他合同一样,均通过要约和承诺成立,但仅由允诺作出赠与的一方承担义务,参见第 516 条、第 518 条。不是双务合同(gegenseitiger Vertrag),但双方负担合同(zweiseitig verpflichtender Vertrag),也扮演着并非无足轻重的角色,比如委托(Auftrag),受委托人承担无偿为委托人处理事务的义务(第 662 条)。之后受委托人享有一个赔偿其管理费用(Aufwendung)的请求权(第 670 条),但这并非作为其事务管理之对待给付(Gegenleistung)而享有;另一方面,他必须根据第 677 条之规定,返还其基于事务管理所获得的利益——但他接受这一义务,也并非因为一个表现为管理费用补偿的对待给付。在**有偿事务管理合同(Geschäftsbesorgungsvertrag)**时则不同(第 675 条),在这样的合同中,被委托人,比如律师或会计师,管理事务而获取报酬,这是一个双务合同,尽管第 662 条意义上的委托是无偿地,其对有偿事务管理合同也部分地适用。

基于一个债法上的合同,首先产生一个履行请求权(Erfüllungsanspruch),也 192
就是说,债权人可以要求对方提交约定的给付,从比较法上看,这一点对有些国家的法律制度而言并非当然。在案例 1 中,当 M 通知 R 有限公司说他不能一同出行时,R 便享有一个这样的履行请求权。然后,在这里人们可以提出这样一个问题,即给付义务是能够被完全履行,还是因为义务人不能履行而消灭——这就是关于履行障碍之后果的问题,对这一问题,《德国民法典》进行了非常详细的规定(见本章第二节)。如果给付不再可能并因此落空,当事人将要考虑,他是否能从合同中解脱出来(以及必要时需考虑,比如在案例 1 中,是否接受另外一个要约人),或者他是否必须要求损害赔偿——在案例 1 中 A 便处于这一境况,因为被曝光的胶卷不再能被冲洗,且他因此提出了损害赔偿主张。这一所谓的次生性请求权(Sekundäransprüche)与债务人的义务违反关联(第 280 条),不过在双务合同中,存在排除双方给付义务的情形，参看第 323 条，326 条（详见下文边码 198，213 以下）。

193 2. 上述内容属于《德国民法典》债法总则的范畴，正如在案例 1 中所看到的，它在不同合同类型中均可能出现（在 R 有限公司与 M 签订的雇佣合同或承揽合同中是这样，在 A 与 H 的买卖合同中同样是这样）。由此，**《德国民法典》中债法的结构（Aufgliederung des Schuldrechts im BGB）**已经勾勒出来，它再一次地包含一个总则（第 241 条至第 432 条）和在该编第八章中的分则（第 433 条至第 853 条）。而且这里的总则与分则之间的关系，与《德国民法典》的总则与该法典其他各编的关系一样：与所有或者多数债权债之关系有关的内容在债法总则中进行了规定，相反，那些属于第 433 条以下之具体债权债之关系特有的内容，则在债法分则中进行了规定。对这一基本结构，仅有较小的变化，此即，自对欧盟消费品买卖指令的转化以来（见本书第二章第三节），对收到瑕疵商品之买受人的法律救济，部分地通过援引债法总则中所规定之请求权而得以规定。（参见比如第 437 条，类似的，对于承揽合同参见第 634 条）。

其他在债法总则中作了规定的问题，也可能规定在债法分则里的不同合同中，以本质上相同的方式出现。**债权让与（Abtretung von Forderungen）**便属此。在案例 1 中，M 可以将因合同缔结而产生的报酬请求权移转给 A；同样，当 A 在旅行结束后开始考虑其对 H 的支付义务时，一家银行可能通知 A，该银行在一个信用担保措施（Maßnahme der Kreditsicherung）中（详见本书第十七章第四节），通过债权让与取得了 H 对它的价款请求权。在案例 1 中，可能还可以提出另外一个与此相关的问题：当 M 决定不参加这次旅行时，他是否也可以在没有 R 有限公司同意的情况下，由 A 来承受其与此相关的义务？如果人们考虑到具体的处境，基于第 415 条第 1 款第 1 句得出的结论便不难理解，即尽管**债务承担（Schuldübernahme）**协议可以由现在的债务人与新的债务人达成，但不能没有债权人的同意便生效，因此 R 有限公司的同意是必要的。

194 3. 此外，债法总则的一个典型问题是，在具体案例中是存在一个**特定之债还是种类之债（Stück-oder Gattungsschuld）**。给付客体可以是一个特定物，或者其仅仅根据种类得到确定。在种类之债的情况下，给付义务进一步地被理解为：其并不指向一个特定的物，而是这一种类中义务人能够选出的任何一部分。但只要这种物还存在，他便负有该给付义务。

在案例 1 中，如果在 A 得知一同旅行的可能性后，他便按他的尺寸在一个纺织品零售商那里订了更多的 T 恤，这些 T 恤应当在短时间内送货；第八章的案例 1 所涉及的相关的木材亦然。

195 在这里，这个有能力提供大量 T 恤的出卖人，可以按照所要求之尺寸的样本提供中等品质（质量）的任何一部分T恤（第243条第1款）；与此不同，如果A在橱窗中看到一件他满意的有特定印记的T恤：如果他预订了这件T恤，便涉及一个特定之债。提交这一件还是那一件，不是根据物的种类来确定，而是根据当事人的约定。如果单单仅是预订了确定尺寸的“T恤”，则由此仅成立一个种类之债；不过也可能是这样一种情形，即出卖人仅仅承诺，根据其库存向对方提供所需尺寸的T恤，这便在其没有足够数量相关尺寸和特征之T恤的情况下，对其义务进行了限定。人们称此为**“被限定的种类之债或库存之债”（beschränkte Gattungs-oder Vorratsschuld）**。对特定之债与种类之债进行区分的意义，主要在给付障碍（Leistungsstörungen）时，即当库存不足，或者已经从种类物中特定给债权人的物灭失时（本章第二节1）方得以显现。

这些特征，其同样属于债法总则，在与**金钱之债（Geldschuld）**的关系中显现。 196
金钱之债在如下意义上与种类之债具有相似性，即通常情况下，债务人无须支付特定的货币（纸币或硬币，Banknoten oder Münzen），而是仅需要给付作为支付手段被接受的相应价值载体（Wertgegenstand），即他也可以通过向债权人账户提供一个贷方凭证（Gutschrift）而以非现金方式支付。不过，因为只有纸币被认为是不受限制的有效支付手段，所以没有债权人的同意，以非纸币方式进行支付则属无效，债权人无疑通常将通过在其账单上盖印来作出表示，表明其接受以向指定的银行账户打入相应款项的行为进行支付。当支付以不同于双方约定之币种作出时，如果没有其他明确约定，债务人可以用欧元支付（第244条）。

4. 如果债务人对其所负担的给付实际作出了履行，那么这一债权债务关系消 197
灭，参看第362条。但是，债法总则重点规定了下列情形：即对所负担的给付事实上的和可能的不履行、不正确或不完全履行、迟延履行。这就导出所谓的**给付障碍（Leistungsstörungen）**时的**次生性请求权（Sekundäransprüchen）**问题。这些请求权的规定基本上与合同类型无关，换言之，其适用于基于不同合同产生的义务。因违反合同之损害赔偿请求权的核心规则，确切地说即**第280条第1款**，最清楚地表明了这一点，其仅考虑债务人是否已经违反了“一个基于债之关系的义务”。然后下面的规定根据义务违反的不同类型进行了区分：其有可能是第281条第1款所表述的那样，债务人对一个到期给付“不履行或未如所负担的那样履行”；对于后一种违约形式，比如对于出卖人，其对义务的违反，是指违反了第433条第1款第2句所规定的向买受人提供“没有物的瑕疵和权利瑕疵之物”的义务，承揽合同中承揽人负有类似义务，第633条第1款（亦可参见本章第三节3）。

必须对不同的次生性请求权进行区分，它们部分地位于债法总则中，部分地位于 198
债法分则中。如果出卖人提供的**物有瑕疵（mangelhafte Sache）**，那么买受人根据第437条、第439条，首先享有一个嗣后履行请求权（Anspruch auf Nacherfüllung），要求提供合同项下的物；如果这一请求权落空（对此，参见本书第十二章第一节），那么他可以在第 440 条、第 323 条、第 326 条第 5 款（属于债法总则）规定的要件之下解除合同，或者根据第 441 条减少价款，在这种情况下（参见第 437 条第 3 项）还可以主张损害赔偿，而主张损害赔偿的前提，则来自再次在第 437 条中被援引的债法总则的规定。如果标的物完全不可能被提供（比如在本章开始的案例中，A 交给 L 的实验室并在那里被毁坏的胶卷），那么 A 同样可以根据第 326 条第 5 款考虑解除合同，而且 A 作为定作人根据第 326 条第 1 款（当然地）不再承担付款义务。在这里，也因为违约而可主张损害赔偿，参见第 283 条。

199 同时还可能发生这样的情况，即合同当事人虽然正确地履行了主给付义务（Hauptleistung），但违反了**合同的附随义务（vertragliche Nebenpflicht）**，比如顾及合同当事人之权利、法益和利益的义务（参见第 241 条第 2 款）。如果在案例 1 中，由于旅行社组织有误而将 A 的行李连同衣物均弄丢了，便属于上述情形；然后，作为损害赔偿请求权的基础，第 280 条第 1 款纳入考虑。最后，对单纯地存在一个给付迟延的义务违反之情形，适用第 280 条、第 286 条和第 287 条之规定：比如在案例 1 中，如果因 A 迟迟没有上船，游船等了他几个小时，导致 R 有限公司必须支付额外的费用。人们常常谈到债务人迟延；但有一些条文是关于债权人迟延或受领迟延的规定（第 293 条以下），对此参见边码 226 以下。

在案例 1 中，R 有限公司为了节约成本而决定，在船上的摄影可以由一个乘务组的成员解决，而在岸上逗留时则应由游客自己拍摄；因此，准时出现的 A 被临时决定不一同前往。

200 正如已经指出的，为理解给付障碍的规则体系，必须根据不同案件事实，对相应的给付障碍形式进行处理，同时能够将债法分则和债法总则的规定结合起来。这决定了对此一问题领域的处理。这一点没有变化，即根据广为流传的观点，应当将第 280 条第 1 款规定的“义务违反”描述为体系上的上位概念。在下面的简要介绍中，在债之关系中像这样被指出的规则居于核心地位；当涉及买卖（参见本书第十二章第一节）及在那里规定的瑕疵给付时，读者必须一再地回头寻找这些规则。

第二节　自始不能与嗣后不能；债务人不能

案例 2： V 参观了一个非洲艺术家在杜塞尔多夫的雕塑展，并在那里认识了对此类艺术非常精通的艺术品商人 K。因为 V 在这次展览中发现，这个艺术家的作品价格上涨了很多，于是向 K 提出，将自己现在占有的这个艺术家的一件作品卖给他，而 K 以 2 500 欧元买下了这件作品。但 V 回到家时发现，这件雕塑：

（1）在展览的前一天因为房间失火已经被毁坏了。

（2）在合同签订后的当晚被烧毁了。

（3）被盗了，而且不能查明，盗窃发生在合同签订之前还是之后。

（4）如果 V 和 K 签订合同后得知，这个艺术家所在国的政府已经禁止对其任何一件艺术品的国外交易，这些艺术品被视为文物（Kulturgut），并试图通过外交途径将这些作品弄回国。何如？

1. 对那些合同给付可能变得不可能的案件的解决，总是需要两个步骤。其一，必须检验给付义务是否存在或者（在合同缔结后产生障碍的情况下）是否仍然存在；其二，一个可能的给付义务的排除对债之关系及当事人的权利义务有何影响。对第一个问题，有两个法律规定需予考虑。一个是第 275 条第 1 款的规定，即当履行对债务人或所有人均为不可能时，便不存在履行请求权。另一个则基于第 311a 条第 1 款得出，即在合同缔结时已经存在一个给付障碍，且该给付障碍导致第 275 条意义上的履行不能（Unmöglichkeit），从而导致履行义务被排除时，合同仍然是有效的。由此进一步推论，在合同缔结之后出现一个排除履行请求权的情形时，合同亦仍然有效。那些合同订立时即已存在给付障碍的案件，在第 311a 条第 2 款对其后果进行了规定的同时，还需如前面所述那样（本章第一节 4）对那些代替原生性给付义务的次生性请求权予以考虑。 201

与**案例 2** 相关的，这首先涉及：如果这个雕塑在合同缔结之前已经被毁，V 不能给付，而且根据第 275 条第 1 款，K 不享有履行请求权。但是根据第 311a 条第 1 款的规定，这个合同是有效的，其后果在第 311a 条第 2 款中进行了规定。如果房间失火发生在合同缔结之后，同样因为履行不能而产生排除 V 之给付义务的后果。如果这件作品被盗，人们是否可得出履行不能的结论尚有疑问，因为该作品或许（在小偷、销赃者或者买主那里）仍然存在；但是，尽管当前的占有人能够作出给付，但债务人却无论如何不能作出给付时，这便涉及在第 275 条第 1 款中与履行不能（Unmöglichkeit）同时规定的债务人（主观）不能（Unvermögen）的情形。在这样的案件中，何时产生免除给付义务的后果，并不总是那么容易作出决定；这同样适用于在案例 2（4）中描述的那种情形（对此参见下文本节 2）。

无论如何必须掌握，第 275 条第 1 款仅涉及给付义务的取消，其不取决于这一给付障碍是否是由债务人有过错地造成（比如，当房间失火是由于 V 自己不正确地放置的电线所致时）。 202

2. **履行不能（Unmöglichkeit）**的概念，该概念在之前的法律中已经被使用，包括不同种类的情形。一个给付障碍在物理上、自然规律上具有不可排除性当然是非常清楚的（比如案例 1 中胶卷和案例 2 中雕塑的毁坏）。仅仅对债务人本人存在的 203

障碍，也可能具有不能排除的当然的原因，比如在案例1中，假如A在一次事故中右手受伤变得僵硬，导致其不能再演奏手风琴。更困难的是必须判断法律上的障碍。除了一些非常明了的案件外（比如出卖违反《德国护照法》的护照，或者建造未获批准的建筑），还存在一些履行不能（Unmöglichkeit）与债务人不能（Unvermögen）之间非常难于界定的情形：某人答应以占星术为基础，为希望结婚的顾客提供一份寻找伴侣的建议——尽管人们认为，依自然法则，以占星术为基础成功地寻找伴侣是不可能的，但给一个相信星相学的顾客一份建议或许是可能的。履行不能与债务人不能之间的区别，在实践中扮演着并不重要的角色，因为在第275条第1款中，其后果是相同的，而且在第311a条的情况下也未对两者进行区分（见本节4）。

204 如在**案例2**（3）的情况下一样，要弄清何时存在导致给付义务免除的债务人不能，较为困难：假设，经证实，被盗的雕塑被一个在洛杉矶的收藏者获得，他已为此支付了2 500欧元，如果所有权人V将之从他那里取回：为了能够向该收藏者随后履行交货义务，V必须支付这笔费用吗？或者，正如非常可能的情形，被盗的物完全不可能被找到时，V可以主张履行不能吗？这便涉及一个在法律中未作规定的价值判断问题，这一判断须根据具体案件中的利益状况作出。[27] 更为困难的是，在**案例2**（4）的情况下必须判断：如果V向该交易商K提供该雕塑，但这同时将违反一个（外国的）法律规定，这并不导致自然法则上的履行不能，但是如果该外国政府在德国官方帮助下，在V提供该雕塑时要求索回该作品，可能导致难以逾越的困难。[28]

205 3. 在**种类之债**（关于其概念，见本章第一节3）的情况下则存在特殊性。在种类之债，被人们认同的是，债务人并非对特定客体的给付（若如此则属特定之债），而是负担以种类约定的一定数量的一个或数个客体的给付，因此仅在不可能从该种类中提供标的物时方成立履行不能。

> **例如：**在**案例1**中，游客的旅行价格包含了运送游客往返于汉堡或不来梅机场的费用；R有限公司将该运送任务委托给了不来梅的U汽车运输企业，U负有在约定时间提供5辆汽车从汉堡机场、2辆汽车从不来梅机场开往不来梅港口的义务。但在原计划旅行开始的当天，U通知R有限公司，由于前一天交通堵塞，总共只有3辆汽车能够提供使用。

206 在这里，如果U保证在牺牲其经济利益的情况下照样履行，那么对U而言，在短时间内备齐另外所需的汽车或许是可能的。这里没有预定特定的哪几辆汽车，

㉗ 关于在法的安定性与“个案公平”之间，法律的功能如何，参见Kühl, in Kühl/Reichold/Ronnellfitsch § 1 Ⅳ 3。

㉘ 比如，德国联邦最高法院（NJW 1982, 1458）已将这样的义务，即在伊朗建造一个动物尸体处理设备，因为伊朗官方禁止提供这样的设备而认定为履行不能。

这一种类之债是**备供之债（Beschaffungsschuld）***，即在第 276 条第 1 款第 1 句——有点暗示性的——对此所作的表达，亦即，债务人已经接受了备供风险（Beschaffungsrisiko）；如果 U 一开始便已指出，所达成的（便宜）价格仅在这样的情况下方被接受，即仅使用其自己的汽车及自己的兼职司机，那么情况就不同了——这便成了库存之债。如果债务人，比如他与债权人达成协议，从他的仓库中向债权人提供三瓶新鲜的西班牙里奥哈产区红酒（Roija-Rotwein），且该三瓶红酒已经为债权人特定，这种情况下，种类之债也可能陷入履行不能，但此时并不妨碍债务人将准备卖给其他人的同样的红酒装好并提供给该债权人，而无须承担损害赔偿。

4. 如果**在合同缔结时（bereits bei Vertragsschluss）**履行不能或债务人不能已经存在［人们也称之为本来不能或自始不能（anfängliche oder ursprüngliche Unmöglichkeit）］，那么根据第 311a 条第 1 款，这个合同有效，但履行义务不成立。在**案例 2** 中，如果该雕塑在订立买卖合同时即已被烧毁或被盗即属之。债权人，在这里是作为买受人的 K，现在可以根据第 311a 条第 2 款请求损害赔偿，不过对此，债务人可以以此理由进行反驳，即当他签订合同时他并不知道该给付障碍的存在，且此不知情不可“归责”于他（换言之，根据第 276 条，他对此没有过错）。这与对给付障碍负有责任的情形有所不同，比如在这里我们可以认同的，V 对由未被适当放置的电线导致的房间失火负有责任。在同样已经提到过的、接受一个未经批准之建筑的建造义务的案例中，人们必然要指责这个承揽人，他应当知道当地的建筑法，或者至少应当对此有所了解。如果他能够被人们进行这样的指责，便应该根据第 311a 条第 2 款承担责任。 207

这就要求在案例 2（3）的情况下尽可能地确定，这个雕塑是在合同缔结之前还是之后被盗的。如果是在合同缔结之前被盗的，那么 V 是否承担损害赔偿责任，取决于他是否可以被期待，确信在合同缔结之前该雕塑尚在其控制之下。在案例 2（4）的情形下，如果外国政府的行动——以人们能够由此推导出履行不能或债务人不能为限——在买卖合同缔结之前已经广为人知，这一考量因素就变得更为清晰。如果根据第 311a 条获得了一个损害赔偿请求权，那么还必须注意，K 作为交易商同样也必然知道这一消息，这将导致其赔偿请求权被限制，参见第 254 条。

5. 可能出现这样的情况，即给付尽管并非不可能，但合同缔结后的重大事件， 208

* 对于这一术语究应如何表达，颇费了一些思量。我国现有表述各有不同，包括购置、备购、购备、采办等，由于这些表述均一定程度上含有从其他地方另行购买以供履行之意，似不能完整表达此一术语的应有之意，比如此处的这个案例，运输公司完全可以不另行采购其他车辆而完成其给付义务。考虑到这一债务的内容，无非是另行作出努力，以供向债权人履行合同义务，几经考虑，采用了“备供”这一较为生疏的表述。——译者注

将导致该给付对债务人而言极为困难。有一个关于金戒指的老教学案例，在交付之前，债务人（出卖人或者承揽人）将之掉到了莱茵河里：为了一个显然极为渺茫的希望，债务人必须委托一个潜水公司去将这枚戒指再从河里找回来吗？但与此相关经常被援引的**第 275 条第 2 款**之规定，并不仅仅涉及所谓的经济上之履行不能，当债务人的费用与相应的对待给付相比不相称时，便存在所谓的经济上履行不能；而是进一步作出规定，当债务人负担的给付需要付出与债权人的给付利益极不相称的费用时，债务人有拒绝给付的权利。

假设在**案例 1** 中，这些游客是在返回后自己委托 L 冲洗胶卷，而他们中的一个人对其录像的灭失特别失望，他表示，为了将在茶坊特别有趣的景象录制下来，他有时间和 A 一起再去做一次旅行，那么，L 必须支付这笔费用吗？

209 如果人们承认，L 根据第 275 条第 2 款享有拒绝给付的权利，这就意味着，首先，他从给付义务中解脱出来了。如果他对胶卷的毁损有过错，那么在这种情况下，他也可能根据第 283 条对定作人承担损害赔偿责任（同时，这里还存在第 249 条以下之损害赔偿问题，是仅应当赔偿被毁损之录像的价值，还是应当提供重新录制的机会）。对尚罕有实践案例的、基于个人原因的给付障碍，**第 275 条第 3 款**作了类似规定。这里涉及在具体情况下履行的不合理性（比如在**案例 1** 中，假设 A 在出发前一天获悉，其妻子得了危及生命的疾病，且有危险活不到他旅行结束返回）。在这种类型的案例中，债务人同样享有一个拒绝给付的权利，且基于第 283 条的损害赔偿请求权在任何时候均极少被纳入考虑。

210 6. 在与一个此前未在法律上进行规定的制度，现在规定于第 313 条规定的**行为基础障碍（Störung der Geschäftsgrundlage）**，可能出现一个前提与后果之间的界分问题。在第 313 条的规定中，立法者试图对几十年来在没有法律基本规定的情况下发展起来的学说和法院判决进行归纳。这一规定涉及这样的情事，即这些情事的存在虽然没有如条件（第 158 条）那样成为合同内容，但决定了缔约人对所接受之义务及他们之间关系之合理性的认识。如果这些情事被证明是错误的或者发生了根本变化，可能导致继续遵守合同对一方当事人（或者也可能是双方当事人）显得不再合理，以致他们愿意从合同中解脱出来。

比如在**案例 1** 中，如果原本安排的旅行路线中应该到两个国家旅游，在此期间这两个国家之间突然爆发了战争，以至于所有的港口均对外国人关闭，从而打乱了 R 有限公司和游客的计划。如果这两个国家的艺术珍品和美丽风光被视为这次旅行的重要卖点，而又不能以其他方式，即参观原来没有安排的、同样具有魅力的国家提供相应的补救时，则必须同意对游客提供一个价格折扣。无论如何，R 有限公司不能主张，游轮在大海上打几天转能够增加游客放松的效果。

行为基础障碍的法律后果，是一个**“合同调整”（Anpassung des Vertrages）**的请求权。这一点表述得非常概括，也就是说，个案中的所有情事均须予以考虑，且不存在一方当事人享有拒绝给付之权利——比如第 275 条第 3 款——的情形。其也不仅单纯地取决于所计划之给付得到实现的可期待性，而是首先取决于约定或法定的风险分配。 211

在上述案例中，如果旅行社早已知道这一问题区域，并因此在广告中承诺做一次“冒险之旅”，那么便不能认定交易基础丧失（Wegfall der Geschäftsgrundlage）。

因欠缺（Fehlen）或丧失（Fortfall）行为基础的合同调整，在任何时候，尤其是在战争或通货膨胀期间或之后，扮演了极为重要的角色。由于对这一问题的大量法院判例在今天仍可被适用，因而第 313 条并未打算作出新的规定。 212

第三节　履行不能与瑕疵履行的后果

案例 3：经营建筑承揽的 W 公司从 S 市获得了改建市政厅的委托。为了使市政厅里的正常工作受到的妨碍不超过必要期限，双方约定，必须在 7 月 1 日开始改建工作，并应在暑假结束时（9 月 10 日）完工。为遵守这一时间表，W 公司于 5 月初在商人 H 处预订了一台新的塔式悬臂起重机，该起重机应当最迟在开工前一周提供给 W 公司，以便于该公司人员熟悉这台机器。6 月 28 日 H 打电话通知 W，他不能在约定期间供货，但其供货尚正在尽力作出短期调整，以便能够尽早供货。但到 7 月 3 日该起重机仍未到货，现在 W 公司的业务主管正在考虑，该如何处理这一情况。

1. 如果法律对作为给付障碍主要情形的履行不能和迟延（对此参见本章第一节 4）进行了规定，那么同时也一定对此作出了安排，即未能获得正确履行的债权人能够确定，存在何等给付障碍的形式，及由此他能安排采取什么行动。但正如从这个案例中可以看到的，事情并不总是这样：在 7 月 1 日，2 天后也是一样，W 仅知道该起重机未被提供，但不知道是否尚有可能供货或者仅是被迟延，也不知道 H 对不供货或者迟延是否有过错，而根据《德国民法典》第 280 条，过错对损害赔偿请求权是必不可少的。因而，债权人可能的应对措施的规则如下：若给付未依约发生，则债权人可根据《德国民法典》第 323 条第 1 款指定一个**延展期间（Nachfrist）**，该延展期间的指定不取决于债务人是否不得已陷入这一迟延，且在该延展期间经过之后，债权人无须其他原因即可解除合同。这一规定，其后面的数条规定亦同，仅适用于双务合同，其无论如何对本章案例 1～3 是适用的。 213

214 但正如上面的案例中显示出来的，指定延展期间的必要条件可能给债权人造成一些问题。其一，不存在一个法定的固定期间，而仅规定必须是**“合理的”（angemessen）**；人们将之理解为这样一个时间段，即为完成一个已经开始的给付所必需的时间，而非：从这一给付的准备阶段开始。在一个提供如悬臂起重机这样的设备的情况下，人们必然认识到，这一设备的提供不可能在一两天之内完成，由此，对于必须准时开始施工的 W 公司来说[29]，可能已经处于一个危险的境地。假使人们已经知道，这一给付是在第 275 条意义上的履行不能，那么 W 公司可以不用重新指定时间而马上解除合同。因此在单纯的不履行的情况下，第 323 条第 2 款关于一个**延展期限之非必要性（Entbehrlichkeit einer Nachfristsetzung）**的规定为此提供了帮助，这里与该条第 2 款第 2 项相符：债务人 H 必须最迟在 7 月 1 日前一周供货。尽管如此，这一规定也仅是在如下情况下为债权人提供了一个无须给出延展期限的权利，即在合同中已经明确，合同的存续取决于对履行期限的遵守。

现在，如果 H 打电话通知 W，其供货商拒绝向其供货，但他将尽力采取补救措施，这样，现在便无法确定是否存在根据第 326 条第 5 款之规定可以主张解除合同的履行不能。但如果 H 的意思表示是，此时他无须向 W 提供一个补救性的供货，则可被认定为拒绝履行，那么根据第 323 条第 2 款第 1 项，马上解除合同也是可能的。第 323 条第 2 款第 2 项和第 3 项经过了少量修订，并从 2014 年 6 月开始生效。

215 2. 关于**解除权（Rücktrittsrecht）**的问题对债权人是非常重要的，因为通过解除合同，他不仅可根据第 346 条及以下各条主张返还其已作出的给付，比如首付款，而且可以终止其自己的给付义务。如果债务人给付不能，当然就无须解除合同了，因为根据第 326 条第 1 款，债务人对对待给付的请求权自动消灭。由此可见，债权人，这里即作为买受人的 W，必须就自己对给付障碍的反应进行仔细斟酌，即考虑其经济上的得失。当债权人希望并能够通过其他途径实现其目的时，解除合同具有重要意义，因为对此他仅需，当然无论如何也必须确定，当第一个出卖人仍要求供货以保障其报酬时，他无须接受该供货并付款。如果存在履行不能，那么履行请求权便不复存在，但债权人也无须履行其付款义务。在这一考量中通常还必须将损害赔偿请求权纳入其中，比如当债权人需付出更高成本方能通过其他途径实现合同目的时，这一请求权便产生了。根据第 325 条，解除合同并不排除损害赔偿请求权；关于损害赔偿，马上在下面的 3 进行讨论。

216 如果给付障碍是由债权人自身引起的（第 323 条第 6 款、第 326 条第 2 款），或者给付障碍发生于债权人受领迟延（参见本章第五节 2）期间，情况则不同。

---

[29] 实践中，建筑项目特别是属于公共部门建筑项目的委托方为了避免建筑施工开始或完工的推迟而在合同中约定一个违约金（参见第 339 条及以下）。

例如：在案例 2 中，如果导致雕塑品被毁损的房间失火发生在约定的期限之后数日，而根据协议，K 本应在该约定时间取走该雕塑品。尽管这一火灾不可归责于 K，但根据第 293 条他陷于受领迟延，因此根据第 323 条第 6 款，他作为给付请求权的债权人，不能主张解除合同，且根据第 326 条第 2 款仍负有支付价款的义务。

人们将这一乍看起来对债权人非常苛刻的解决方案称为**因受领迟延的风险移转（Gefahrübergang durch Annahmeverzug）**。与此相反，当债权人自己导致履行障碍发生时，即他造成了房屋失火，那么他仍须履行对待给付且不能主张解除合同，就很好理解。[30] 217

3. 在实践上非常重要的，经常是因给付障碍——可能是履行不能、债务人不能或者就是未按期给付——导致的债权人财产损害而产生的**损害赔偿请求权（Schadensersatzansprüche）**。与债权人的解除权相区别，损害赔偿请求权以此为前提，即如第 280 条第 1 款第 2 句所表述的，对义务的违反须可"归责"于债务人。这便意味着，正如第 276 条清晰规定的，一般情况下，债务人必须是故意或者过失地作出了行为。还可能是这种情况，即债务人对一个"履行辅助人"（Erfüllungsgehilfe）的过错承担责任，第 278 条。关于为自己和他人之过错负责，参见本书第十章。 218

债务人的损害赔偿责任由此产生：当给付不能或变得不可能时，基于第 283 条，连同适用第 280 条；在不给付或不良给付的情况下，基于第 281 条，同样结合第 280 条之规定。在第 281 条第 1 款中，对不良给付给出了另外一种表述，即债务人"未如所负担的那样"作出给付，比如提供一个有物上瑕疵的买卖标的物，参见第 473 条第 3 项，对此请参见本书第十二章第一节。与此相反，在如下情况下存在不给付，即债权人未获得约定的给付，对债权人而言他并不清楚，是给付不能还是债务人能履行而未履行。在这种情况下，债权人也可能遭受损害。 219

案例 4：工程师 A 租了一辆客车，以便在周一早上去家里接他的两个同事去一个建筑工地，在那里，他要检验一台应当于当天中午由外国提供的大型设备，而且建筑计划的进展决定性地依赖于该设备。本应 8 点钟将所租汽车在 A 的住处交付使用的出租人没有按时出现，也没有通过电话告知情况。因此 A 不得不作出决定，坐出租车到这一公共交通工具不能到达的建筑工地，并接上先前约定的两个同事一同前往。

这里肯定的是，给付没有被作出，但并不确定该给付是已经——比如指定的租赁车辆由于事故——变得不可能，还是出租人迟延了。因为 A 不能等待，他必须乘坐比租车更贵的出租车；这是一个损害，当未准时将所租车辆交付使用"可归责 220

[30] 看起来有必要指出，特别是对于那些法律初学者而言，给付障碍法的概念属于整个民法典中最难的，但由于其具有特别的实践意义，这里不能过于简单地被处理。

于”出租人时，根据第 280 条、第 281 条，出租人对此损害承担责任。不过，与第 323 条第 2 款所规定的解除合同的条件类似，第 281 条进一步以债权人为债务人指定了延展期限且该期限徒然经过为其前提。但在第 281 条第 2 款所规定的前提之下，也可以不用指定这样一个延展期限而直接主张损害赔偿，而且，即使人们认为第 281 条第 2 款的前提不合理，这一延展期限也可以根据情事是非常短的，当出租人根本未能履行时，那么人们可以由此得出，主张马上解除合同（第 323 条第 2 款第 2 项）和损害赔偿的条件已经存在。关于损害赔偿的具体方式和范围，第 249 条及以下以一种相对抽象的方式进行了规定，之所以说它是一种相对抽象的方式，是因为借助于这些规定，基于侵权行为（第 823 条）所产生之损害赔偿请求权的内容也应得到进一步确定。最后须掌握的是，为无须继续履行自己的对待给付义务而希望解除合同的债权人，同样可以主张损害赔偿，这两项权利可以并存（第 325 条）。不过，如果债权人已经主张了损害赔偿，他便不能再主张继续给付，见第 281 条第 4 款。关于**债务人迟延（Schuldnerverzug）**的要件和后果，参见本章第五节。

第四节　第 280 条第 1 款意义上的义务违反

案例 5： W 经营一家葡萄酒商店，店内有大量瓶装葡萄酒可供选择，也有一部分成箱出售，且在店内，有兴趣购买者可用店内提供的酒杯从一部分已经打开的酒瓶中倒一杯品尝。特别是在周末和节假日之前，这家商店生意非常好，以至于顾客挤满店内的酒架和桌子，W 的工作人员几乎不可能关注到某位具体的顾客。在一个上述这样的日子里，D 夫妇在 W 处购买了两箱葡萄酒，每箱 6 瓶。在接下来的日子里，D 夫妇每个周末喝掉其中的一瓶，但这酒使 D 先生变得非常糟，因为他是糖尿病患者，且这种酒非常不适合他。把酒卖给 D 夫妇的工作人员知道 D 的病情，但他没有指出这酒对 D 先生是非常危险的。

变化案例： 由于店内有拥挤的大量顾客，一摞葡萄酒箱被弄翻，其中一箱砸到 D 夫人的脚上，并致其脚受伤。

221 1. 有些对合同义务之违反的情形，既不能被认定为不给付，也不能被认定为迟延给付，而且不能将之理解为作出了一个瑕疵给付（在买卖、承揽或租赁合同）。这些各有区别的不同情形，被纳入**第 280 条第 1 款**，置于违反基于债之关系之义务的概念之下，当这些义务违反行为可归责于债务人时，根据第 280 条第 1 款第 2 句之规定，债务人有义务赔偿“因此所致的损失”。完全可以理解的是，义务违反必须已经产生了相应的后果，因此在这种情况下，延展期限的指定已经没有意义。被违反的义务可能没有在法律的特定位置进行概括，其由判例和学说结合早前《德国民法典》虽然涉及但并未明确规定的制度，对具体（有争议）案件的反复斟酌而得出，比如所谓的**“积极侵害债权”（positive Vertragsverletzung）**和对**“合同缔结过程中的过错”（Verschulden bei Vertragsschluss）**的责任（缔约过失责任，culpa in contrahendo）。现在这两种类型也构成了第 280 条第 1 款之请求权基础的主要适用领域。

这在**案例 5** 中得到展现。被卖给 D 的葡萄酒本身没有问题，也不存在债务人违反双方关于买卖标的物之性质的约定（对此请参见本书第十二章第一节）。这里的问题毋宁是，W 的工作人员知悉 D 的病情，但他没有向 D 说明这种酒对 D 而言是危险的。人们所说的**告知义务和说明义务（Informations- und Aufklärungspflichten）**，在买卖合同的情况下可能涉及买卖标的物，在其他合同类型的情况下可能涉及对于合同当事人非常重要的情事。这些义务必须基于不同的情事而得出，在这里，该义务由此产生，即这个工作人员刚好知道或者应当知道，这种酒对 D 而言难以消化。但无论如何，人们不能将涉及另一方当事人所有的相关情事，均认定为合同一方当事人告知或说明义务的范畴。这里涉及所谓的**与给付相关的附随义务（leistungsbezogene Nebenpflichten）**，其与合同给付义务如此紧密地联系在一起，以至于根据合同的基本原理，确切地说，在适用关于合同辅助人责任（第 278 条，对此请参见本书第十章第三节）之相关规则的情况下，债务人（这里指出卖人 W）须承担责任。鉴于对说明义务和告知义务的违反，而这导致了一个根据第 280 条的损害赔偿请求权，一段时间以来，大量的法院判决基于对客户说明义务的违反，判决**金融机构（Kreditinstituten）**和投资经纪人（Anlagevermittler）承担责任，这些客户将资金投入资本市场，特别是那些场外进行的有价证券和债权凭证交易。其中最重要的损害原因便是投资的贬值（直至完全损失掉），正如他们购买美国雷曼兄弟银行的债权凭证一样，也包括大量的其他欧洲证券。鉴此，法院判决要求，投资顾问应基于其具备的经验和识别力向客户提供全面、对投资人公平的信息和说明；如果没有做到此点，为了投资人的利益将假设，投资顾问本来应该**进行了“适当的说明”（„aufklärungsrichtig“ verhalten）**（而没有），因此他必须就此提出反驳，以排除其责任。金融服务者的第二个经常被忽略的适当说明义务是，必须已经使投资意向人明白，投资顾问或者经纪人为了招募投资人，从希望融资的企业那里获得或者可期待获得**内部佣金**[*]**（Innenprovisionen）**；使客户在决定是否接受投资建议时，能够将此点纳入考虑，即投资建议可能已经受到了佣金利益的影响。违反此义务的法律后果是一个损害赔偿请求权，其范围是，在投资者交还投资凭据的情况下，金融机构须返还客户为此所支付的款项。不过在这方面，法院判决对待该金融机构较对待一个 222

* 之所以称内部佣金（Innenprovision），盖因该佣金并非直接从融资企业那里获得，而是由直接从融资企业那里获得佣金之金融机构向其职员（投资顾问或经纪人）支付。——译者注

"免费的"经纪人严格；对于该经纪人，客户其实可以想到，他并非无偿工作（客户通常不愿支付咨询费）。对这一领域的问题，一项来源于欧盟的银行监管要求最近也开始发挥作用。[31] 鉴于并不少见的起诉医生的案件，关于**医疗措施（ärztliche Behandlungsmaßnahmen）**之风险的类似说明义务被承认。

223 如果一方的损害因向其提供的物或工作成果所造成，便不是对方当事人单纯的信息不充分的问题了。

> 假定，在**案例 5** 中 D 没有病，但这种酒对其健康造成不良影响，因为这种酒中加入了一定剂量被禁用的防腐剂（乙二醇）。

224 这里存在一个第 434 条意义上的瑕疵，因此在可能的情况下，根据第 281 条，一个损害赔偿请求权被纳入考虑。不过这一因为所谓的**"瑕疵损害"（Mangelschaden）**产生的请求权，以一个延展期限对且能够对债务人（这里即出卖人）指定为前提（参见第 281 条第 1 款），而这一前提条件在这里已经没有意义，因为损害已经发生了。人们称这种损害为一个**"瑕疵后果损害"（Mangelfolgeschaden）**，这种损害发生**在其他法益上较之发生在所提供之物上**更为典型，这里是对买受人健康的损害。同时，这种损害常常超过债权人的履行利益（Erfüllungsinteresse）。一个瑕疵后果损害之可归责的原因，也可能是积极侵害债权而符合第 280 条第 1 款的条文。至于尚未被喝掉的葡萄酒，须由其缺陷性得出的结论是，正如在本书第十二章中将详细讨论的一样，D 夫妇可以在第 437 条第 2 项、第 323 条所规定的前提之下解除合同，换言之，他们可以拿回自己的钱。

225 2.《德国民法典》第 280 条第 1 款意义上的义务违反，也可能与一个已经存在的合同仅有较为松散的关系。在**案例 5 的变化案例**中，D 夫人的损害尽管发生在 W 的交易场所，但 D 夫妇在避免这种损害的利益上，可能并不依赖于关于葡萄酒的买卖合同是否已经缔结，以及到底 D 先生还是 D 夫人是合同的当事人。这是**第 241 条第 2 款**之规定的部分背景，该款规定，无论债之关系是否有其他规定，该债之关系的当事人均负有顾及另一方当事人之"权利、法益和利益"的义务。这里谈到的是合同任何一方当事人的**保护和照料义务（Schutz und Obhutspflicht）**，这些义务也被称为**与给付无关的附随义务（nicht leistungsbezogene Nebenpfliten）**。这样的义务对一个现存合同的双方当事人存在，本例中，如果 D 先生在买了葡萄酒之后，因为一个工作人员的疏忽，导致一个掉落的葡萄酒箱砸伤了 D 先生，这一义务便被违反了。如果这一不幸事件发生在买卖合同签订之前，或者是自己根本不想买葡萄酒的 D 夫人被砸伤，那么不能适用第 241 条第 2 款。不过第 241 条第 2 款之规定通过**第 311 条第 2 款第 1 项**得到补充，该条款将合同磋商和合同准备过程中的保护和照料

---

[31] 详见 Buck/Heck, Kapitalmarktrecht, 6. Aufl. 2013, § 12 Rn. 532 ff。

义务纳入了考虑。此外，第 311 条第 3 款使合同上照料义务的保护范围将这样的人也纳入其中成为可能，即当他们的安康是一个潜在缔约人的利益所在时，比如由其母亲带去购物的孩子在购物场所被一个倾倒的货架所伤。

这里还涉及，关于合同责任的这些规定，其适用范围扩张到包括那些与照料义务人有交易接触的人（第 311 条第 2 款第 3 项），也就是说，并不包括那些在冬天走进商场，以在电视机销售处静静地观看一场网球比赛的城市盲流。详见本书第十一章第二节。

226 同样，这里提及的告知义务和说明义务并非仅因合同的完美缔结方始成立；它们的成立常常正是基于合同的磋商，以及在磋商中一方当事人对另一方当事人就合同标的和行将承担之合同义务相关的专业、准确且可靠的信息所产生之信赖。因此，随着在合同谈判过程中发生的、对交易伙伴的利益范围产生影响之可能性的提高，产生了一个类似合同的信赖关系（vertragsähnliches Vertrauensverhältnis）。所以基于缔约过错（Verschulden bei den Vertragsverhandlungen）之观点产生的请求权，完全可以在基于合同关系的履行请求权和损害赔偿请求权之外独立存在。但正如《德国民法典》第 280 条第 1 款指出的，所有这些请求权均以合同当事人或缔约当事人的过错为前提，换言之，他们必须是疏于尽到交易上必要的谨慎义务，参见第 276 条第 2 款。

第五节　债务人和债权人的迟延

227 履行障碍也可能在给付延迟（Verzögerung der Leistung）的情况下作为迟延（Verzug）而发生。这类情形作为复杂的购置和生产过程的后果，比如由于劳资斗争、货物运输纠纷以及义务履行中的过失等，在实践中经常发生。必须区分的是，在延迟后该给付是仍被作出（那么债权人的损害限于延迟导致的后果），还是在迟延期间该给付变得不可能或者对债权人而言变得没有意义——若此，债权人将解除合同或者主张损害赔偿。损害赔偿请求权的基础是**第 280 条第 2 款连同适用第 286 条**。

案例 6： K 从 V 处购买了一台二手拖拉机，该拖拉机应在 6 月 1 日送交，以便能在 K 的工厂里使用。V 因在经济上仍需要该拖拉机，所以没有及时地送交。K 享有哪些权利？

228 1. 根据第 275 条第 1 款之规定，履行不能时给付义务被排除，与此不同，在案例 4 中，**给付**尚可能，其仅是**被延迟**了。如果给付已到期（第 271 条），且债权人已催告（mahnen）债务人履行，以及正如由第 286 条第 4 款得出的，该延迟可归责于债务人，那么一个这样的给付延迟便是第 284 条意义上的债务人迟延。从第 286 条第 4 款的措辞来看，与一般情况下债权人须证明延迟可归责于债务人不同，这里，债务人必须证明自己对该延迟没有过错。这一举证义务分配的理由是，通常情况下，债权人不可能知道给付为什么延迟，以及该给付是否已经根本不可能了。

229 在**案例 6** 中存在过错，V 不能仅从他自己的角度出发，主张说他不能在约定的时间给付这台机器。从合同缔结的那一刻起，他的利益就要迁就于 K 的利益。

230 一般情况下，迟延仅在债务人已**被催告**时方成立；催告（Mahnung）是一个严肃的要求作出给付的提示。不过也并非任何情况下均须有催告。这一第 286 条第 2 款涉及的规则，与第 323 条第 2 款和第 281 条第 2 款关于债权人在作出解除表示或请求损害赔偿前无须指定延展期限相似。这里要强调的是第 286 条第 2 款第 1 项的情形：当债务人的给付应当在一个由日历确定的时间点作出时，这极可能在合同中已被确定，不需要催告。在金钱债权的情况下，第 286 条第 3 款进一步作出了一个特别规定，即债务人在到期后或收到账单后 30 日内没有支付，则构成迟延；对一个第 13 条意义上的“消费者”，则须对这一后果进行特别提示方构成迟延，不过这一提示也可能与一个催告一并作出。

231 2.（1）**债务人迟延的后果（Folgen des Schuldnerverzuges）**首先是，债务人必须赔偿相关损失（迟延损失），参看第 286 条第 1 款，并赔偿迟延利息，参看第 288 条。

在**案例 6** 中，K 必须另外租一台拖拉机。如果在等待这台拖拉机期间内，他本想将之用于由他承接的道路修建工作，那么其减少的收入也将作为迟延损失予以考虑，第 249 条、第 252 条。这笔损失可能是巨大的：K 很可能需要为此支付约定的高额违约金。

232 （2）由于迟延，对于完全拥有该给付，债权人可能已经没有什么利益可言，那么他可能更希望解除合同，以使他自己无须再作出给付，并尽可能快地通过其他途径获取他需要的标的物。

在**案例 6** 中，V 没有作出给付，K 收到一个以更便宜的条件得到另一台合适的拖拉机的要约。他想知道，他是否可以无须冒着此后必须接收两台拖拉机的风险而接受这一要约。

233 第 326 条第 1 款授予债权人这样的权利，即在指定一个客观上合理的期限后，如果这一期限经过而债务人仍未给付，债权人有权解除合同。同时，如果该不履行应归责于债务人，债权人还有权主张因不履行遭受的损失（第 281 条）。根据第 281 条第 4 款，这里，随着损害赔偿债权的提出，原来的履行请求权消灭。当 K 决定采取这样的行为时，他必须仔细斟酌，他是否能在期限白白经过之后仍能通过其他途径获得其所需之给付，或者他的所有损失债务人均能赔付。

(3) 迟延损失的赔偿请求权，是迟延最重要的直接后果。对实践而言同样重要的是，债务人对在迟延期间陷于履行不能的给付，也无须具有过错便应承担责任。这是被普遍接受的对**第287条第2句**的解释，这一解释包括一个对第276条之规定的重要变通（参见第十章第一节）。 234

在**案例6**中，如果在满足迟延的条件后，这台拖拉机在V的车库中被一场不能归责于V的火灾烧毁，那么V不仅应当对（此前可归责的）迟延损失进行赔偿，而且另须承担替代给付的损害赔偿，比如，如果此时K必须以更贵的价格通过另外的途径获得一辆拖拉机。尽管实际上的给付不能不可归责于V，但他仍应当承担上述责任。

如果这台拖拉机投了保险，那么K可以——比如在V无力支付时他可能有兴趣——根据**第285条**代位行使对保险金的请求权，不过之后他负有作出与此一额度相应的对待给付义务。这一后果也与履行不能是否应归责于债务人无关；当第285条仅是简单地援引第275条第1款至第3款时，该表述已经表明了这一点。

(4) **债权人**也可能陷于**迟延**。 235

案例7：在案例6中如果双方商定，K应当在6月1日提取这台拖拉机。但在当天K没有去；两天后发生了这一火灾。

K构成债权人迟延，其要件规定在第293条以下。债权人须根据第304条赔偿可能的额外费用（Mehraufwendung）（比如增加的税负和保险费用）。更重要的是，债务人的责任降到仅对故意和重大过失负责（第300条第1款）；也就是说，如果这场火灾是由于V的轻过失造成的，V不承担赔偿责任，因为这一事故不可归责于他。此外，根据第326条第2款，被取消之给付的债务人仍保有对待给付请求权，而根据第323条第6款，债权人不能解除合同。当债权人自己造成债务人履行不能时（在**案例7**中，如果K对车库里的火灾负有责任），上述规定也全部适用。 236

人们由此总结说，当债权人迟延时，它不仅承担物之风险，而且承担对待给付的风险。 237

本章小结

“给付障碍”这一表述在《德国民法典》中没有出现；人们将这一表述理解为一系列债务人违反履行义务的情形——它们相互之间有区别。第280条第1款意义上的“义务违反”可视为其上位概念。具体必须进行区分的是：给付对债务人而言或任何人而言不可能；根据第275条第1款，其导致履行义务不发生（当这种不能在合同缔结时便已存在时）或者消灭［当涉及嗣后不能（nachträgliche Unmöglichkeit）

时]。对于前一种情形，第 311a 条第 1 款规定得非常清楚，即尽管欠缺给付义务，但合同仍然有效。对于给付障碍的其他形式，法律规定了不提供到期给付（第 281 条、第 323 条）和对一个可能之给付的迟延（第 280 条第 2 款、第 286 条），最后一种情形是，给付虽然可能且已经被作出，但“非如所负担的那样”被作出（第 281 条第 1 款、第 323 条第 1 款）。最后一种情形被理解为对提供无瑕疵给付之义务的违反，对于买卖合同，该义务在第 433 条第 1 款第 2 句中，对于承揽合同，该义务在第 633 条第 1 款中被明确要求。尽管并非所有的具体合同债之关系的法律规定都对无瑕疵给付作出了独立的界定，正如在《德国民法典》第 434 条对买卖合同和在第 633 条第 2 款对承揽合同提供的那样，但关于瑕疵给付之后果的规定则是普遍适用的。

对给付障碍的法律后果，实质上进行了两方面平行的规定。因履行不能而未能获得给付的债权人，可以根据第 326 条第 1 款解除合同，从他的角度而言，他也不负有作出对待给付的义务，除非该给付不能应归责于他，或者在发生履行不能时他已陷于受领迟延，第 326 条第 2 款。如果该履行不能应归责于债务人，那么根据第 283 条结合第 280 条第 1 款，他承担损害赔偿义务。如果未提供已到期的给付，且不涉及履行不能，债权人可根据第 323 条第 1 款解除合同，这将导致，已经作出的给付须被返还，且不再负担其他尚未作出的给付义务。但在此之前，如果延展期限的指定没有因为第 323 条第 2 款所提到的情形而排除，则债权人必须为债务人指定一个合理的延展期限。当给付障碍应归责于债务人时——对前述要件的补充要求，债权人也可以主张损害赔偿。债权人可根据第 325 条同时主张赔偿损失和解除合同。损害赔偿请求权的内容在第 249 条及以下被一般性地作出规定，也就是说，没有为给付障碍专门进行规定。第 311a 条第 2 款还为自始履行不能或者自始债务人不能（ursprüngliche Unvermögen）安排了一个特殊规定，即债务人被要求承担履行义务或损害赔偿义务，但当他能证明其不知道这一“自始”的履行障碍时，他被免于承担上述义务。

债务人迟延，是尽管到期催告后仍可归责的给付迟延；债务人对迟延损害承担赔偿义务，且在给付不能或不履行的情况下加重了债务人的责任。在给付不能或不履行的情况下，无须满足迟延的条件，债权人即可根据第 323 条第 1 款的条件解除合同。当债权人不接受按规定向他作出的给付时，便成立债权人迟延（因此也称为受领迟延）。一般情况下其不取决于债权人是否有过错。在债权人迟延的情况下，债务人仅对故意和重大过失承担责任。在双务合同的情况下，风险随着受领迟延而转移给债权人，同时根据第 326 条第 2 款，他仍负有对待给付义务，且根据第 323 条第 6 款，债权人自己不能解除合同。此外，债权人还须赔偿债务人的额外费用，参看第 304 条。

在法律规定的给付障碍形式之外，司法实践和法学界还发展出了积极侵害债权，根据第 280 条第 1 款，作为“义务违反”，其产生一个损害赔偿请求权。积极侵害债权存在于如下情形：其要么由于债务人的一个瑕疵给付，使一个瑕疵后果损害在债权人的其他财产上发生；要么是债务人违反了合同上的附随义务，即债务人所负担的使债权人利益不受侵害之义务，对此参见第 241 条第 2 款。与基于合同的责任相似，《德国民法典》对合同缔结过程中的过错也进行了规定。即使当事人之间的合同尚未成立，但他们之间已经开始进行合同磋商或者存在类似的交易接触时，也可根据第 280 条第 1 款导出一个损害赔偿请求权，参见第 311 条第 2 款。

参考文献

Brox/Walker Allgemeines Schuldrecht，37，Aufl. 2013，§ § 20 - 23；Medicus/Lorenz，SR Ⅰ，AT，20. Aufl.，§ § 28，29；H. P. Westermann/Bydlinski/Weber，BGB Schuldrecht，AT，7. Aufl. 2010，§ § 5 - 7；Looschelders，Schuldrecht At，10 Aufl. 2012，§ § 22 - 24.

第十章

为自己和他人行为承担责任

第一节　问题范围

238 责任承担（Verantwortlichkeit）问题本质上涉及**损害赔偿责任（Schadensersatzhaftung）**，该责任可能由于违反合同上的义务（对此，本书第九章第四节已作介绍）和侵权行为而发生，其中后一种行为方式成立一个法定之债（详见本书第十四章）。德国法上的一个基本原理是，无论是合同领域还是非合同领域，没有可非难之行为（**过错**，常常以"应归责"，Vertretenmüssen 表示）便不存在损害赔偿义务。但这一原则并非毫无例外地得到坚持，比如对在社会分工框架内被引起之损害的责任承担便不适用这一原则，此外，在这样的地方也不适用该原则，即某人因一个合法但并非没有危险的行为产生了一个损害源（Schadensquelle），但在任何情况下他都不可能避免一个可能的受害人。那么在这样一些情形下，即使在具体案件中他没有过错，行为人也应当承担损害的风险。这样承担责任的其中一个主要案型，可能因为介入债之关系中义务之成立或履行的合作者或其他辅助人而发生。最后还有可能是这种情况，即合同当事人一方——可能为了能使对方签订合同——接受一个与过错无关的责任。

在这一问题范围内，《德国民法典》这样体系性地来安排：将请求权是否有可归责性作为其前提，对损害赔偿请求权的不同请求权基础加以说明，可能的情况下还包括对举证义务之分配的考虑（对此参见，比如本书第九章第四节1和第五节1谈到的《德国民法典》第280条第1款第2句、第286条第4款）。对所有这些请求权基础而言，决定性的、关于责任承担之**标准**的这些规定，与《德国民法典》其他部分也常常那样做的一样，被“置于括号之前”规定在第 276 条以下。同样，第 249 条以下的相关规定，也适用于损害赔偿请求权之内容的确定。

案例 1：生活在施瓦本的工业城市 R 的 W 女士，想请人为夏季文艺节做一件时装，并就此委托一间时装店的老板 M，M 的工作在 R 城享有很好的声誉。这件时装应当根据时装杂志上的款式由 W 女士与 M 一起来设计，设计时须考虑到 W 女士有着“令人苦恼的身材”。W 女士想在 7 月底萨尔茨堡文艺节的开幕式上首次穿着这件衣服，但这件衣服未能及时完工，因为由 M 指定的、为这件衣服裁缝的工作人员 A，在 7 月中旬休假了，A 家里有几个学龄儿童要照顾，对此 A 事先已经通知过 M。更糟的是，当这件衣服在 8 月 1 日交给 W 女士的时候，被 W 女士认为一点也不优雅且不合身。在保留其权利的情况下收下了这件衣服，且在短时间内未能找到其他合适时装的 W 女士，相信能够确认，M 及其工作人员缺乏顶级时装行业必要和通常的经验与知识。她想将这件由 M 制作的衣服交还给他，并向 M 主张损害赔偿，即她在此期间在维也纳找到的一件满足她要求的时装与在 M 处定作的时装的差价。

第二节 对自己行为的责任

1. 一个特定的事件是否应“归责”于债务人，这个问题可能须在不同的相互关系中进行考虑；在此，涉及对自己的行为承担责任以及——特别是——对他人的行为承担责任，首先要区分的是，损害原因是对合同义务的违反，还是一个侵权行为（第 823 条及以下，对此请参见本书第十四章）。 239

在**案例 1** 中，当这件衣服在双方约定的时间之后方被提交，且 M 既没有通过 W 女士的催告、也没有因为错过一个第 286 条第 2 款第 1 项意义上的期限而陷于迟延时，首先要考虑的是一个因为债务人迟延的责任（见本书第九章第四节 1）。但要成立这一责任也需要确定，是因为可归责于债务人的情事而使给付没有被及时作出。这一点对另一个问题也适用，即 M 是否可能因为这件衣服的瑕疵（根据第 434 条来确定，参见本书第十二章）而根据第 281 条结合第 280 条第 1 款承担损害赔偿责任。

根据第 276 条第 1 款第 1 句，债务人应当对故意和过失承担责任。故意通常被理解为“知道并希望损害后果的出现”，根据第 276 条第 2 款的定义，过失则是指疏于尽到**“交易中必要的注意”（“im Verkehr erforderlichen Sorgfalt”）**。这意味着，对行为人承担责任的这一必要条件，客观地根据其所处状况和合同要求来确定，而 240

无须根据债务人主观上是否应当且能够认识到来确定。在这里，取决于一个客观的观察者在认识到行为当时之情事时将如何行为。当行为人应当清楚承担该义务超出了自己的经验和认识能力的界限时，无论如何，其个人能力方面的缺陷不能使他免责。

因此在**案例 1** 中，检验迟延是否应归责于 M 时，应审查他是否以能够履行其义务的方式安排了其交易。如果他知道该休假计划及其工作人员休假的必要性，他便不应当将这件衣服的缝制任务委托给 A 女士。因此这里涉及其自己的过错，这与如下情况不同，即尽管 A 女士知道任务的紧迫性却以不同寻常之慢的速度进行工作，后一种情况提出了 M 根据第 278 条承担责任的问题（对此在下面的第三节进行介绍）。

241 W 女士是否可因为这件不完全合身及据其自己的看法不太优雅的衣服提起瑕疵担保请求权（Gewährleistungsansprüche），对此必须检验是否存在一个第 434 条意义上之瑕疵，本案中瑕疵的存在绝非不言而喻的。如果存在这样的瑕疵，那么 W 女士在任何情况下均可根据第 437 条第 1 项和第 2 项主张事后改良（Nachbesserung）和解除合同（详见本书第十二章）。但损害赔偿则另需以 M 的过错为前提，依定作人的观点认为这件衣服不漂亮或者不够优雅并不足够；而是须 M 能够被责咎，即他所在职业群体（时装店）中的一个正常工作的员工本可更好地完成这项工作。特定职业群体之知识和能力的判断即由此而确定，但其他的情事，比如相关工作得以执行之环境的通常条件也扮演一定的角色，甚至可能包括流行趋势。另一方面，一个主张其有特别能力且该特别能力——比如通过报酬——明显表现出来的人，对一个以他的水准应被视为有缺陷的行为，不能以一个“一般的”从业人员根本不可能完成相关行为为自己辩护。

242 当存在过失这一前提，也包括存在相对较轻的违反谨慎义务时，《德国民法典》便不依赖于所造成之损害的多少而赋予损害赔偿请求权，亦即，无须如通常情况下根据过错程度区分损害赔偿请求权的范围。此即**“全赔或不赔原则”（“Alles-oder-Nichts-Prinzip”）**，不过其法律政策上的正当性则是有争议的。

243 2. 鉴于这一原则，常常有必要将责任与其他的——减轻或加重——条件联系起来考虑。

244 (1) 责任减轻通过法律而发生，比如在赠与的情况下，赠与人仅对故意和重大过失负责（第 521 条）。当这样的情形（亦见第 599 条对出借人责任的减轻）被限定于所接受之给付的无偿性时，及另外一些责任减轻的情形——比如某人处于配偶关系之中（第 1359 条）或者互为合伙人（第 708 条）——的思想基础为，在一个超越偶然的给付交换关系内，每个人仅须在对待其自己事务中通常所尽的注意程度范围内承担责任；不过这仅对此关系中的当事人相互之间适用，而不能对第三人适用。

（2）更为常见的是**责任的加重（Haftungsverschärfungen）**；这种情形一部分以合同约定为基础，但也有一部分以法律规定为基础（对此的一个例子是在合同责任领域，处于迟延状态之债务人的责任，根据第 287 条第 2 款而加重，对此参见本书第九章第五节）。这里要么涉及对通常有更高要求之行为的一个另外的标准，比如一个有限责任公司经理的责任承担适用“一个精明商人之谨慎”（《德国有限责任公司法》第 43 条第 1 款）的标准，要么，某义务——不履行该义务须承担责任——被扩展，以至于债务人仅在特定的情形下可以被免除责任，即使他主张履行障碍不可归责于他。在商事交易中涉及一个**种类之债**的协议时，这一点便扮演了一个重要角色，其在《德国民法典》第 276 条第 1 款中通过债务人必须承担一个**“备供风险”**得到明确表达。 245

案例 1 的变化案例：在订购了一件时装的同时，同样是考虑到文艺节，根据目录，W 女士还在 M 那里为其丈夫订购了三件晚礼服衬衫。后来，M 只能提供一件，其他两件因为其供货人突然的经营技术上的问题而未能提供。已经提供的这件衬衫也确定不具有目录上宣称的卓越品质。

在种类之债的情况下，给付客体首先并未得到确定，所负担之给付的性质根据这一种类之所以——可能通过一个目录——被归入此类的特征来确定。与此相对的，当须给付一个确定的、由当事人在合同中个性化了的客体时（参见本书第九章第三节；在**案例 1** 中，比如 W 女士还在 M 那里为其丈夫购买一条领带），便涉及一个**特定之债（Stückschuld 或 Speziesschuld）**；同时，通过债务人仅须给付**“中等品质之物”（“eine Sache mittlerer Art und Güte”）**这一规定改变质量要求，第 243 条第 1 款（对此本书第十二章第一节还将进行介绍）。因为债务人承担备供风险，M 不能主张，他不能提供 W 想要买的衬衫；只要市场上还有相关货品，他便负有提供货物的义务，而且如果 W 女士根据第 323 条第 1 款为 M 指定了一个延展期限（但这也有可能并不是必要前提，见第 323 条第 2 款），且在该延展期限内债务人仍未履行，那么 W 女士可以解除合同。然后，W 女士还可以依据第 281 条主张损害赔偿。这对于通过库存之债的协议改变备供风险的案型不适用（第九章第一节 3）。 246

（3）如果根据“债之关系的内容”（参见《德国民法典》第 276 条第 1 款的表述），债务人承担了一个担保（Garantie），则构成另外一种责任加重的情形。这主要在出卖人提供一个附有物或权利瑕疵担保责任的物之后、要承担损害赔偿责任时发挥作用，对此参见本书第十二章第一节。 247

3. 第 276 条规定的关于故意和过失的责任标准，不仅是对违反合同义务之责任承担的规定，也是对一个**侵权行为**之行为人的损害赔偿责任（第 823 条）的规定。对此本书第十四章将进行介绍，同时还将指出合同责任与侵权责任之间的区别；但关于损害赔偿请求权的内容（本书第十四章第三节），和合同责任一样，首先必须 248

适用第 249 条以下条文。合同责任与侵权责任之间的区别，对于为第三人承担责任的问题特别重要，对此参见本章第三节。

第三节 为他人承担责任

249 看看我们的日常生活就会发现，人们常常为别人工作。同时，他们有可能获得足以给第三人造成伤害的支配力。对此，行为人的活动在经济上不归属于行为人，而归属于行为人所为之工作的利益的归属者。行为人所获得的报酬往往不足以赔偿他所造成的损害。这一考虑导出这样一个问题，即是否及在什么前提下，行为人所为之工作之人必须与行为人一起或者代替他对损害后果负责。其与代理（见本书第七章）由此得以区分，即代理涉及意思表示，为且对被代理人生效，而这里涉及的是加害行为后果的分配。对这个问题，《德国民法典》没有在一个一般性规定中进行解决，而是谋求在一系列具有不同要件和后果的各种规定中解决，而且正如已经提到的，主要是区分合同性义务违反与侵权行为。

案例 2： E 女士登上一辆公共汽车。此时这辆汽车开动了。汽车门打到了 E 女士的肘部。她掉下公共汽车并受了伤。于是她向公共汽车公司主张医药费和精神损害赔偿。

250 1. 这个案件指向**第 278 条**。随着 E 女士登上公共汽车，无论如何是停立的公共汽车，便在她和公共汽车公司之间成立了一个运输合同。公共汽车公司使用司机来履行其对 E 女士的运送义务，以及与此相关的照料义务，因此适用第 278 条。**履行辅助人（Erfüllungsgehilfe）**是一个被债务人请到一个既存的债之关系之中为债务人履行其义务的人。其可以是一个员工，但也可能是一个独立的行为人（比如一个建筑工程的总承揽人将设备安装工程交给一个独立的工匠来完成）。如果履行辅助人出了问题，真正的债务人对此就如对他自己的过错一样承担责任，其中注意义务的标准同样是第 276 条规定的标准（也就是说，必须适用必要的注意，而非仅仅是履行辅助人主观上可能的注意）。债务人是否可归责地选择了一个差劲的履行辅助人或者没有进行监督，则是无关紧要的。因债务人必须赔偿由该履行辅助人所造成的损害，所以债务人对作出可归责之行为的履行辅助人，也有可能主张追偿（Rückgriff nehmen），因为履行辅助人在其与债务人的合同关系中已经发生了义务违反。

司机的行为是一个积极侵害债权的情形（参见本书第九章第四节），公共汽车公司应赔偿医疗费用及其他损失。此外，E 女士根据《德国道路交通法》享有同样内容的请求权（因为精神损害，参见本书第十四章第三节）。

案例 3： 房屋所有人 E 预约安装者 I 为其安装热水器。I 派其技工 G 前去安装。这个技工犯了一个错误。因为这个错误，当 E 的家庭帮工 H 想清洁浴室时热水器发生了爆炸。爆炸中 H 受伤。H 享有对 I 的请求权吗？

2. 第 278 条已对此作出了规定，即在本人（委托人）与受害人之间必须存在一个**债之关系**，或者至少存在一个可以履行的类似于债之关系的关系。由此，特别是合同磋商关系亦已足够，对此参看第 311 条第 2 款第 1 项以及本书第九章第四节 2。在案例 3 中，在 E 和 I 之间存在一个合同关系，但基于这一关系，H 原则上不能获得什么权利。E 和 H 之间的债之关系也不可能使 H 针对 I 采取什么行动，而是需要在 H 和 I 之间存在债之关系。**第 328 条**有助于法院判决。法院判决将 E 和 I 之间的合同分解为给付义务和保护义务。给付权利的享有者仅为合同当事人，在我们的案例中也就是 E。但所有可能因这一糟糕的履行而作用于其利益的人，以及处于为履行主给付义务而实际作出之给付附近的人，都可以主张保护请求权。对这样一种**附保护第三人效力合同（Vertrag mit Schutzwirkung zugunsten Dritter）**，参见本书第十一章第二节 2。 251

须注意的是，第 278 条从来不是一个独立的请求权基础，而总是仅仅在一个合同请求权基础的框架内，将履行辅助人的过错归咎于给付请求权的债务人。 252

3. 在债之关系之外，也可能为他人承担责任。 253

案例 4： 行人 F 在所有权人 E 的房子前面因薄冰而摔倒。那里没有撒盐，因为房屋管理人 H 没有注意到房主 E 的相关指示，房主 E 没有住在这里。F 享有对 E 的赔偿请求权吗？

第 823 条没有赋予 F 对 E 的请求权，因为 E 已经做了所有可期待他做的。第 278 条也不能适用，因为 F 和 E 之间不存在债之关系。但这里**第 831 条**可纳入考虑，即对所谓**事务辅助人（Verrichtungsgehilfe）**的责任，事务辅助人是一个与指示密切关联的、且常常在社会地位上依赖于委托人的、无论如何与履行辅助人不同的、非自主作出行为的辅助人。由此，给出了一个基于侵权行为法的一般要件。也就是说，第 831 条是“因他人承担侵权责任”，第 278 条是“因他人承担合同责任”，在本人根据第 831 条也承担责任（以此为限，第 831 条是一个针对本人的请求权基础）的同时，事务辅助人自己——这里即 H——也可能根据第 823 条负有责任。 254

案例 2 中的司机和案例 3 中的 G 的行为均为侵权行为，其让行为人自己均具可责性。在案例 4 中，当 E 不能成功提供其免责证明时（第 831 条第 1 款第 2 句），换言之，如果他不能证明他谨慎地挑选了 H 且进行了通常情况下的监督，便应根据第 831 条承担责任。免责证明可以轻易地使基于第 831 条的责任被拒绝。企业越大，那么，由于在大企业中存在的组织，对职员和工人的选择和监管就应越谨慎。对所谓分散的**免责证明（dezentralisierter Entlastungsbeweis）**，只要企业首脑之下的人员均按规定被挑选和监督即为已足。对该首脑之下属人员的不当给付，企业持有 255

人不承担责任。因此根据第831条，针对大型企业的请求权常常落空。因为第831条的这一规定，法院判决多次尝试通过特别法律关系的构建而另外选择第278条之合同的方式，即通过承认在本书第十一章第二节2以及边码250中进一步详细介绍的、附有第三人保护功能的合同来解决。在个案中，在成功举出免责证明的情况下也须进一步考虑，企业的给付是否因为错误的组织而导致该瑕疵，若是，那么企业根据第823条承担损害赔偿责任（委托人自己的组织过错的角度）。

256 一旦第831条的适用得到确立，则其侵权责任根据第249条及以下、第842条及以下规定的条件亦得成立。由此**第253条第1款的精神损害赔偿（Schmerzensgeld）**请求权也适用；在满足该条适用条件的情况下，根据该条之规定，一个非财产损害亦得主张金钱赔偿。

由此，基于合同之责任在实践中的另外一个区别得以显现，比如在案例2和3中：基于合同，尽管E女士对公共汽车公司、家庭帮工对I享有损害赔偿请求权，但当她们不能基于积极侵害债权而结合第278条主张权利时，则不能基于第847条*享有精神损害赔偿请求权；因为合同责任不适用精神损害赔偿请求权。当然，作为对法政策目标及欧洲范围（法律）的反应，自2002年开始，**第253条第2款**表明，当身体、自由或者性自主遭侵害时，主张金钱损害赔偿成为可能，这也适用于合同责任。㉜

257 当本人与履行辅助人或事务辅助人同时承担责任时，在内部关系中，本人可能将责任转嫁到履行辅助人或事务辅助人身上。案例2中的司机，案例3中的技工，案例4中的房屋管理人，便可归责地违反了他们基于与雇主之间的雇佣合同的义务。他们有义务向雇主赔偿因为损害后果使雇主必须向受害人支付的费用。但在危险作业的情况下，根据所谓**“经营风险学说”（Betriebsrisikolehre）**的规则，劳动法可能排除行为人的赔偿义务（参见本书第二章第二节2），因为即使尽到最大的注意，有时也可能犯错，而且这些雇员基本上不能选择他们要实施的工作，所以他们不能被科以一个对第三人或者同事承担的责任风险。㉝

第四节 机关责任

案例5：机器工厂股份有限公司的技术董事V，因为紧急任务而命令继续使用一个

* 该条已于2002年8月1日被删除。——译者注

㉜ 详见MünchKomm/BGB/Oetker §253 Rn. 19。

㉝ 关于现在可基于《德国民法典》第615条第3款得出的经营风险学说，详请参见BAG E 3346；BAG ZIP 1994，1712；Brox/Rüthers/Henssler，Arbeitsrecht 401。

锅炉，他之前已经得到报告，即这个锅炉不再是完全的。这个锅炉爆炸了，路人P被伤害。P对这个股份有限公司享有什么样的请求权？

1. 该股份有限公司依据第278条的责任被排除，因为在P和股份有限公司之间不存在债之关系。第831条或许可以适用，因为这位董事有过错地作出了行为，该行为造成P身体上的侵害。但这对P而言可能并没有太多帮助，因为这个股份有限公司的监事会一定是尽了非常大的注意来挑选V。现在，V又不是第831条（参见边码253）意义上的事务辅助人。不过在这里，第31条给出了一个针对这个股份有限公司的请求权，对此本书第四章第四节已作详细介绍，尽管第31条位于民法典的社团法中，但其对其他法人比如股份有限公司也有效，而且当一个依章程选任的代表人，比如上面的董事会成员，违反了第823条时，这一规则亦适用。假使不是V，比如是这个股份有限公司的一个工人或者一个普通的（不是：一个所谓领导性的）雇员对锅炉的爆炸有过错，那么该股份有限公司将仅根据第831条承担责任，且有可能被免责。在该股份有限公司承担责任的同时，V个人也基于第823条第1款承担责任；进一步，如果该股份有限公司被起诉，其可以将该损失转嫁给V，因为他行为违反了其与股份有限公司之间的雇佣合同。 258

2. **案例6：** 国家森林管理人F让人砍伐一处国家森林中的树木。对此他忽略了，在开始工作之前，穿过这片森林的一条道路必须被封锁，但他未将这条路封锁起来。开着车行驶在这条道路上的B因为一棵树倒在汽车上而遭受损失。B能对国家主张权利吗？

第31条的责任扩展到第89条公法上的法人，以其**在国库范围内的行为（Handeln innerhalb des fiskalischen Bereichs）**，即如一个私人那样行为为限。案例6就是这种情形：当国家经营这片森林时，其与任何一个私人的森林所有人一样行使其私人所有权。 259

在第89条的情况下，根据章程选任的代表人这一概念的确认有可能造成困难。人们应将机关中的每个人理解为具有某种独立行动的能力，他的存在及其职责以机关的管理安排为基础。森林管理员就是这种情形。因为F满足了第823条的要件，所以根据第89条、第31条，国家为其行为承担责任。这为所有类型的法人创设了一个广泛的责任。但这对于公法上的法人仅在其行为属于国库范围内时适用。对于**主权行为（hoheitliches Handeln）**[34]**，连同《德国基本法》第34条适用《德国民法典》第839条**，该规定使公务员任用机关代替公务员承担责任。 260

案例7： 警员W对一个想逃避酒精检查的汽车司机开枪。这一枪打伤了非参与人P。P想对该警员的任用机构，即B联邦州主张权利。

---

[34] 关于民法与公法上行为方式和法律程序边界，参见Reichold in：Kühl/Reichold/Ronnellenfitsch S. 55 f。

261 这个警员在执行国家权力；因此第 89 条、第 31 条被排除。但这次射击是可归责的。该警员负有如下职务上之义务，即仅在明显紧急的例外情况下才使用其配枪，且不应使第三人受到伤害。他当然也对 P 负有这一义务（W 甚至不得对酒驾嫌疑人开枪）。根据**《德国基本法》第 34 条**，现在由任用该公务员的国家或公法上的法人，本案中即相应的联邦州，代替在执行国家权力的行为中违反了其职务上之义务的公务员来承担责任。据此，受伤的行人 P 因为这个警员可归责地违反其职务义务，从而享有对作为该公务员之任用机关的公法法人的请求权。该任用机关可根据《德国公务员法》向该公务员主张赔偿。

本章小结

对履行辅助人的过错，债务人根据第 278 条承担责任，责任承担与该债务人自己是否有过错无关。履行辅助人是一个由债务人特意安排进来履行其义务的人，他可能是该债务人雇佣的，但也可能是独立从事工作的。第 278 条以受害人和作为债务人的本人之间存在债之关系为前提，至少必须有一个类似于债之关系的关系存在。因此，一个附有第三人保护功能的合同以及有后续受害人的合同磋商（缔约过失）也足以构成上述关系。

在合同关系之外，本人根据第 831 条对由其事务辅助人（其为一个与本人的指示密切关联的、常常在社会地位上依赖于本人的人）违法施加的损害承担责任；但他有这种可能性，即通过证明其在事务辅助人的选任和监督方面尽了谨慎义务，从而免除赔偿义务，第 831 条第 1 款第 2 句。如果不能成功证明，那么事务辅助人（如果他可归责地作出了行为）和本人一同承担责任。

私法上的法人根据第 31 条为其机关（*Organe*）承担责任，对其他人，在满足第 831 条的前提时承担责任。在国库行为的情况下，公法法人和私法法人一样承担责任，第 89 条。对其公务员行使国家权力的行为，公法法人根据第 831 条，连同适用《德国基本法》第 34 条承担责任。这一机关责任（Organhaftung）不能通过证明其对管理人员及公务员的谨慎选任和必要监督而被排除。

参考文献

为履行辅助人的责任：

Medicus/Lorenz，§33；Brox/Walker，Allgemeines Schuldrecht §20 Ⅱ，Rn. 324 ff.；H. P. Westermann/Bydlinski/Weber，§6 Ⅱ；Looschelders SR Ⅰ，§25 Ⅳ.

为事务辅助人的责任：

Medicus/Lorenz，SR Ⅱ，16. Aufl. 2012，§151，Ⅱ.

机关责任：

Schack，BGB，AT，§6 Ⅱ.

国家赔偿责任：

Looschelders，Schuldrecht Besonderer Teil，8. Aufl. 2013，§67；Medicus/Lorenz，Schuldrecht Besonderer Teil，§§154，157.

第十一章

债之关系的发展

第一节　请求权的成立和实现

262　1. 正如第 241 条第 1 款所规定的，具体的债权**请求权**基于债之关系产生，并以给付为内容，不过根据第 241 条第 1 款第 2 句之规定，给付亦可是不作为。

在第十章的**案例 1** 中，W 女士在一家时装店里定作了一件时装，那么根据第 631 条之规定，她对该时装店享有制作约定时装的请求权，以及交付已经制作完成的时装并转移其所有权的请求权。如果她在之后让时装店改良这件时装，她享有的“给付”请求权仅限于具体的加工行为，而不包括所有权的转移，因为她已经拥有这件服装的所有权了。根据第 631 条第 1 款之规定，她承担支付约定价款，即金钱给付的义务。她们还可以约定，时装店不能为其他人制作相同样式或者类似样式的服装。这样，时装店承担了一个不作为的义务。

263　请求权可以产生于各种类型的**合同债之关系（Vertragsschuldverhältnissen）**中，其中一部分已在法律中作了规定（买卖合同、租赁合同、承揽合同等），另一部分则是基于双方当事人意思自治而成立的合同，如融资租赁合同。法律也未禁止合同双方当事人签订囊括法律规定的各种不同合同类型要素的一揽子协议；比如在音乐酒吧里，其中点饮料（买卖）、预定和使用固定的座位（租赁）、音乐演出（承揽）等，便含有法律规定的不同合同类型的要素（即混合合同）。正如第九章所指出的，给付障碍法涉及了不同的义务违反类型，比如未履行或未按合同约定履行合同以及履行不能，分别参见第 323 条、第 281 条、第 275 条。因债之关系产生的请求权并不仅仅限于要求为特定的给付，而且包括要求另一方当事人承担顾及其法益和其他利益的义务，参见第 241 条第 2 款。

264 按照第 311 条第 2 款之规定，第 241 条第 2 款规定的义务无须以合同成立为前提，而是在合同磋商阶段或其他合同准备阶段即已成立。过错地违反该类义务视为合同缔结过程中的过错［亦称：缔约过失（culpa in contrahendo）］，可以根据第 280 条第 1 款之规定导致损害赔偿，详见本书第九章第四节 1。

265 请求权不仅可基于合同债之关系产生，而且可以基于比如侵权（第 823 条第 1 款）这样的法定债之关系产生。此外，一方对另一方享有的请求权并不仅仅局限于债法上的债之关系；比如，**家庭法**中规定了**抚养和赡养请求权**，即直系亲属负有互相赡养或抚养的义务（第 1601 条）；类似的还有**继承法上的请求权**，即遗赠受赠人对继承人享有要求给付受赠标的的请求权，第 2174 条。最后，请求权还可能基于**物权法上将物归属于**某人所有而产生，如所有权人对占有人享有返还请求权，参看第 985 条。

266 当讲到债之关系的发展时，首先涉及的便是由其所产生之请求权的进一步命运。原则上，适用于债法上请求权的规则也适用于与其相类似的其他请求权。

267 2. 造成债之关系**消灭（Erlöschen）**最常见的便是第 362 条所规定的履行，即作出所负担的给付。债之关系消灭和单个请求权消灭的明显区别在于：从一个债之关系中可以产生许多不同的请求权，例如在第十章案例 1 中，包括要求生产和交付衣服的请求权和另一方要求支付价款的请求权。当所有单个的请求权均得到满足后，整个债之关系方消灭。当然，现实中还存在**继续性债之关系（Dauerschuldverhältnisse）**，即负有定期重复为一定给付的义务，例如订阅报纸；这类债之关系的终结需要合同一方当事人提前**通知解约**。

> 债之关系的消灭并非均须按照合同最初的约定履行给付。假如，在第十章的案例 1 中，M 并未按照最初的约定向 W 女士提供自己设计的服装，而是仿照某一时尚杂志上的某套服装制作并向 W 女士交付了服装。如果 W 女士同意接受，在服装已经交付给 W 女士后，最初的债之关系通过**接受替代给付（Annahme an Erfüllung stat）**而消灭，参看第 364 条第 1 款。在现实生活中，经常存在这样的例子。

268 3. 在复杂的法律关系中，常常见到的一种请求权和债之关系消灭的方式是第 387 条及以下规定的抵销。本质上，抵销是一个债权人——他因某个债之关系享有权利，并同时对债务人承担同一类型的义务——为了避免往返给付而作出抵销的意思表示（第 387 条），只要双方的请求权在内容和范围上相互一致，该抵销的意思表示便导致双方请求权的消灭，参看第 389 条。

案例 1：E 在去世前设立遗嘱，遗嘱中规定他的儿子 S 是唯一继承人，并且规定 S 必须向他的堂兄弟 V——V 与 E 关系非常亲密——支付 5 000 欧元。在几个月之前，S 借给了 V 6 000 欧元。S 一直为 V 是否偿还担心（同样地，V 也担心 S 是否给付）。

269 E 在遗嘱上作出的对 V 有利的规定是一个遗赠，基于这一遗赠，S 作为继承人负担这一遗赠义务（第 2147 条），从而导致 V 对 S 享有支付 5 000 欧元的请求权，第 2147 条。V 因借贷（第 488 条第 1 款）欠 S 6 000 欧元，且二人互享金钱债权，故根据第 387 条之规定，二人可通过单方意思表示进行抵销，其结果是，S 对 V 的债权现在减少到 1 000 欧元。对 S 而言，该抵销是一种代替履行（Erfüllungs-Surrogat）的方式；对 V 而言，该抵销是实现其债权的一种方式，否则，如果 S 存在财务困境，V 可能无法轻易实现其债权。在日常经济生活中，抵销起着非常重要的作用。

第二节 债之关系中引入第三人

270 1. 将第三人作为合同最初的签订者纳入债之关系中，是债之关系发展最重要的情形之一，这种情形也可以在债之关系成立时发生。这也是一种合同约定，它满足了日常生活的典型需求并通过法律的规定得到实现，它使所涉及的利益获得了法律上的可执行性。由此，第 241 条第 1 款的规定被突破，因为根据该规定，债之关系只对参与其成立的当事人有约束力（**债之关系之相对效力，obligatorische Wirkung des Schuldverhältnisses**）。

案例 2： 在母亲节到来之前，T 先生不得不出差，他计划在母亲节这天送给他的妻子一束盛开的鲜花。因而，他付钱并委托鲜花店老板 B 在母亲节当天送给他的妻子一束康乃馨。在 B 将花送给 T 的妻子时，T 的妻子表示，她更希望拿到的是一束玫瑰。T 先生在妻子 8 月份生日到来之前，告诉他的妻子，他已经签订了一份受益人为妻子的人寿保险，作为生日礼物送给她。

271 从这个案例中，我们可以看到**为第三人利益合同（Vertrag zugunsten Dritter）**的法律实践意义，参看第 328 条。T 和 B 可以约定，鲜花之交付以送达第三人——T 的妻子为准；如此一来，当 T 的妻子接受了送达的鲜花时，则 B 基于第 433 条第 1 款所承担的交付义务根据第 362 条之规定始得消灭。在某些情形下，会存在这样的问题，即第三人本身是否享有债权（给付请求权），特别是当给付存在瑕疵时，例如在**案例 2** 中，B 交付的是已经凋谢的花。如果 T 的妻子本身享有该合同之债权，她可以直接要求事后重新交付无瑕疵的鲜花（第 433 条、第 437 条第 1 项）。T 的妻子本身是否享有该合同之债权，取决于对该合同的解释（第 328 条第 2 款）。因而，合同缔结一方，即接受承诺方，可能保留其对作出承诺方的债权及行使债权之资格，也可能使第三人享有请求权，即接受承诺方或者自己行使债权，或者使第三人成为相关权利人而享有请求权。

案例 2 提到的**人寿保险合同**很明显地涉及了这种情形。鉴于缔结人寿保险合同之通常情形，受益人 T 的妻子享有合同之债权（第 330 条），只是她在承诺接受方，即她的丈夫去世后才能获得该权利（第 331 条）。当然，在合同中也可以约定其他的情形：例如，当 T 先生以另外的方式使其妻子在他去世后获得保障时，T 先生可能希望人寿保险之收益另行支配，比如为了他们的孩子之利益；在这种情形下，可以约定，在 T 先生去世时，他们的孩子获得保险金。这在为第三人利益合同中是完全可行的。

2. 为第三人利益合同的成立以合同缔结双方，即作出承诺方和接受承诺方的**约定**为前提。第三人无须参与合同缔结之过程，但是，他可以拒绝接受该合同中赋予他的债权（第 333 条）；在**案例 2** 中，B 电话通知 T 的妻子要向她提交鲜花，T 的妻子表示，她不需要这束鲜花，因为她正打算外出旅行一周。将非合同缔结者的第三人纳入基于合同所产生之义务的保护效力之内，其必要性并非仅基于该特定合同中的此类义务，特别是当**违反合同义务**之后果（也）涉及这样的第三人时。然而，按照给付障碍法的基本理念，债务人仅对合同义务违反，即损害债之关系中对方当事人（合同债权人）利益时方承担合同责任。因而，对于合同效力扩展到非合同当事人的第三人之情形，需要一个特殊的法律制度。 272

案例 3：D 女士去一家百货商场 K 购买货物。她在购物时带了她 6 岁的女儿 T。D 女士选了很多货物，放进了购物篮并提到收银台边，并有序地将货物放到收银台边的传送带上，准备付钱。在这时候，她的女儿 T 挣脱了她妈妈的手，并在收银台边上走来走去，结果踩到收银台边的香蕉皮上，滑倒并摔伤了。D 女士因而以她女儿的名义向百货商场 K 要求损害赔偿。

为了能够理解**附保护第三人效力之合同（Vertrag mit Schutzwirkung für Dritte）**，必须要明确，案例 3 中受伤的孩子并不是缔结合同的一方，因为案例中只有 D 女士想要缔结并已经缔结了买卖合同。第 241 条第 2 款意义上的保护和注意义务也仅是涉及案例 3 中 D 女士的利益。第 311 条第 2 款也不能适用，因为 D 女士不能主张其女儿 T 也在准备缔结合同。另一方面，毋庸置疑的是，D 女士在和她的女儿进入百货商场时，D 女士亦享有如下利益，即要求她的女儿 T 不因商场在经营场所中像未注意到香蕉皮那样，未谨慎履行保护义务和注意义务而受到损害。因此，在这种情形下，就必须承认：未参与缔结合同的第三人，他即使不享有要求合同给付之请求权，在特定的情形下，仍可以要求合同一方当事人赔偿因违反第 241 条第 2 款所规定之保护和注意义务而遭受的损害。 273

在具体案件中，这种情形的成立必须具备一定的前提：该第三人与履行合同中本来的给付义务有**密切联系**（毫无疑问，案例 3 中的孩子属于这种情形）；实际上的合同一方（案例 3 中的 D 女士）对**将第三人纳入合同效力享有利益**（这一点在本 274

案中也得到了满足）；最后，对合同债务人（案例 3 中的百货商场 K）而言，保护和注意义务的履行范围扩展到有利害关系的人是**明显可见的**。最后的这个条件并不总是很明确，例如，D 女士为了购买窗帘，带她的朋友给她提供建议而一起到这家百货商场。但是，当百货商场意识到，母亲可能带着孩了来购物时，就可以明显看出，这个孩子也被纳入了基于合同或准备签订合同（第 311 条第 2 款）而产生的保护和注意义务之范畴。因而，案例 3 之情形满足了第三个前提；但当 D 女士的朋友受伤时，可能会得出另外的结论。

275　通过上文的阐释可以得出，T 对该百货商场享有损害赔偿请求权，这个请求权具有合同的性质。这个结论对于这样的案例意义重大，即百货商场的员工未仔细认真地打扫商场，特别是香蕉皮不应该出现在案例 3 中的位置，而构成义务违反，并且该义务违反可归责于百货商场的员工。因而，在案例 3 中，根据第 278 条之规定（见本书第十章第三节），百货商场 K 对基于附保护第三人效力之合同产生的请求权负有履行义务；同时，百货商场 K 也承担因员工未清扫地上的香蕉皮而产生的侵权行为之损害赔偿，但是在这种情形下可能对 T 不利，因为百货商场 K 仅以第 831 条规定的情形为限承担责任，K 因而有免责的可能（见本书第十章第三节 3）。第 278 条规定的为履行辅助人承担合同责任，可以被视为附保护第三人效力合同制度产生的原因之一。从另外一个角度而言，这一法律制度的适用不能偏离如下原则，即合同只对参与合同缔结的当事人产生权利和义务，除非存在令人信服的理由。

276　3. 在现实生活中，也常见到这样的情形：**两人或两人以上**共同（作为债权人或者债务人）参与一个债权债之关系，并享有该债权债之关系产生的请求权（从债权人的角度）和承担义务（从债务人的角度）。债法也必须为这种情形安排合理的法律规则，主要原因在于，合同缔结之后，当事人利益的发展可能各不相同。

案例 4： 一对夫妇 E 是一间公寓的所有权人，他们计划出租这间公寓。另外一对夫妇 M 对这间公寓非常感兴趣，他们二人均有工作，因而他们二人也不为筹集相关的租金而担心。

277　在案例 4 中，显而易见的是：该公寓的两个所有权人同时是出租人；即将搬入公寓的两个人承担租赁合同产生的义务，主要是支付租金。根据法律的规定，当两人或两人以上共同负担一个且为同一个给付时，存在不同模式。根据**第 420 条**之规定，如果没有其他规定或约定，两个或两个以上债务人共同负担一个可分给付时，他们每个人承担相同的份额；案例 4 中的支付租金是一个可分之债，夫妻每个人或许可以各承担一半的租金。较难处理的是，本案中出租方承担的义务，即交付出租的公寓，因为这是一个不可分给付。基于这一点及对其他因素的衡量，这就是为什么在现实中，人们往往优先选择债务人根据**第 421 条**规定的方式承担责任，根据这一规定，当事人达成一个**连带债务**协议，即该数人中的每个人都有义务履行全部给付，但债权人只能就该全部给付请求一次。这就意味着，债权人可以随意要求其中一个债务人履行全部或部分给付。在这种情形下，债权人取得优势地位，他无须考虑债务人内部对债务承担的约定，比如**案例 4** 中 M 夫妇对租金的内部分担约定，可以根据自己的意愿向 M 夫妇中的任何一人要求给付全部租金。当然，债权人也可以向 M 夫妇二人分别主张一部分给付，只要总额不超过应交付的全部租金。连带债务因为其经济上特别的可执行性而受到债权人偏爱。

在许多法律规定中（例如无限商事合伙的合伙人所承担的义务，《德国商法典》第 128 条，参见本书第四章第四节），连带债务是多数人之债中最常见的形式。显而易见，这主要是为了保护债权人。假设，在案例 4 中，M 夫妇离婚，M 先生离开了他们二人所租的公寓。即使在这样的情形下，只要租赁关系未被通知终止，M 夫妇二人支付租金的义务并不改变。相应地，根据第 425 条第 2 款之规定，通知终止合同原则上仅对作出通知终止行为的连带债务人发生效力，换言之，M 先生不能排除其妻子居住该房屋的权利。另外，一个连带债务人作出给付，其他连带债务人的给付义务因而消灭（第 422 条），连带债务人之间的补偿按照第 426 条之规定进行——这在个案中可能比较复杂。 278

因而，在房屋租赁中，类似**案例 4** 的情形比比皆是；同样，在银行贷款给已婚者时，往往倾向于与贷款的夫妇约定，夫妻双方作为连带债务人支付利息和偿还本金。[35] 多数人之债也可能通过如下方式成立，即第三人**参与**到一个已经存在的债务中来，与其他人共同承担债务。另外，根据第 414 条、第 415 条之规定——不过这两条仅规定了通过一个新的债务人代替原债务人承担债务的情形（即免责的债务承担）——还需要原债务人与债务承担者之间或者债权人与债务承担者之间的协议。在第一种情形中，即新的债务人代替原债务人时，必须有债权人的同意，人们不能违背债权人的意志而强迫其接受一个新的债务人。法律并没有明确规定并存的债务承担的情形，并存的债务承担会导致债务人增加，在这种情形下，不需要债权人的同意，因为债权人只是获得了额外的债权保障。

4. 对债法上的请求权（债权），会出现这样的情形，并且具有重要意义，即一个第三人取代现有债权人的地位，这可能是因为权利受让人能够有更好的机会获得债权的实现，或者是因为他希望利用这个债权与债务人进行抵销（参见本章第一节 3）。根据第 398 条之规定，这样的债权人变更可以通过原债权人（也就是债权让与人， 279

[35] 不过在个别公众热烈讨论的案例中，对于应金融机构的要求，或者有时候也是由获得借款的夫妇提出的，由夫妻双方对借款承担连带债务的合同，因该合同将导致夫妻（也包括未结婚的共同生活伴侣）双方在经济上陷入严重的超负荷状态，法院认为该合同违反善良风俗，并因此根据《德国民法典》第 138 条认定为无效。法院判决发展到亲属之间的保证（大量的佐证，参见 Erman/Palm/Arnod § 138 Rn. 93 ff），同样适用于共同债之关系（Mitschuldnerschaft）的采纳（参见前引，Rn. 155.）。

Zedenten）和新的债权人（也就是**债权受让人，Zessionar**）之间的约定实现，并且无须债务人的同意；这是债权让与同本节 3 提到的债务承担的不同之处。

（1）**案例 5：**园艺师 G 为 W 的新房子修建了一座花园，G 因此对 W 享有 1 500 欧元的债权，而 W 应在银行提供给其最后一批房贷后才须对 G 清偿该债权。G 在此时决定接受一份在西班牙的固定工作，因而他希望尽快拿到他的这笔钱。G 的同事 K 计划接手 G 的业务，并且愿意为 G 对 W 享有的债权支付给 G 1 200 欧元；G 同意了 K 的提议。

280 在这个案例中，通过债权让与人和债权受让人之间的约定，债权被转移。然而，如果债权让与无须通知债务人，会产生这样的问题，即债务人会因为对债权人变更并不知情而向原债权人作出给付（在**案例 5** 中，如果银行提供了贷款，W 向 G 支付了所欠的债款，G 可以好好利用这笔钱搬到西班牙去）。债权受让人可能会认为，向“错误的”债权人 G 的支付并不是债务的履行；不过这可以通过**第 407 条**之规定得到弥补，即对债权让与并不知情的债务人在向原债权人作出支付后，不再向新的、真正的债权人承担债务。因而，通常的做法是，就债权之让与通知债务人。当债务人和原债权人约定排除债权让与时，则必须向债务人通知债权让与，并且该债权让与在债务人未同意时不得生效（第 399 条）。债权让与之禁止在实践中非常多见，例如：当一个建筑开发商和建筑工人约定（比如通过格式条款的方式），建筑工人享有的报酬请求权不得让与；这样的一个约定往往基于如下考虑，即开发商用可能会产生的瑕疵担保请求权与建筑工人的请求权进行抵销；如果允许建筑工人让与债权，在债权让与后，开发商仅仅在满足第 406 条规定的条件下才可能行使抵销权。

债权让与也可以作为一种商业模式出现。例如，一个专门从事债务催收的企业，它通过债权让与的方式获得其他企业的一大笔债权，并为此向债权让与人支付一笔费用（当然，是对债权总额进行折价购买）。这样的营业模式，即所谓的保理（factoring）存在不同的类型。从事保理的企业也会约定部分有条件的让与，即对那些证明不能实现的债权返还让与给原债权让与人。

281 （2）债权让与在**信贷担保（Kreditsicherung）**中得到了最广泛的应用（参见本书第十七章第四节）：在这里，债权（大多数情况下是一揽子债权）被债权让与人让与给银行，银行虽然成为债权的享有者，但是承诺只有在债权让与人——大多数情况下也是银行的贷款人——不再履行他基于贷款合同承担的义务时，才行使该债权。这种债权让与是为了担保，因而人们也将之称为**债权让与担保（Sicherungsabtretung）**。在这种情形下，出于慎重，债权让与并不通知债务人，以此防止债务人产生合同另一方当事人可能支付不能的想法［即隐蔽让与（stille Zession）］。这种不公开的让与并不会对债务人造成不利，因为，根据第 407 条之规定，债务人向债权让与人为支付行为能够产生债务消灭之效果。在债权让与担保的情形下，银行经常在借款人不能履行其合同义务之后才向相关的债务人通知债权让与（这种债权让与之“公开”常常附有债务人从即时起只能向银行作出给付的要求）。当债务人获得了一个这样的债权让与通知时，一般而言，债务人最好直接向债权受让人，即银行为给付行为。但是，在这里应该注意的是，在债权人变更时，债务人（所谓的第三债务人）对债权让与人享有的抗辩（Einwendung）并不因债权让与而消灭（第404条）。

第三节 请求权的消灭时效

1. 当一个请求权在成立并且已到期（第271条）后长时间内没有被主张时，就会产生这样的需求，即这件事无须再提及了；因为在有争议的情形下，债权人要证明请求权成立的前提通常非常困难，同样，债务人要证明他对该请求权享有的抗辩也可能比较困难。因此，根据**第194条**规定的基本原则，请求权的实现受消灭时效的限制。法典为这一法律制度创设了极为复杂的规定，在这些不同的规定中，需要衡量不同的、相互冲突的利益：一方面是享有请求权一方的利益，在未获清偿或者权利未行使的情形下，他的权利并未灭失；另一方面，是债务人的需求，即在一定时间经过之后，不再被迫面对可能在数年之前成立的债权。 282

在复杂的规定消灭时效的法律条文中，有三个实质性的问题需要进行区分，在不同情形下，法律对这三个问题的解答也不尽相同。这三个核心问题是：消灭时效期间多长？消灭时效于何时起算？消灭时效期间届满时会产生怎样的后果？第194条及以下规定了一些不同的、但均被视为普通情形的消灭时效，即**普通消灭时效（Regelverjährung）**；此外，法律对一些特定的请求权——特别是买卖合同中的买受人和承揽合同中的定作人因为物的瑕疵或者权利瑕疵而享有的请求权，规定了特殊的消灭时效期间和特殊的消灭时效期间起算时点（具体规定于第438条、第634a条，见本书第十二章）。对消灭时效进行特殊的规定也是必须的，因为第195条规定的**普通消灭时效期间为3年**，这对一些法律关系，特别是对第197条规定的法律关系而言太短；相应地，对另外一些法律关系，例如上文已经提到的瑕疵担保请求权而言又过长。根据2001年的改革，消灭时效是《德国民法典》中变化最大的一部分。 283

2. 根据第199条之规定，普通消灭时效期间自如下年度的年末起算，即请求权成立，且债权人知道请求权成立，以及知悉债务人。 284

案例6： 在2000年11月一个风雨交加的晚上，A在乡下的一条马路上被一辆未开灯的汽车撞倒，受伤严重；该汽车的司机肇事后逃逸，至今仍未找到。2003年年末，A和他的邻居N有过一次激烈的争吵，在争吵中，N大发雷霆，并且喊道：虽然A在乡下马路上被撞了，但他还是为当时他在那条乡下马路上曾试图刹车而感到很遗憾。

285 如果 3 年的消灭时效期间是从侵权行为（第 823 条第 1 款）的开始起算，那么该请求权的消灭时效期间可能已经届满。但第 199 条除了规定请求权成立这个时间点（2000 年 11 月）外，还规定了享有损害赔偿请求权的债权人，本案中即受害人 A，知道该请求权成立之情况和获悉行为人的时间，本案中 A 是在 N 大发雷霆而说出实情时才第一次知道这些。但是，该损害赔偿请求权的消灭时效期间并不是自 N 说出实情这一刻起算，而是根据所谓**年末原则（ultimo-Prinzip）**，即自 2003 年年末起算，即该请求权消灭时效期间直到 2006 年年末才届满。这也就可以理解，为什么这个 3 年的普通消灭时效期间会被认为过长，这是因为一个成立很长时间的请求权，在债权人知道其存在并获悉债务人之后，还可以被行使并得到实现。不过，第 199 条第 2 款对此也进行了限制，即这类请求权不以请求权人知情为要件，自成立起经过 30 年而完成其消灭时效。需要注意的是，法律还规定了许多造成消灭时效停止的情形，这些情形主要规定在第 204 条，这里仅仅强调该条第 1 项规定的通过提起诉讼而导致消灭时效的停止。

案例 6 的变化案例：在发生交通事故后，A 就一直怀疑他的邻居 N 是该事故的肇事司机。因而，A 在 2001 年的年中向法院提起针对 N 的损害赔偿之诉。在第一审中，该起诉因为缺乏证据而被驳回。在起诉被驳回之后，A 提起了上诉。

286 消灭时效的停止意味着消灭时效期间在诉讼阶段停止计算，在造成停止之事实终结后再继续计算，第 204 条第 2 款详细规定了进行中的诉讼造成消灭时效停止的情形。与消灭时效停止不同，还存在消灭时效的**重新开始**计算的情形（第 212 条）。因而，如果在**案例 6** 中，N 向 A 承诺承担损害赔偿，但是请求 A 不要公开这件事情，因为 N 在那个晚上喝得酩酊大醉。自 N **承认** A 之损害赔偿请求权这个时间点起，重新开始计算该请求权的消灭时效期间。

287 3. **消灭时效期间届满**并不造成请求权的消灭，而是根据第 214 条第 1 款之规定，产生了一个债务人享有**拒绝履行给付的权利**。只要债务人不主张消灭时效期间届满，法院就不能依职权认定之，尤其是不能提示或暗示债务人该请求权可能存在消灭时效期间届满之情形。当债务人主张请求权消灭时效期间届满时，该请求权不能得到履行和实现，诉讼将被驳回。

288 在现实生活中，往往也存在这样的情形：债务人并不知道请求权之消灭时效已完成，并且履行了给付；履行给付后，债务人再主张之前的因疏忽而未提起的抗辩。

案例 7：商人 K 发现，一个针对他的请求权虽然其消灭时效已完成，但是他的商业代理人对此并不知情，并且已经进行了清偿。

289 第 214 条第 2 款禁止了对该付款的返还请求。该规定的理由在于，消灭时效期间届满的，请求权并未消灭，其依然存在；必须主张消灭时效期间届满之抗辩，否则消灭时效期间届满的请求权仍然可以作为已作出之付款的法律基础，不过从该债务不能被强制执行来看，这一规则可能让人有些惊讶。但是也应当考虑到，有些债务人可能并不愿意主张消灭时效，因为特别是涉及短期消灭时效时，这一抗辩有些许违背诚信之嫌，特别是在如下情况下有陷入《德国民法典》第 242 条*之危险，即，在没有《德国民法典》第 203 条意义上之协商**的情况下，而通过其行为给债权人留下不会主张相关消灭时效（抗辩）的印象。

参考文献

请求权的成立和履行：

Medicus/Lorenz，SR AT，§23；Brox/Walker，SR AT，§§3，14；Looschelders，SR AT，§§13，19.

债之关系中引入第三人：

H. P. Westermann/Bydlinski/Weber，§§15，16；Medicus/Lorenz，SR AT §67；Brox/Walker，SR AT，§§32-33；Looschelders，SR AT，§52.

消灭时效：

Medicus，AT，§14；Köhler，AT，§18；Wertenbruch，AT，§36；Rüthers/Stadler，§9.

---

* 该条是关于诚信原则的规定。——译者注

** 根据该条之规定，当债务人与债权人就请求权或其成立进行协商时，消灭时效停止进行，直至一方当事人拒绝继续协商。——译者注

第十二章

买卖法、其他合同债之关系概述

第一节 买卖法

案例 1：一直以来，K开着他的福特汽车，因而他想换一辆汽车，他从V那里购得一辆欧宝车，V应在周六——5月4日交付这辆欧宝车，并且K应当场支付现金。在周六之前，K给V打了个电话，告诉V：为了能够当场支付现金，K需要向他的父亲借钱，但是他的父亲却希望在交钱之前能够看一下这辆欧宝汽车。因而，K问V，能否在周五傍晚将这辆欧宝车开到K家。实际上，V希望一手交钱一手交货；然而，V同意了这个要求并在周五傍晚把车开到K家，但在周五当天V因为有其他事情没有把车开走。V计划在周六转交有关汽车的一些材料并希望同时能够获得该车的价款。K和他的父亲在周五的傍晚试了一次车，事后将车合乎规定地停在了K的家门口。当天晚上，两辆载重汽车将这辆欧宝车完全撞毁了，两辆载重汽车的车主当时并没有注意到，他们的汽车在行驶时已经偏离了道路。当V在次日，即周六早上到K家时，K不再想支付汽车价款了，并强调在周五试车时，这辆欧宝车的刹车和左边的车灯都不能正常使用。

290 1. 基于买卖合同（参看第433条）产生了交付货物和支付价款的义务，买卖合同是双务合同，参看第320条，并且是最重要的交易行为。《德国民法典》全面并详细地规定了买卖合同，其中还包含——主要来自欧盟的——消费者保护的思想。其主要对买受人有利，尽管第13条意义上的消费者（参见第二章第二节3）当然也可能是出卖人。买卖合同的标的包括物、权利以及“其他客体”（参见第 453 条），其中包括整个企业，即企业中动产、不动产、债权、专利，也包括企业员工的特殊技能——生产产品的技术、所掌握的市场关系、融资以及相关的其他知识［即所谓的技术秘密（know-how）］。

在这里，需要对买卖合同和承揽合同进行区分。基于承揽合同产生完成并交付特定成果的义务，它可以表现为完成某个物品的制作、对物品的改动，但也可能是工作或服务的成果（例如：运输，制作某个电脑程序）。当债务人提供用于完成工作的材料时，根据第 651 条之规定，同时适用买卖法的相关规定，但是当提供的材料用于生产不可替代物（可替代物参见第 91 条）时，所适用的买卖法相关规定又通过一些承揽合同的规定得到补充。 291

2. 买卖合同中最重要的**义务**是：出卖人向买受人转移买卖标的物的所有权和占有，以及买受人向出卖人支付价款并且接受买卖标的物。标的物所有权的转移适用物权法中关于动产和不动产的规定（详见本书第十七章和第十八章）。当买卖合同的标的为其他物时，例如是一个企业时，出卖人还必须为买受人创设一个与企业所有权相适的境况，比如向企业员工介绍买受人、向买受人传授该企业运营的必要信息等。在机动车买卖中，就如本章案例 1 之情形，出卖人必须向买受人移交相关的机动车文件；机动车牌照使买受人可以驾车上路，机动车证书则载明了机动车的所有权人和可能的原所有权人；然而，交付机动车证书并不是机动车所有权移转的必要条件。 292

买受人必须以支付价款作为对待给付；如果买受人以某个物品作为给付，则此时成立了一个**互易合同**，适用买卖合同之规定，但是根据第 480 条之规定，双方均为出卖人（这对瑕疵责任非常重要）。根据通常的规则，支付价款和转移所有权并非互为前提；不能一般地认为，买受人只有在支付价款后才获得标的物之所有权。当然，这在所有权保留买卖（第 449 条）中另当别论，详见本节 8。 293

3. 当双方给付中的某一个不能或不再能够得到履行时，适用第 275 条及以下和第 320 条及以下关于在双务合同中履行不能及其法律后果之规定，详见本书第九章。在**本章开头的案例**中，买卖之汽车于交付之前灭失的，根据第 275 条第 1 款之规定，出卖人不再承担交付标的物之义务，但是根据第 326 条第 1 款之规定，出卖人也丧失了对价款的请求权；在这里，并不取决于是否因当事人一方造成了履行不能（在案例 1 中是第三人造成了该履行不能）。在案例 1 中，存在一项特殊之处，即出卖人已经将标的物欧宝汽车交付给了买受人，只是所有权尚未转移，出卖人的义务并未根据第 362 条之规定通过履行而消灭。在这种情形下，即当出卖人已经作出交付但未获得对待给付时，如果出卖人仍须承担买卖标的物灭失的风险，那么将对出卖人在没有相关义务而作出的提前给付附加了一个评价上不合理的后果。 294

因而，因给付障碍发生之风险承担，通过买卖法上的特别规则，即**第 446 条** 295

（在承揽合同中通过第 644 条），得到了修正。风险转移给买受人便意味着，在标的物意外——既不是出卖人也不是买受人过错造成的——灭失时，买受人仍然必须向出卖人支付价款。人们所说的价款风险移转给买受人是指，当买受人作为物之给付的债权人承担如下意义上的**给付风险**时，即出卖人无过失而买受人未能获得（意外）灭失之买卖标的物（却仍负有支付价款之义务）。如果在标的物灭失的时间点，出卖人应对标的物之灭失承担责任，便不存在上述的意外（例如在案例 1 中，如果汽车灭失的原因是该汽车没有完好的驻车灯，并且 V 对此知情）。

296 当出卖人交付标的物并转移了所有权，从而履行了他基于买卖合同承担的义务时，则不再适用第 446 条。因为，在此之后，买卖标的物的损毁——满足第 446 条和第 323 条的前提条件——不再构成履行不能。例如在案例 1 中，就如关于机动车证书的约定所显示的，汽车所有权在 V 支付价款的同时才转移，因而出卖人的义务尚未履行。因此，第 446 条对如下案型中的风险负担有关键影响，即买受人虽然占有了标的物但所有权并未转移的情形，特别是所有权保留的情形（详见本节 8）。

297 4. 对于**第 447 条**规定的**送交买卖（Versendungskauf）**案型，其是，根据买受人的请求，将买卖标的物发送到履行地（根据第 269 条之规定，履行地一般为出卖人住所地）以外的地点的，出卖人将标的物交付给承运人时，风险就转移给买受人。这里所涉及的依然是第 446 条中提到的非因合同双方当事人造成的买卖标的物之灭失，特别是在复杂的运送过程中并不少见的运输风险。虽然出卖人在将货物交付给承运人时还未完全履行完毕其合同义务，因为此时买受人尚未获得该货物的所有权，但是，当货物在运输过程中灭失，并且货物之灭失不可归责于出卖人时（不可归责于出卖人的情形例如：承运人未仔细进行包装或者作出了错误的运输指示），出卖人仍然保有对货物价款的请求权。此种情形下，尚未收到货物但却必须支付货物价款的买受人，最好是就这一风险为该批货物或者其所应支付的价款投保。

298 不过，根据第 474 条第 2 款之规定，该条规定不适用于经营者（第 14 条）通过运输向消费者（第 13 条）提供消费品的买卖；这一条的规定自 2014 年起也作了如下修改，即，即使经营者（出卖人）事前已经将承运人告知买受人时，该风险也不移转给买受人。

299 如果出卖人负有将货物运送到买受人住所地的义务，即与第 269 条的规定不同，该合同的履行地为买受人之住所［即：**赴偿之债（Bringschuld）**］，则第 447 条也不适用。比如现实生活中的一些送货上门[36]的买卖合同。当存在第 447 条所规定之送交买卖［即：**送付之债（Schickschuld）**］的情形时，对运费的承担并不影响风险之承担，即使在出卖人承担全部运费的情形下也不例外；根据第 447 条之规定，

---

[36] 大城市的购物商场为在其商场购买了特定最低额度商品的顾客提供（市内）将货物送抵该顾客或第三人（比如一个大礼物箱的收货人）住处的服务。

货物在交付给承运人时，风险转移给货物买受人。如果达成一个**往取之债（Holschuld）**的协议，即买受人须去履行地收取标的物，当然也就不满足第447条的适用前提，其适用第446条。

5. **瑕疵担保法（Gewährleistungsrecht）**是关于所提交之货物须符合合同约定及提交有瑕疵货物时之法律后果的规范，在债法改革中，由于对欧盟消费品买卖指令（详见本书第二章第四节1）的转化，原有瑕疵担保法的构造产生了根本的改变，且其拘束力也将受到欧盟指令的监督。瑕疵担保法的基本理念在于，出卖人必须交付没有质量瑕疵和权利瑕疵的货物（第433条第1款第2句）；当出现瑕疵时，买受人可以要求嗣后履行，嗣后履行的方式有对所交付标的物进行事后修理或重新交付没有瑕疵的货物两种；当出卖人在买受人设定的要求嗣后履行的期限内未作出事后修理或者重新交付无瑕疵的货物时，买受人可以解除合同并且同时请求损害赔偿。不过在个案中，还要考虑到许多各种不同的情形。 300

（1）当所交付的标的物未满足合同双方**关于标的物性质的约定**时，便成立了标的物瑕疵（第434条第1款第1句）。标的物的性质并非必须在合同中进行约定，也可以根据实际情形进行推定；未对标的物性质进行约定的，是否满足标的物的性质取决于所交付的标的物是否符合合同预定的使用条件，或者标的物是否符合正常的使用条件并且达到买受人对于同种类标的物的合理期待（第434条第1款第1句第2项）。 301

这一规定在实践中如何具体适用，我们这里以本章**案例1**作为例子。在购买二手汽车时，人们常常不会约定刹车或者左转灯能够正常使用；因为，这是很明显的，一辆汽车的刹车坏掉后，已经不能满足合同假定的使用条件，即在公路上正常行驶。当然，这也需要根据合同双方、特别是买受人的主观目的进行判断。例如：买受人购买了粉刷游泳馆的涂料，而且出卖人也知道买受人的目的；然而这个涂料在涂上不久后便脱落了，因为它对湿气特别敏感。汽车左转灯坏掉了，这虽然对正常驾驶而言不是很严重，但是对一个希望能够保证安全驾驶的汽车买受人而言是不能接受的。当出卖人未告知二手汽车的状况，而买受人在二手汽车交付后必须对一些零配件进行更换时，人们就不得不产生这样的疑问，这种情形是否还属于买受人在使用二手汽车时正常期待的范围。

在二手货物买卖中，经常可见的是几个零部件的损坏或者购买后需要进行一定的修理。当出卖人未对货物使用状况进行说明，例如保证汽车像“新的”、全部翻修或者“经由专家检测”等对标的物性质的描述时，并不存在瑕疵。 302

常见的是，买受人基于汽车计程仪中的数据而产生的对汽车性能的期待。例如汽车已经行驶了8万千米，但是计程仪仅显示了5万千米，因为在汽车行驶到3万千米的时候更换了计程仪。此时，也是涉及一辆二手汽车，但是，仅仅因为汽车实际行驶里程比计程仪上显示里程多并不能构成瑕疵。然而，当出卖人主动或因买受人的询问告知该计程仪上显示的行驶里程是汽车的实际里程时，汽车的实际状况并未符合双方对汽车性质的约定，此时构成物的瑕疵；即使此时出卖人对计程仪上显示的里程比汽车实际行驶的里程少并不知情，也构成物的瑕疵。

303 只要仅涉及合同买受人因瑕疵而主张嗣后履行或者解除合同，瑕疵担保责任的承担并不以出卖人有过错为前提。当买受人因买卖标的物的瑕疵（例如案例 1 中的刹车失灵）而受到损害时，不适用上句之结论；当出卖人应当知道瑕疵之存在时，此时买受人可以根据第 281 条第 1 款和第 280 条第 1 款之规定要求**损害赔偿**，因为出卖人“未如其所负担地”进行给付，并且该义务违反——如第 280 条第 1 款第 2 句所要求的——必须可归责于出卖人。在这里，交付具有质量瑕疵的标的物之法律后果和其他的给付障碍之后果（参见本书第九章第一节 4）在很大程度上是一致的。

304 （2）出卖人不仅为他所承诺的标的物性质负责（不以出卖人有过错为限），而且为欠缺买受人基于他人而非买受人自己的**公开表述**而可以期待的性质承担责任。这适用于生产厂商的广告用语，这些广告语无须出卖人在签订合同时再次表述。括号中的“不以出卖人有过错为限”——援引自《德国产品责任法》第 4 条之规定——意味着，在这种情形下配件供应商或者原材料供应商的表述也对出卖人的责任承担产生影响。从出卖人角度看，这样的责任承担对他而言超出了正常的限度；因而这样的责任承担产生了如下需要，即当消费者要求瑕疵担保时，出卖人针对“供应链条”上的“前一位供货商”一直到最初的生产厂商享有追偿权（Rückgriffsanspruch）。这已经蕴含在民法典规定有关消费品买卖的章节中，但是确切地说，这是第 478 条、第 479 条关于出卖人和供货商间关系之规定的应有之义，见本节 6。

305 第 434 条第 2 款规定了出卖人瑕疵担保的另外一个特殊情形。在本款第 2 句中规定了这样的物上瑕疵，即根据针对非专业人士的具有瑕疵的**安装说明书**（这个说明书也不是必须由出卖人作出，而且一般情况下也不是由出卖人作出），买受人不能安装组成符合使用目的或者符合合同约定性质的货物。在一定程度上，具有瑕疵的安装说明书影响了货物的正确安装，即使货物本身并无瑕疵。这是可以理解的，并且可能应该相应地适用于具有瑕疵的操作说明书。很显然，这也适用于根据合同，出卖人具有安装义务但没有正确安装的情形（第 434 条第 2 款第 1 句）。

306 存在较大争议的是，当一个买卖标的物，例如一个宜家的儿童床[37]曾被无缺陷地组装（参见第 434 条第 2 款第 2 句规定的“但书规则”），应该如何界定责任承担：存在问题的安装说明书之瑕疵，因为无缺陷的组装而被最终消灭了，抑或当儿童床在使用后散架，按照不正确的安装说明书进行重新安装却无法正确安装以供后

---

[37] 这条同样来源于《欧盟消费品买卖指令》（参见本书边码 40）的规定被称为“宜家条款”。

续使用时，能够重新产生瑕疵担保请求权？[38]

(3) 除了标的物的物上瑕疵责任之外，还存在标的物权利瑕疵责任(Rechtsmängelhaftung)。根据第 433 条第 1 款第 2 句的规定，出卖人有义务交付给买受人无权利瑕疵的标的物。因而，出卖人不仅必须按照第 434 条第 1 款第 1 句的规定转移标的物的所有权和对标的物的占有（参见本节 2），而且必须使标的物上不存在第三人可能会向买受人主张的权利（第 435 条）。 307

假设在**案例 1** 中，V 在将车卖给 K 之前，将车开到了 U 的修车店，对车进行了修理；但是 V 未支付修理费，因而在未支付修理费的情况下 U 不想把车返还给 V。然而，V 在没人防备的时候，成功地将车从修车店的院子开走。

根据第 647 条的规定，为了担保 U 的修理费，U 对汽车享有一个（法定的）担保物权（Pfandrecht），这个担保物权并不因非自愿地丧失对汽车的占有而消灭。在这个汽车上一直存在这个担保物权。[39] K 因而对 V 享有一个请求清除该买卖标的物上之担保物权的请求权，这可以通过向 U 支付汽车修理费而实现。当 V 在 K 所指定的期间内没有支付汽车修理费时，K 可以根据第 323 条第 1 款的规定解除合同，并且同时根据第 281 条第 1 款的规定要求赔偿损失。相反，未取得所有权则属于不履行，它无须关于权利瑕疵的复杂规定，也就是说，这些规定仅在一个被限定的范围内适用。 308

6. 当出卖人交付给买受人一个存在瑕疵的标的物时，买受人享有的法律上救济措施规定于第 437 条及以下。根据第 323 条第 1 款和第 281 条第 1 款的规定，债权人指定的履行或者嗣后履行的期限届满后没有效果的，此时债权人始可要求解除合同或赔偿损害；根据这两条的规定，可以得出这样的结论，即第 437 条第 1 款规定的买受人享有的要求嗣后履行的权利具有优先性。这意味着，在一般情形下，买受人在解除合同或者要求损害赔偿之前，必须首先用尽能够实现履行请求权的可能。从出卖人的角度而言，这意味着，他享有“第二次供货”的权利；因为，只有当他在买受人规定的期限内没有正确履行时，他才面对买受人要求解除合同或者请求赔偿损害。 309

案例 2： K 为了准备下周在他家举行的聚会，在 V 的商店买了两个立体音箱。K 支付了音箱的价款，并且在一天之后，也就是周三收到了寄送来的立体音箱。随后，K 发现一个音箱的塑料支架断了，因而这个音箱不能直立，并且随时有倒下摔坏的危险。K 因此打电话给 V，并且要求最晚在这周六上午交付同一型号的两个新音箱。V 则说，在

---

[38] 关于瑕疵的承认，参见 MünchKomm/H. P. Westermann § 434 Rn. 35；主要参见 Erman/Grunewald § 434 Rn. 56。

[39] 此处无须考虑第 936 条规定的无负担之取得，因为担保物是在违背 U 之意愿的情形下被偷偷开走的（该依据源自第 935 条的规定，详见第 935 条之规定及从无权利人处取得动产之权利，详见本书第十七章第二节）。

这么短的时间内不可能从厂家那里拿到同一型号的新音箱，但是他可以简单地修理这个小的塑料支架，或者更换一个新的塑料支架。于是二人约定，V 到 K 那里取走那个坏的音箱，且在周六上午 10 点之前修好并放到 V 的商店等 K 去取。当 K 在周六上午 10 点到 V 的商店时，音箱并未修好。K 非常生气，不想再要这个音箱，并要求 V 返还已支付价款的一半。K 准备在另外一家商店购买一个同样型号的音箱，然而一个音箱的价格却比较贵，因为习惯上人们都是同时买两个音箱。

310 （1）案例 2 中的音箱不能稳固地直立是第 434 条第 1 款第 2 句意义上的瑕疵，因此 K 享有一个嗣后履行请求权。**第 439 条第 1 款**规定了该请求权的内容，即买受人可以选择要求事后交付一个新的标的物或者事后修理。然而，根据第 439 条第 3 款的规定，当交付两个新的音箱是在花费不合比例的费用的前提下始为可能时，V 可以拒绝 K 提出的交付两个新音箱的要求。在这里，这一点是否能被认可，是值得怀疑的；然而，在案例 2 中，合同双方当事人已经达成了在一个合理期限内修理音箱的共识。如果出卖人在这个期限内未能进行嗣后履行，那么买受人有权解除合同（第 437 条第 2 项和第 323 条第 1 款）。在案例 2 中，基于其中一个音箱毁坏，K 已经作出解除合同的意思表示了。第 323 条第 5 款第 2 句规定了合同解除的一个除外情形，即瑕疵非常轻微的，债权人不能解除合同；这一规定并不适用于案例 2 中的情形，因为能够稳固对这个音箱而言已经非常重要。当因 V 的过错造成了交付一个有瑕疵的音箱，或者未在指定期间内完成修理时，则按照第 437 条第 3 项和第 281 条第 1 款以及第 280 条第 1 款的规定，由 V 承担损害赔偿责任；在提起损害赔偿请求的同时，买受人还可以要求解除合同，第 325 条。案例 2 中买受人遭受的损害是他为购买一个新的音箱而必须多付出的价款。这个案例表明，在一般情形下，买受人被期望对出卖人尝试嗣后履行有一定的耐心。然而，第 323 条第 2 款（在 2014 年生效的文本中也是这样规定的）和第 281 条第 2 款规定了一些无须指定期限的情形，对此买受人可以立即解除合同并且要求赔偿可能遭受到的损害。除此之外，根据第 441 条的规定，买受人还可以要求**减少**价款。

311 这在实践中意味着，在买受人解除买卖合同后，根据第 346 条及以下的规定，双方返还已经作出的给付；买受人未支付价款的，支付价款之义务消灭。此外，根据第 439 条第 2 款的规定，为嗣后履行支出的费用完全由出卖人承担。

312 （2）在第 439 条第 4 款援引第 346 条及以下关于合同解除的规则时，为了回应欧洲法院的一个判决，在对第 346 条第 4 款进行解释时发生了一个变化。第 346 条第 4 款之规定涉及对受领了瑕疵给付之买受人的义务，即，对于最初提供给他的、虽然存在瑕疵但并非完全不能使用的标的物，该买受人就此物的收益（Nutzung）（对出卖人）负损害赔偿之责。

案例 3： K 从店主 H 那里购买了一台冰箱，这台冰箱在一年多的时间里工作正常，但是此后，当他在外休假旅行时，这台冰箱坏了，里面的东西变质。修理人员证明，这台冰箱性能不稳定，因此 H 同意了 K 提供一台新冰箱的要求（如果 K 愿意，他也可以提出，将有缺陷的产品返还给生产者并主张返还价金，而不主张提供一台新冰箱）。不过 H 认为，K 必须支付（使用该冰箱）一年的收益（收益赔偿）。

第 346 条第 4 款确实作了这样的规定，而且在第 439 条援引这一条款也符合立法者的意图。不过这又产生了一个问题，即是否与消费品买卖的欧盟指令相符，该指令反对对买受人的瑕疵担保权设置障碍。德国联邦法院否定了这一点，不过在欧洲法院的一项判决加强了买受人的权利之后，在对德国法进行“符合指令之解释”的过程中，明显改变了德国立法者的意图，即此时买受人仅负有交还该瑕疵标的物之义务。[40] 相反，如果买受人解除合同，这使他享有返还价金之请求权，那么他便对相关收益（根据《德国民法典》第 100 条第 1 款，此收益为使用利益）负有收益返还或者价值赔偿之义务。[41] 这一发展是欧洲法律片面“保护消费者”观点的一个例子，随后德国立法者通过引入《德国民法典》第 474 条第 2 款追随之，根据该规定，消费者不需要赔偿（使用）收益，与此相反，当买受人为经营者时，这当然比较常见，则并不排除《德国民法典》第 346 条第 4 款之适用。 313

（3）对现实中一些重要的案例情形而言，买卖法的制度还需要一些完善。 314

案例 4： W 女士在 S 开的二手店中购买了晚礼服，据 S 声称，这个晚礼服是丝绸的。另外，W 女士还购买了一条批量生产的、和晚礼服非常般配的绣花腰带。然而，W 女士在购买后发现这个晚礼服的面料不是丝绸的，此外，腰带在戴过一次之后，上面的绣花就脱落了。因而，W 女士希望返还所购的晚礼服和腰带，并且要求 S 返还价款。

当被作为“丝绸礼服”而购买的晚礼服的面料并非丝绸时，事后修理是不可能的，因而根据第 275 条第 1 款之规定，S 因为履行不能而不再承担事后修理义务。这与嗣后履行措施本身的不合理性不同，后者在第 439 条第 3 款被确认为出卖人可以拒绝嗣后履行的抗辩。然而，当这件“丝绸礼服”并不具备合同约定的状况时，很显然，S 享有的价款请求权消灭，第 326 条第 1 款，并且根据第 326 条第 4 款之规定，在 W 女士已经支付价款的情况下须返还价款。这种意义上的履行不能主要存在于买卖标的物属于特定之债（Stückschuld）的情形，即通过双方当事人的约定，买卖标的物被特定化，就如案例中买卖二手礼服一样。即使购买的那条批量生产的腰带也是如此，因为这条腰带通过 W 女士在商店的挑选行为——并且这条腰 315

---

[40] 德国联邦法院原来的判决，参见 NJW 2006，3200，对此判决的评论参见 NJW 2008，2475；欧洲法院的判决参见 NJW 2008，1433；通过德国联邦法院的转化，参见 NJW 2009，437；关于符合欧盟指令的解释，参见 Höpfner NJW 2010，127。

[41] BGH NJW 2010，148.

带与她买的那件晚礼服非常相配——成为特定之债的客体；因而，第 437 条第 1 项规定的嗣后履行已经不可能。当另外一个买卖标的物——例如在案例 2 中一条同款式的腰带——使买受人满意时，这也可以看作特定之债情形下的嗣后履行。此时，W 女士必须首先要求嗣后履行，并且只有当出卖人在规定的期间内未交付时才可以解除合同。

然而，这又会产生这样的问题：因为 W 女士只能直接解除晚礼服的合同，当她返还晚礼服时，她对这条腰带仍有兴趣吗？为此，需要论证的是，正确履行晚礼服的合同是否是购买腰带的行为基础（第 313 条意义上的行为基础），并因而可能导致腰带买卖合同被解除。（关于行为基础，详见边码 210）

316 （4）在有些存在标的物瑕疵的情形中，嗣后履行已不可能，而且无法解除合同时，根据法律的规定，买受人还可以提起**损害赔偿**。例如在**案例 1** 中，当刹车坏了并因此导致了一场事故时，买受人解除合同的可能性已经不复存在，即使他在该事故中受伤。根据原则上作为该损害赔偿请求权基础的第 280 条第 1 款之规定，其成立前提是出卖人有过错，也就是说，出卖人对标的物存在瑕疵或者因标的物瑕疵而使买受人遭受损害有过错（第 276 条第 2 款）。在德国法上，损害赔偿以责任人有过错为限的原则得到了暂时的维持，但在许多方面已被突破。

317 例如，在危险责任（Gefährdungshaftung）（本书第十四章第二节）的构成要件中，不以当事人的过错为要件；此外，当出卖人，即通常所说的债务人作出允诺，即使他无过错也承担损害赔偿责任时，亦同。在这种情形下，第 276 条规定了一个必须从债之关系的内容中产生的保证（Garantie）。在买卖中，当出卖人在第 434 条第 1 款意义上单纯就买卖物性质进行约定之外，还承诺无论如何都对此负责，而买受人可以相信该承诺，且出卖人对自己无论如何都须“履行承诺”必然明了时，这个保证将被采纳。在债法现代化改革之前，正如现在也经常看到的一样，相应的法律用语为“确保”（Zusicherung），其常常成为法院判决的对象。对此，一个更为清晰的对这一保证的表述，自 2014 年起规定在《德国民法典》第 433 条第 1 款。

在二手汽车买卖中，当如下内容对买受人决定购买汽车有决定性意义时，应视为保证，例如汽车修理状况说明、行业检查、“彻底检修”，以及对汽车性能或出厂年份的说明。类似地，其也适用于土地买卖中的可建设或可耕种说明，房屋买卖中涉及建筑物主体部分以及相关部分的说明。在实践中，一直以来，人们总是强烈要求提供这些“保证”，因为当出卖人作出这样的表示后，就对因此产生的损害赔偿承担无过错责任。

318 出卖人未作任何保证表示时，则仅考虑一个过错责任，例如，他作为生产者基于产品功能而对买卖标的物的性能负责，或者他仅是零售商但造成了标的物瑕疵，比如因为不恰当地储存货物。

在**案例 2** 中，在音箱被卖给 K 之前，V 在将音箱放到橱窗里时，将其中一个音箱摔到地上，致使该音箱内部的扩音器摔坏。在晚会开始之前调试音箱时，K 发现了这个问题，于是紧急请来一位修理工，将这个摔坏的音箱修好；为此，修理工要求一笔较平时高的修理费，因为他是在周六的下午被叫来修理音箱的。

人们不应该对那些经销商——他们可能存有大量相同货物并且存货从不间断——在对货物谨慎注意和货物信息方面有过分的要求（对专业贸易可能另当别论）。特别是人们不能要求经销商对从供货商那里获得并再次（可能原封未动地）进行销售的每一件产品进行单独检查，以确保每件产品均无质量瑕疵。不过，根据第 278 条之规定，经销商必须为其雇员的错误承担责任（详见本书第十章第三节），但该雇员也仅应因缺乏对货物的谨慎注意方可受到责备，因为他们与出卖人自身相比并不适用其他的义务标准。无论如何，根据主流观点，人们都不能依据第 278 条之规定将生产厂家或前手供应商的过错归责于出卖人，因为对于出卖人的义务而言，这些人并非出卖人的履行辅助人（Erfüllungsgehilfe）。[42] 对于那些在生产厂商提供产品之前就已经存在的产品瑕疵，并且该瑕疵造成了产品使用者的身体或财产上的损害时（例如：当买受人打开一瓶在饮料超市里购买的苏打水时，瓶颈的一处裂纹导致瓶子爆裂苏打水喷出），生产厂家并不是根据合同法的基本原理，而是根据《德国产品责任法》的规定对消费者承担责任（详见本书第十四章第二节）。 319

根据第 281 条之规定（由于出卖人“未按所负担的那样”提供给付），除了对瑕疵损害承担损害赔偿外，出卖人还可能**对附随义务之违反**（**Nebenpflichtverletzung**）以及造成**瑕疵后果损害**（**Mangelfolgeschäden**）承担责任。对这类损害承担责任也属于第 280 条规定的因义务违反而承担的损害赔偿责任，并且根据该条第 1 款之规定，其同样以出卖人的过错为前提（详见本书第九章第四节 1、2）。 320

（5）因买卖合同中标的物之瑕疵导致的返还，进一步产生了一个欧盟指令与内国法之间的协调问题。 321

案例 5： M 医生为了扩建其度假屋的屋顶露台，通过邮件在商人 H 那里购买了地中海地区的瓷砖，瓷砖被按时提交并正确地安装。遗憾的是，在第一场雨之后，这些新瓷砖的色彩与旧瓷砖相比形成了鲜明的对比。H 看到了这一点，并表示，这涉及西班牙制造商的一个错误，不过该制造商现在就可以向他提供无瑕疵的瓷砖，他可以将这些瓷砖免费提交给 M 医生。此外，M 医生还主张拆除有缺陷瓷砖以及安装无瑕疵瓷砖的费用。

---

[42] 不过有时候对“履行辅助人”的理解更宽泛一些，但是这将导致这样的结果，买卖标的物的生产者或者下游企业在分销——通常存在多级——过程中产生的所有错误，均被视为可归责于最终出卖人的损害赔偿之基础，这在经济上难谓合理；最终出卖人须接受事后交付无瑕疵标的物或事后修理义务，以及（合同被）解除（的后果）。

322 只要 H 不能被认定为存在过错［该西班牙制造商也一样，参见上文（4）］，其瑕疵给付担保实际上便仅限于事后提交无瑕疵标的物。根据《德国民法典》第 499 条第 2 款，买受人可以不用支付新瓷砖的运输费用，但如果他须自己承担拆除旧瓷砖和安装新瓷砖的可能并不便宜的费用，这将不能让买受人完全满意。如果出卖人有过错，必要的拆除和安装费用属于损失；如果这笔支出属于嗣后履行的范围，则出卖人无须过错即对此承担责任。这是欧洲法院的观点——再次与德国联邦法院的观点背离——当然也存在这样一个并不明确的限制，即这些费用受第 439 条第 3 款意义上的瑕疵给付担保后果的不相称性之影响。在这方面，德国联邦法院也做出了让步，当然是考虑到了费用的不相称性[43]，但是最终被限定于第 474 条意义上的消费者买卖，因此在案例 5 中，如果 M 医生作为经营者签订合同，则他必须自己承担这笔拆除和安装费用。

323 7. 买卖瑕疵担保中一个重要的实践问题，是买受人**请求权的消灭时效**。为了能够理解对此问题讨论的一些焦点，人们必须知道，根据旧法第 477 条之规定，买受人请求权的消灭时效期间仅仅是交付之后 6 个月，并且不取决于买受人在该期间内是否获悉瑕疵的存在。从买受人的角度可以意识到，这几乎是无法接受的；然而，现行法第 438 条则规定，普通情形下，消灭时效期间为 2 年（第 438 条第 1 款第 3 项），这对经济运行而言又被视为一个沉重的负荷。

（1）**案例 6**：A 女士在 O 百货商场里购买了一台洗碗机，这台洗碗机是一个国外的品牌，A 女士对这个品牌并不是很了解，O 百货商场正在促销这个品牌。该洗碗机注有自交付之日起 1 年的生产厂商质量保证，在交付的同时，工作人员将洗碗机安装到 A 女士家的厨房。9 个月后，A 女士对这台机器非常不满，因为装盘子的餐具篮起初很难转动，到现在已经完全不转动了。A 女士求助于 O 商场，但是商场拒绝了瑕疵担保，因为这台机器在交付时没有问题，而且已经运行了 8 个月。对于当时提到的 1 年质量保证，O 商场也拒绝了，因而 A 女士准备向住所地在台湾的生产厂商提出相关请求。

324 这台机器较差的运行性能无论如何都是第 434 条意义上的瑕疵，所以 A 女士可以根据第 437 条和第 439 条之规定要求事后修理；当事后修理不可能时，她可以要求交付一台没有瑕疵的机器（如果这台机器在市面上还能买到的话），仍然未果时，可以要求解除合同。如果消灭时效期间届满，并且 O 商场主张该期间届满之事实，则 A 女士提出的请求不能得到支持；消灭时效完成的法律后果详见本书第十一章第三节。**第 438 条第 1 款**规定了三种不同的消灭时效期间：存在权利瑕疵时［上文 5（3）］，消灭时效期间为 30 年，这被认为太长，但这一规定受到如下条件的限制，

---

[43] 联邦法院的参考性判决，见 NJW 2009，1660；欧洲法院的判决，见 ZIP 2011，1265（Lorenz 的严厉批评，见 NJW 2011，2241）；联邦法院的新判决，见 ZIP 2012，2397；Ganzen/Jaensch NJW 2012，1025；Gsell，Festschrift für Picket，2010，S. 297，302 ff。

即在经过很长一段时间后，对买卖标的物享有权利的第三人方找到该买卖标的物，导致他此时方能主张其享有的权利；在建筑物买卖或者建筑材料买卖中，因瑕疵而产生的请求权消灭时效为 5 年（这与承揽合同中消灭时效的规定相符，见第 634a 条）；在其他的（动产）买卖合同中，消灭时效为 2 年。消灭时效自标的物交付时起算（第 438 条第 2 款）。消灭时效的起算并不取决于所存在之瑕疵出现的时间或者发现瑕疵存在的时间（根据第 442 条之规定，买受人在购买时知悉瑕疵存在的，他很可能不再享有瑕疵担保请求权。）。

在**案例 6** 中，A 女士对 O 百货商场的瑕疵担保请求权之消灭时效并未完成。然而，出卖人主张该标的物在交付时无瑕疵并非没有意义，因为根据第 434 条第 1 款之规定，瑕疵需在"风险转移时"存在；在本案例中，根据第 446 条之规定（详见本章第一节 3），风险已经转移给 A 女士。

在这里存在一个现实中实现瑕疵担保请求权的困难。当买受人不能证明买卖标的物在交付时就已经存在瑕疵时，仅有标的物上之瑕疵在消灭时效期间内出现的事实，并不能满足瑕疵担保请求权的条件。瑕疵出现的时间越晚，证明瑕疵在交付时已存在就越困难。从另一方面而言，当存在技术瑕疵时，人们常常会推断为，即使在经过一段使用时间后才发现这些瑕疵，但实质上这些瑕疵在交付时就已经存在了。这特别存在于使用质量差的材料或者设计失误，因而导致货物的耐久性和使用性能非常有限的情形。基于这些情形，法院经常会推导出这样一个结论，即瑕疵在风险转移时即已存在。诚然，瑕疵也可能是因买受人不正确地使用而造成的。 325

在**案例 6** 中，百货商场主张认为，洗碗机的餐具篮很明显是因为多次使用而严重变形，以至于对这台洗碗机而言太大了；而 A 女士则主张，她为了使被夹住的餐具篮能重新转动，而不得不将餐具篮弄变形。

这里关键是一个**举证问题**，因为风险移转时不存在的瑕疵同样可能因为不合理的使用而产生，如果人们不应且不能得出这样的结论，即机器的设计和生产必须能够承受使用者欠缺必要使用技能的操作（也被称为"傻瓜型机器"）。为了避免买受人——第 13 条意义上的消费者——处于这种举证困境，**第 476 条**规定了**举证责任倒置（Beweislastumkehr）**，即在风险转移后 6 个月之内出现的瑕疵推定为买卖标的物在风险转移时已经存在。这条规定独立于第 438 条第 1 款第 3 项规定的 2 年消灭时效期间；第 476 条之规定意味着：买受人——例如案例 6 中的 A 女士——要想主张一个风险转移 6 个月之后才出现的瑕疵，就必须证明该瑕疵在风险转移时即已存在，但同时从另一方面而言，并不表示该请求权的消灭时效即将届满。 326

在**案例 6** 中，第 476 条之规定并不有利于 A 女士，然而也并不排除她能成功进行举证的可能。在此，**生产厂商的质量担保**给予她的帮助并不是很大。该质量担保是第 443 条意义上的耐久性担保，其担保期间为 1 年；该质量担保期间并未届满，因而 A 女士只能向作出质量担保的生产厂商主张该质量担保，即本案中在遥远东方的生产厂商。在一些行业，例如在汽车行业也存在生产厂商的质量担保，该担保可以通过这样的方式实现：买受人可在一个约定售后修理店免费修理汽车，之后约定售后修理店从生产厂商那里获得补偿。

327 （2）是否所有基于标的物瑕疵而产生的买受人请求权均适用第 438 条规定的消灭时效，还未得到最终解决。例如，一部分人认为，因瑕疵后果损害和附随义务违反（详见本书第九章第四节 1、2）而产生的损害赔偿请求权适用普通消灭时效，其期间为 3 年（第 195 条、第 199 条，详见本书第十一章第三节）；不同于第 438 条第 3 款之规定，该消灭时效自债权人知悉债权存在及相应债务人之年的年末起算。这可能在案例 6 中起到实际作用，即洗碗机因有瑕疵而将 A 女士清洗的陶瓷盘子弄碎。第 438 条规定的消灭时效适用于“第 437 条第 1 项和第 3 项规定的请求权”，而后者也明确规定包括基于第 281 条和第 280 条所产生的损害赔偿请求权，所以人们必然将此视为立法者的观点，即这一类的损害赔偿请求权以及因为未正确解释买卖标的物之性能而产生的损害赔偿请求权，均适用第 438 条规定的消灭时效。

328 （3）正如上文已经多次提到的，自以欧盟消费品买卖指令为基础进行的债法现代化改革以来，《德国民法典》中的大量复杂规则均带有**消费者保护**的印记。在买卖合同中，这体现在第 433 条及以下规定的众多条文中，特别是专门在一节中规定**消费品买卖**，第 474 条及以下。这些条文——就如第 474 条之规定——只涉及“消费者”（第 13 条）同“经营者”进行的动产买卖；根据一个于 2014 年 6 月生效的对第 474 条的修改，也适用于与劳务给付相关的合同。具有最大实际意义的是已经提及的第 476 条。同样意义重大的是，按照第 475 条第 1 款之规定，不能为了损害买受人/消费者的利益，通过合同约定废除或者变更“一般”买卖法中重要的规定买受人权利的条文。这类约定不仅常见于格式合同（详见本书第六章第三节 4）中的一些条款，也会存在于非格式（个别协商的）合同中。

在购买二手汽车中常常见到这样的约定：该车“如所见实物出卖，对所有瑕疵不承担责任”，这种约定仅仅在买受人（消费者或经营者）从一位“消费者”——一位不想再继续持有他的旧车的私人——那里购买该二手汽车时才有效；当出卖人是商人或者“经营者”时，这样的约定无效。该类型的瑕疵担保排除约定在土地买卖中有存在的可能，但按照第 311b 条之规定，这需要经过公证人的公证；公证人必须向双方当事人，特别是买受人指出该约定之内容和合同存在的问题。

案例 7：为了观看世界杯足球赛，K 在百货商场 A 购买了一台他并不熟悉的牌子的电视机。5 个月之后，这台电视机的屏幕上出现了两条不间断的、扭曲画面的条纹。在经过A商场专业人士几个小时的修理后，这个瑕疵并未完全被消除。最后，商场向K表示愿意取回坏的电视机并交付一台新的电视。之后，商场向他的供货商L——一家大的批发商——提出了相应的请求，批发商L是从在乌克兰的生产厂商O获得这批货的。在L向O提出相应要求后，O却声称，造成瑕疵的原因是一个零件，这个零件是他从韩国的一家配件供应厂购买的。L担心他对生产厂商和配件厂享有的请求权难于实现，因而他向A百货商场主张，这台电视机在20个月之前已经交付给A了，因此A之前可能享有的瑕疵担保请求权现在已罹于消灭时效。

在这样一个案例中，人们最好画一张关于相关者和他们之间签订合同的简略图。这个案例涉及一家企业的**追索赔偿**，这家企业作为**最后出卖方**向消费者出卖了货物，并且因货物的瑕疵而被消费者要求赔偿。实际上，在这里出现了一个难题，即A商场因瑕疵而对"它的"出卖人L享有的瑕疵担保请求权，因为经过25个月（20+5）之后，即两年多之后，消灭时效已经完成，因而不能得到支持。这种所谓的**"追索赔偿情形"**在实践中总是一种风险，这种情形总是存在，特别是当货物在卖出前长时间储存在最后出卖方的仓库里时。最后的买受方，即"消费者"并不受此影响，他享有的瑕疵担保请求权在货物交付两年之后消灭时效才完成。虽然**第478条、第479条**原则上仅涉及"企业经营者"之间的货物买卖，但这两条规定被放在消费品买卖一节。根据第478条第1款，该规定仅适用于新生产的产品的买卖，因而不适用于二手货物。 329

这个内容复杂的规定体现在第478条第2款。这条规定赋予了最后出卖人一个费用补偿请求权，该费用产生于最后出卖人对消费者（有权）提出不满的货物进行事后修理（本案中是修理电视机）的尝试。一个这样的请求权——其成立当然是以最后出卖人从供货方那里购买该货物为基础——并未在有关物的瑕疵担保的法律规定中予以规定，因而它必然是为了最后出卖人的追索而特意创设出来。从第478条第5款之规定中我们可以看出，追索赔偿适用于"供货链中其他的请求权"，即本案中L可以对生产厂商O进行追索。这个请求权是一个瑕疵担保请求权，因而适用第438条[44]规定的消灭时效；所以在**案例7**中，A对L享有的追索权，以及L对生产厂商的追索权，其消灭时效可能已经完成。这一情形可以通过第478条第3款之规定得到补救，其将第476条规定的举证责任倒置——仅适用于消费者买卖，见上文（1）——援引适用于供货链中单个环节的买卖上，并附有这样的一个标准，即瑕疵出现的6个月期限是从货物交付给消费者时起算。 330

在**案例7**中，这可能意味着，因为货物的瑕疵在交付消费者之后6个月之内才出现，因而A百货商场可以向供货商L主张这一推定，即瑕疵肯定在货物供应给

[44] 在这种情况下将认定，在向O公司订货时即已达成适用德国法律之协议，这被纳入所谓的当事人自治是可能的。

该消费者时就已存在。因而，这也就保证了最后出卖方——以及在供货链上他的先手们——的瑕疵担保请求权的消灭时效期间自他获得货物起可能超过两年。

331 这是该规定的重心所在。与此同时，第 478 条第 1 款之规定也使行使追索权（基于买卖合同）的出卖人或者他在供货链上的先手们避免了这样的情形，即在他们因为货物的瑕疵而不得不接受退回的货物时，还必须向他们的先手指定一个嗣后履行的期限；根据第 439 条之规定，在其他情形下，该期限是必需的。不过，这可能会因为消费者解除合同而丧失意义。

332 8. 从买受人的角度而言，在买卖中——不仅在消费者与经营者的买卖中，而且在经营者之间的买卖中——往往会存在这样的必要性，即在向出卖人支付全部价款之前，能占有和使用货物，或许还包括能够再次进行转让。另一方面，从出卖人的角度来看，在未获得价款之前就移交标的物对他而言是一种风险，特别是当买受人想对货物进行加工、再次转让或者在他的企业中高强度地使用时。

333 在这种情形下，第 449 条就此提供了一个解决方案：出卖人以**所有权保留（Eigentumsvorbehalt）**的方式出卖货物，即其在货物价款完全支付之前可以保留货物的所有权。在这里，货物价款的支付被视为所有权转移**所附的延缓条件（第 158 条第 1 款）**；动产所有权的转移规定于第 929 条，并通过让与合意（Einigung）和交付（Übergabe）得到实现（详见本书第十七章第一节）。在所有权保留买卖中，买卖合同已经确定无疑地缔结，在这种情形下，该合同使买受人负有支付价款的义务，而出卖人则负有创设（通过支付价款）附延缓条件所有权的义务。当买受人未履行所负义务时，例如在**分期付款买卖**中迟延付款，出卖人可以根据第 323 条之规定解除合同（本书第九章第三节 2），此时买受人必须返还货物。

334 在支付货款之前，买受人破产或者其他债权人因到期债权未得到清偿而根据民事诉讼法的规定尝试将该货物扣押查封的，出卖人可以根据他在该货物上保留的所有权对抗该执行措施。这在实践中往往会导致这样的后果，即针对所有权保留买受人的执行措施无功而返。另一方面，因为买受人仅仅通过履行其支付价款的义务便可以自动——无须出卖人再一次处分——获得标的物的所有权，所以买受人对该物已经享有一个法律地位，其价值根据买受人已支付之价款的数额确定，这种法律地位一般被称为**期待权（Anwartschaftsrecht）**。特别是在信贷担保（详见本书第十七章第四节）领域内，所有权保留买受人可以转让该期待权，因而该期待权也可以作为信贷担保使用，比如为金钱借贷/返还借款请求权（第 488 条）提供担保而转让给一家银行。当所有权保留出卖人因（买受人）未支付价款而解除合同时，该期待权消灭，这个期待权的存在完全取决于买卖法上履行请求权的存在。总的来说，这实际上涉及**所有权的改变甚至分裂**；保留所有权的出卖人拥有（保留）所有权，但是在保留所有权买卖存续期间，他无权占有该物。买受人在占有该物的同时还享有一个期待权，该期待权的价值与他已经支付的价金相同，并且随着价金的完全支付而

“强化为完整的权利”。这一结构，也是通过抽象原则（本书第八章第二节 2）而成为可能，是德国民法的一个特征。

当所有权保留买卖之买受人是第 13 条意义上的消费者时，第 449 条之规定则通过**消费者信贷法**的特别规定而有重大更改，因为此事涉及《德国民法典》第 491 条意义上的分期付款行为（Teilzahlungsgeschäfte）或者第 505 条及以下意义上的分期供给合同（Ratenlieferungsverträge）。

9. 多年来，德国经济取得了相当大的成功，在出口劳务给付和大量进口劳务给付的同时，买卖合同的数量也有所增加，这些合同的当事人在很多国家有分支机构（Niederlassung）。实践中，这特别体现在货物买卖上，不过也包括设备制造和代理合同。对于这些合同必须确定的是，适用哪个法律制度。准据法根据国际私法确定，这在《德国民法典施行法》（EBGB）中进行了规定，不过自前些年起被规定在欧洲条约中（ROM Ⅰ-VO，ROM Ⅱ-VO），但是这不是唯一依据，而是还要取决于当事人的约定。为了使对这类合同的处理不完全依赖于当事人指定的、完全不同的法律制度，或者援引债务人履行合同主要给付义务地的不同规则，在一个委员会与来自世界很多国家代表的长期谈判之后，1980 年《维也纳买卖法》[也称《联合国国际货物销售合同公约》（CISG）]以国家间条约的形式得到通过。这一重点规定买卖合同的国际条约，如果被缔约国之内国法承认——德国便是如此，便成为该国的法律渊源。这意味着，如果双方当事人的分支机构位于不同的缔约国[45]，在当事人没有排除该条约之适用的情况下（所谓的“不参与”，opt-out），可自动适用该条约。《德国民法典》主要的大型评注作品中都同时对 CISG 进行了评注，在处理可能适用该规则的合同时，必须参考（konsultieren）该规则。 335

第二节　其他债之关系概述

在债法的分则部分，主要通过任意性规范规定了一系列其他的合同类型。在下文中，将着重介绍一些重要的合同类型。 336

1. 为获得对标的物的暂时使用——所有权人并未改变——而支付一定的费用，即构成**使用租赁或用益租赁**；如果无须支付费用则构成借用。使用租赁和用益租赁的区别在于：使用租赁中承租人仅有权使用租赁物，而用益租赁中承租人有权使用租赁物并从中获得收益。例如：一套公寓被出租，承租人想将其中一个房间作为商 337

[45] 缔约国的状况（约 80 个左右），见 https://treaties.un.org（原著指明的网址经译者尝试未能找到，经验证后的这个网址可以查看相关内容）。

铺使用。当一个作为零售商店设计和使用的房间被出租时，成立用益租赁。用益租赁的客体主要是农业上的土地。与买卖相比，其特殊之处在于出租人的义务，他不仅要将租赁物以合乎合同规定的使用状态交给承租人，还要在租赁期间维持这个状态（第 535 条）。与此相应的是，根据第 538 条之规定，因合乎合同规定使用租赁物而产生的损耗不可归责于承租人；但是，承租人不得违反合同规定使用租赁物（第 541 条），如有违反，则可能导致租赁合同根据第 543 条第 2 款第 2 项之规定被特别地立即终止。

338 近几十年来，出于社会福利政策的原因，**住房租赁**持续地与其他租赁法律法规分离（社会租赁法）；特别是在维护租赁关系之存续，即通知解约保护（Kündigungsschutz），以及在维持条件（比如租金、分担费用、维修和翻新行为）方面的承租人保护。出租人不能任意通知终止房屋租赁，而是必须以出现特定的情形为前提。特定的情形可能包括承租人迟延支付租金以及承租人有令人难以接受的行为，例如造成租赁物逐渐损坏的行为等。另外，根据第 573 条第 2 款第 2 项之规定，在特定情形下，出租人因自己的需求而可能通知终止租赁关系受到进一步的限制，特别是通过承租人的异议权（Widerspruchsrecht）对抗（任何的）通知解约，第 574 条。法律上虽然没有规定租金的数额，但是法律大概规定了运行费用和额外费用结算的特定方式（第 556 条、第 556a 条），并且通过极其详细的规定（第 557 条及以下）限制了出租人单方面提高租金的可能。住房租赁法中绝大部分是强行法。

339 2. **融资租赁（Leasing）**这个合同类型是借鉴美国法而被引入德国，其与税法上的一些规定有紧密的联系。尽管这个合同类型的重要性日益增加，但是至今涉及这方面的法律问题只是部分地在法律中得到规定；一部分可以在融资租赁合同一般交易条件中找到，当然受到一般交易条件之内容控制的约束。实践中主要区分两种融资租赁类型：**经营性租赁（Operating-Leasing）**，在经营性融资租赁中，出租人有义务移交租赁物的使用，承租人有义务支付费用，但是可以——多数情况下短期——通知终止该法律关系。其结果是，可以确保承租人在任何时候都能获得装备最新技术的租赁物。出租人往往也有权利通过单方意思表示便使关于租赁标的物的买卖合同成立。这在实践中是一个“租赁买卖”（Mietkauf）。多数情况下，融资租赁标的物的制造商与出租人不是同一个人。

340 当今，应用越来越广泛的是**融资性租赁（Finanzierungs-Leasing）**，承租人为某标的物向出租人分期付款，该标的物由出租人从生产商那里购买并已经支付价款，但是该标的物往往是经由承租人挑选。根据合同持续时间而确定的租金总额主要取决于标的物价值与融资费用。合同持续时间一般与标的物的使用时间相适应。承租人和出租人之间的关系类似于分期付款买卖，因而需要考虑的是，当承租人是第 13 条意义上的消费者（详见本书第六章第四节）时，应该按照消费者信贷规则对其进行保护。这具体规定于第 500 条，根据该条规定，关于消费者信贷合同形式的规定

(第492条)、关于融资信贷和采购行为相结合的规定(第358条、第359条)以及关于消费者撤回权的规定(第495条)都可适用于承租人为消费者的融资性租赁。当标的物存在瑕疵时,融资性租赁的出租人总是会(并有义务)授权承租人向生产商(或者供货商)提起瑕疵担保请求权,而本来是融资租赁的出租人作为租赁物的买受人享有该请求权。当供货商或者生产商比如因为破产而使该请求权不能履行时,司法判决是这样处理的,即此时融资性租赁合同的交易基础丧失,因而融资租赁的承租人不再承担将来支付融资租赁标的物之价款的义务。

3. 交付给他人金钱或者其他标的物并附有之后以同种类型、相同品质和数量的物替代原来之物返还的,成立**借贷(Darlehen)**。在实践上,借贷几乎仅表现为金钱借贷,不过并非必须支付现金,而是也可以用记入借方账户的方式。借贷和第488条及以下有关借贷的规定有重大的经济意义,因为这些相对简洁的规定是法律上处理信贷行为的基础。 341

例如:银行提供给商人K100万欧元的贷款;储户S在储蓄银行Sp.办理一个储蓄账户。特别在金钱借贷中,利息形式的对待给付一般很普遍;但是,利息并不是借贷概念必含之意。鉴于利息和本金清偿义务可能给借款人带来的超负荷危险,从最近几年开始,法院根据违反善良风俗的规则(第138条)对**消费者信贷合同**进行了严格的内容控制。法院根据这一条文,将那些常常通过专营为分期付款提供信贷的银行所签订之合同——当合同中要求支付的利息严重超过国家定期发布之市场利率时——认定为违反善良风俗,不过,(不同情形下)允许超过利率的程度作了不同安排。[46] 此外,还有一系列保护借款人的规定,它们一般都适用于消费者信贷,并且最重要的已经在融资性租赁(上文本节2)中提到了。 342

4. 到此为止讨论的合同类型都涉及物的转移;当承诺给付或者某个成果而不涉及物时,则可能涉及的是雇佣合同、承揽合同、劳动合同或事务处理合同(第675条)。 343

在**雇佣合同(Dienstvertrag)**(第611条)中,一方承诺向另一方提供某种服务;在**承揽合同(Werkvertrag)**中,一方承诺完成某项工作。承揽合同普遍应用于手工劳作,特别是建筑。在广义上,一项工作也应理解为一项成果,并且是每个人都认为可以完成的成果,例如出租车运送或包价旅行(Pauschalreise)(**旅行社**的权利及大量的风险负担专门规定于第651a条及以下)。提供劳务给付与完成某项成果的区别在于:在承揽合同中,由承揽人(即承诺完成成果的一方)承担不成功的风险,而在雇佣合同中,有权享受服务者承担不成功的风险。 344

根据劳务给付与工作成果的标准对雇佣合同和承揽合同进行的区分,第一眼看来显得容易掌控,但是在实践中却会产生各种困难,特别是在已经完成的劳务给付中也会存在工作成果。 345

---

[46] 大量详细的介绍,见Erman/Palm/Arnold § 138 Rn. 96。

例如： 一个病人患有剧烈的头痛，然而，医生在以所有现有的诊断方式进行检查后，仍未查出病因，因而不能建议任何有效的治疗措施。该病人可能会认为这没有成果，然而他仍然负有支付报酬的义务；因为这里的成果是已经完成的治疗行为。但是：一个管道涂装企业承接了一项工程，即为一条输油线 20 千米的特定硬度级别的钢制管道涂上保护漆。该企业没有完成该项工程，因而它即使付出工作也不能获得报酬。（不过，当未能完成工程的原因属于定作人的责任范围，例如提供化学试剂、作出一定指示等时，该企业则可以获得报酬。）

346 在承揽合同中，最为独特的是有关瑕疵责任的规定；在雇佣合同中，最为典型的是关于合同终结（Beendigung），特别是通知终止合同的问题。承揽合同中关于物的瑕疵担保责任的规则与买卖合同的非常相似：其中最重要的是承揽人的事后修理义务（第 634 条第 1 项）；当第一承揽人并未合理地拒绝嗣后履行时——例如嗣后履行需要过高不合理的费用（第 635 条第 3 款），定作人有权自己消除瑕疵或者委托另外一位承揽人消除瑕疵；自行消除瑕疵详细规定于第 637 条。当这些措施都不能获得成效时，定作人可以解除合同和/或请求损害赔偿，第 634 条第 3 项和第 4 项。此时，减少价款也在考虑之列（第 638 条）。定作人之瑕疵担保请求权的消灭时效在第 634a 条作了与买卖中的相关规则类似的规定。特别重要的是，尚在加工中的工作成果毁损或灭失的，根据第 644 条之规定，承揽人在交付工作成果之前承担该风险；这意味着，当工作成果在交付之前因为一个既不能归责于承揽人也不能归责于定作人的原因而灭失时，承揽人必须再一次完成工作交付成果。如同买卖中的规定，承揽合同中的瑕疵担保请求权（事后修理、消除瑕疵、更换或减少价款等）并不以承揽人的过错为前提。因承揽人的过错而造成瑕疵的，定作人可以要求损害赔偿（第 634 条第 4 款和第 280 条第 1 款）。

在建筑业中，一些关于支付形式和承揽人的瑕疵担保的民法规则通过《建筑承包规章》（VOB）而偏离了《德国民法典》。在许多承揽合同中，这个规章被视为一般交易条件，因此，这个规定并不能自动适用。《建筑承包规章》不是一个法律规范，而是由相关行业的协会和专家们共同制定的；在当事人约定适用该规章时，它才适用于具体的承揽合同。不过，这在日常生活中非常普遍。

347 **劳动合同**是一种雇佣合同，其中有义务提供服务者（雇员）在经济上和人身上依附于有权享受服务者（雇主），即作为非自由职业者从事由他人确定的工作（个案中，对二者的区分又变得非常困难，例如经理和高级职员，主任医师）。劳动合同的特殊之处在于，雇员在由雇主领导并资金支持的企业中从事附属劳动，雇主承担该企业的经济风险。与此相反，在所谓的自由雇佣合同中（例如和医生签订的合同，医生有义务实施合乎专业的检查，却没有义务取得特定的成果），有义务提供服务者实质上可以自己确定他的工作方式。劳动法重要的规范几乎都是强行法，并且规定于《德国民法典》之外。

5. **事务处理合同（Geschäftsbesorgungsvertrag）**（第 675 条）包括大量的独立的服务，特别是在法律咨询和税务咨询行业以及整个银行业——只要其从事汇兑业务而不从事信贷业务——中的独立服务。法律并没有详细规定这个合同类型，因为大部分的情形准用《德国民法典》关于委托的规定；委托（第 662 条）本身只涉及无偿地从事服务，法律只赋予了受托人享有对其所支出之费用的补偿请求权（第 670 条）。 348

例如： B 银行管理 K 的结算账户。B 银行受 K 委托从 K 账户上转账（参见第 670 条）时，银行对客户 K 享有一个费用请求权，该请求权通过记入借方项下而得到满足。客户 K 的账户上汇入钱时，该贷方凭证即是账户持有人返还请求权的一个证明文件，第 667 条。

事务处理合同是双务合同。因而，律师通过他的工作可以获得报酬，但是，按照第 667 条之规定，他必须将为委托人追回的款项返还给委托人。雇佣合同和事务处理合同的特殊之处在于，在二者中并没有法定的瑕疵担保请求权。医生治疗失当，以及律师没有提醒委托人某个诉讼不能胜诉（后来果真败诉），或者银行向他的客户推荐了一个银行本来就知道的有风险的投资，那么根据第 280 条之规定，他们对因过错造成的义务违反承担损害赔偿责任。 349

参考文献

买卖法：

Brox/Walker Besonderes Schuldrecht，§§1－7；Medicus/Lorenz，Besonderes Schuldrecht，§§74－84；Emmerich，BGB Schuldrecht，Besonderer Teil，13. Aufl. 2012，§§1－5；Looschelders，SR Besonderer Teil，§§1－5.

其他债之关系：

Brox/Walker SR Besonderer Teil，§§8－28；Emmerich，§§7－10；Medicus/Lorenz，Besonderer Teil，§§85－122.

第十三章 法定之债：不当得利和无因管理

第一节 不当得利

350 1. 法定之债产生于非合同性质的事件，亦即双方的义务和权利并不源自合同。但不能排除的是，不当得利中的请求权是以无效合同而作出之给付必须返还的方式，而紧随一段处于困境中的合同关系发展而来。这甚至就是第 812 条所规定的不当得利请求权的基本情形。

案例 1： A 女士因为年事已高而想搬进一个小一些的公寓，并且打算卖掉她大部分的家居物品。她以 250 欧元的价格将两个中国花瓶卖给了一家百货公司，而这些花瓶是她的祖父在世纪之交从一次亚洲之行中带回来的并且她认为其毫无价值。一段时间之后她才发现这两个花瓶已有 500 年的历史，非常值钱。因此，如果百货公司不愿意额外支付她认为合理的价格，A 女士希望能够把花瓶要回来。

351 不当得利请求权并非总是存在于每个成功出现违背公平感的案例之中，而是必须具备十分明确的构成要件，其中“无法律上的原因”（参看第 812 条）是重要条件。根据判决所采纳的，但同时也基本受到质疑的最新观点，第 812 条包含两种从根本上有所区别的构成要件，即通过给付所产生的不当得利（所谓**给付型不当得利，Leistungskondiktion**）和以所谓**权益侵害型不当得利（Eingriffskondiktion）**为主要类型的“以其他方式”所产生的不当得利。

在给付型不当得利中，财产移转是基于受损人的一项给付而发生的。在这种情况下，上述案例中的A女士以转让花瓶所有权来履行与百货公司所签订的买卖合同，她就已经进行了“给付”。因此，如果这一给付无法律上的原因，比如因为买卖合同无效，那么她就能够请求百货公司返还花瓶。而在该案例中正好就是买卖合同无效这一情形，由于A女士对花瓶的年份，即交易上重要的性质产生了错误，她就可以根据第119条第2款撤销这一买卖合同，并且按照第142条的规定，通过撤销而使买卖合同溯及既往地消灭了（参看上文第六章第二节）。

所以，从这方面来说，给付型不当得利用于解决无效合同关系的清算问题。不 352
过这也意味着在法律后果（参看下文3）上必须要充分考虑被撤销之合同的内容。与此对应的相反情形，即在（不太适当地）被称为非给付型不当得利的情况下，不当得利之客体是通过某人的事实行为，以及其他事实上的事件而成为受益者财产之一部分的。在这种情况下，也必须同样要求欠缺法律上的原因，而这一法律上的原因本来可以使相对于他人而保有财产上的受益正当化。

案例2：在一个之前是由F公司施工，现在轮到B公司来完成他们施工部分的大型建筑工地上，B公司的工人发现了两台混凝土搅拌机。B公司的监工以为这些机器是B公司提前运送过来的，因此就使用了好几周。后来事实证明，这些机器是F公司的工人之前遗忘在工地上的。机器因为高强度的使用而磨损厉害，F公司请求B公司赔偿损害，或者说至少请求相应的使用费。

在这个案例中，B公司节省了利益，即他们本来需要为自己的机器而支付的相 353
应费用。根据第812条的规定，“利益”可以成为不当得利请求权的标的，也就是任何有财产价值的利益，包括对某物的使用。而这一不当得利根据法律必须是以其他方式获得的，而非通过给付。由于给付指的是有意识和有目的的财产移转，因此这里的不当得利并不是通过给付发生的，但是却让F公司“付出了代价”，因为作为机器的所有权人，F公司拥有独占的使用权。通常将“权益侵害型不当得利”的无法律上的原因，特征化为不当得利与所谓的他人享有之法益的归属内容（Zuweisungsgehalt）相抵触。案例2便是这样一种情况，F公司因机器的使用而遭受了利益的损失，而B公司则在F公司的这一代价上获得了利益。所以，当不存在正当原因而发生财产移转时，享有该利益的所有人就有了不当得利请求权，而在这一案例中也明显没有正当原因。

在与侵权行为所产生的损害赔偿请求权的区别上，这个案例也表明了不当得利 354
请求权的现实意义：即使机器在使用过程中没有遭受明显磨损，B公司也以一种节省下费用的方式获得了不当得利。与之相反的是，只有在F公司遭受了财产减少（某种损害）的情况下，比如由于机器贬值，才享有损害赔偿请求权；此外，侵害人还必须是有过错地实施了这一行为，而这一点在针对得利人的不当得利请求权中却并非前提条件。此处的关键点就在于：不当得利请求权涉及的是得利人所获得的无法律上原因的利益，而侵权行为所产生的请求权则涉及受害人所遭受的损害（详见第十四章）。

355 2. 在区分这两种基本构成要件的情况下，也不应该忽视一系列的**其他差异（weiteren Differenzierungen）**。然而，对于第 812 条而言，是自始便欠缺抑或嗣后丧失了法律上的原因，都是无关紧要的。

例如： W 夫妇购买了一份家庭财产保险。一天晚上，在他们连续去了几家啤酒馆之后，W 夫人把丈夫那件强烈散发着尼古丁气味的西装挂在了他们所住底层公寓外楼房的封闭庭院里，目的是让其能够“通风”。第二天早上，西装不翼而飞。夫妇俩向保险公司报告了损失的情况，保险公司也进行了相应赔付。结果 10 天之后的一大早，这件西装却带着更多使用痕迹而再次出现在了庭院里。

356 当保险公司进行赔付的时候，这是有法律上的原因的，即西装被偷走了。然而，当西装可能被偷走西装之人又重新还回来时，这一法律上的原因就消失了。那么由于**法律上的原因嗣后消失（nachträglichen Wegfalls des Rechtsgrundes）**，保险金额就应当被退还；当然，由于那些使用痕迹，保险请求权仍然可能部分存在。

357 这一请求权与第 812 条第 1 款中的另一选择，即“以法律行为为**目的之结果（bezweckte Erfolg）**并未实现”这一情况，存在一定关联。此处所涉及的必须是双方均同意的目的确定（Zweckbestimmung），这种确定超出了尽管另一方也已知晓的单方之动机。在双务合同中，如果一方先行给付之后对待给付却未被作出，那么还不足以适用于这一情况，因为先行给付的一方可以提起要求对方履行的诉讼或者在给付不能的情况下根据给付障碍的规定进行处理。但是，如果一项给付的作出是期望借此能够促使给付受领人进行其在法律上并未负担的给付，那么就有可能要考虑因目的不达（Zweckverfehlung）而产生的不当得利请求权。

L 邀请他的姑姑参加地中海游轮之旅，同时也表达了她要将 L 指定为继承人的期望；在她去世后，L 却发现她已经将她的桥牌俱乐部指定为继承人了。

358 某些情况下，不当得利请求权与行为基础消失（参看边码 210）会产生冲突。

例如： 姑姑在侄女订婚时送侄女与其未婚夫一台洗衣机。这份礼物旨在帮助侄女配备好将来的婚姻家居物品。如果他们最终没有结婚，尽管赠与合同此时仍然是有效的，姑姑还是可以根据第 812 条款第 1 款第 2 项要求返还洗衣机；不过在进行赠与时，其目的必须明确。同样没有问题的是，对于之后未能缔结的合同所给付的定金也可以要求返还。

另一个完全不同的不当得利请求权构成要件则是第 816 条。这一条文创立了特别构成要件，用以平衡无权人的有效处分，因此只有结合善意取得制度才能得以理解（参看第十七章第二节）。 359

第 817 条第 1 句包含了一种额外的不当得利构成要件，即不道德受领的情形。该规定适用于受领人的行为属于违背善良风俗，而给付人的行为属于道德中立的情况；不过这一规定并没有特别的实际意义。 360

例如：A 给了一名公职人员一笔在法律上并无规定的酬金，为的是一项合法但不在该公职人员自由裁量权范围内的职务行为，以加快自己的工作进程。这在给予者这一方并不被禁止，但在受领者一方则是被禁止的。

相反，在双方行为均违背善良风俗的情况下**第 817 条第 2 句**排除了返还的要求。这一条款中的排除原因尤为重要，因为它也适用于根据第 812 条所产生的请求权。 361

例如：B 给了职员 A 一笔 1 000 欧元的“贿赂”，为了让他不将 B 竞争对手的报价转达给他的老板。由于 A 和 B 违背善良风俗的行为，根据第 812 条本来基于约定无效而应当产生的返还请求权，因为第 817 条第 2 句规定之阻碍而被排除了。

这一点并非没有问题，因为这样有可能导致受领人保有一项被法律所禁止或者违背善良风俗的给付。因此，这一规定被限缩性地解释为，排除返还仅仅适用于根据合同本应长期由受领人所保留的那些给付。这项规定也因此引发了许多修正考虑。 362

例如：V 将一套公寓以非常高的租金出租给正处于极度住房困境中的 M。如果这一行为超出了根据第 138 条所规定的违背善良风俗之限制（所谓的租金暴利），那么 V 就无法要求 M 支付所约定的租金。由于 V 的行为违反了禁止性规定或者违背善良风俗，而 M 并没有，那么根据第 817 条第 2 句的规定，V 也将被禁止请求 M 返还公寓。不过另一方面，M 也不可能长期地免费使用该公寓。因此，司法裁判通过以下的考虑来帮助解决这一问题，即 M 不应长期地在其财产中保有这一公寓，也就是说（考虑到法定的通知中止租赁可能性）他在某个时候最终还是必须要搬出公寓的。然而，司法实践拒绝赋予出租人相对于违背善良风俗的高额租金而要求客观上更加合理的租金请求权；因此，违反法律或者违背善良风俗的不利之处确实会影响到出租人。

3. **不当得利请求权的内容（Der Inhalt des Bereicherungsanspruchs）**首先是由得利人必须返还的“所获利益”来确定的，即其财产增加的所有一切。此外，“返还”请求权的内容还取决于不当得利之标的：无法律上的原因所获得的动产必须返还，土地则必须以不动产登记簿法所规定的形式下达成不动产所有权让与合意并进行变 363

更登记（详见第十八章第一节）。根据第 818 条第 1 款的规定，返还请求权的范围也包括用益以及依法代替所获利益而获得的（法定代偿），但是不包括借助所获利益而通过法律行为获得的。

364 在**案例 2** 中，B 公司节省了费用并因此获得了本应花费的经济价值，而在**案例 1** 中百货公司则获得了花瓶的所有权。如果在 A 联系百货公司之前，百货公司已经转售了花瓶，那么百货公司无须返还售卖所获得的价款，但如果一位顾客不小心打碎了花瓶并对百货公司给付了损害赔偿，那么百货公司则需要返还所获得的损害赔偿金。此外，根据第 818 条第 2 款的规定，如果所获利益本身因为已被消耗、用尽或者根据其性质而无法返还（就如在案例 2 中所节省的费用或者在案例 1 中被转售的花瓶），那么则应该对其价值进行赔偿。这种针对客观价值的价值赔偿义务在个案中可能相当重大，比如可以设想一下，在案例 1 中百货公司善意地以 1 000 欧元的价格出售了价值 15 000 欧元的花瓶。

365 不过接下来就要涉及不当得利请求权的另一个特征了，即如果不当得利消失，那么请求权将会减少或者消灭的情形，**参看第 819 条第 1 款**。因此，在这种情况下，受损人，例如案例 1 中的 A 女士将承担风险。如果得利人知道自己无法律上的原因而获得某物（恶意），参看第 819 条第 1 款，或者已被起诉要求返还所受领之利益（诉讼系属，参看《民事诉讼法》第 261 条第 1 款），参看第 818 条第 4 款，那么这种情形就显得不合理了。此时，得利人将根据一般规定承担责任，而此处的一般规定是指第 292 条，此条则进一步援引了第 987 条及以下各条。其最终结果就是，对于每一种有过错的返还不能，得利人都必须加重承担责任。

366 因此，如果在案例 1 中，百货公司的经理知道，买卖合同由于 A 女士的错误而被她撤销或者能够被她撤销，那么（参看第 142 条第 2 款），那么百货公司就必须全额赔偿其价值。

第二节　无因管理（GoA）

367 1. 第 677 条及以下各条规定了一种介于合同和法定债之关系之间的法律关系，即当某人未通过合同或法律使其获得权利或者负有义务而代为处理他人事务时所产生的法律关系。此外，如果处理他人事务人在实际上符合事务之本人的利益而为处理行为，那么根据法律的规定，就会产生类似委托关系的法律关系，在这种关系中，管理人既负有一定义务（第 677 条、第 681 条第 2 句），但同时也有一定请求权（第 683 条）。如果管理事务不符合实际本人的意思，那么管理人［在英国用“爱管闲事之人”（busy-body）这个形象的说法］需承担因无权事务管理而产生的损害赔偿责任（第 678 条）；相反，如果管理事务符合本人的意思，那么管理人只有在错误地管理事务时才需承担损害赔偿责任（第 677 条）。

案例 3： A 和 B 两位单身汉作为邻居一起住在一栋大型公寓楼里。他们彼此之间稍微有些认识；不过 A 知道 B 在业余时间喜欢用鱼缸饲养珍稀观赏鱼。有一天，B 因度假而要出门几天，于是请 A 每天给他的鱼喂一次食。一天早上，邮递员送来了一个到货付款的包裹，其中是一个装着一条特殊观赏鱼的特别容器。B 之前并没有将这件事告诉 A，在这种情况下 A 垫付了货款并把鱼放进了其中一个鱼缸里。

虽然接收包裹并支付货款在客观上是 B 的事务，但也可以设想，由 A 接收、支付并尝试照料鱼是完全符合 B 意愿的。因此，A 是以**正当的无因管理（berechtigter Geschäftsführung ohne Auftrag，原意是指未受委托的正当事务管理，缩写为 GoA）**的方式在为这些行为，他也由此依据第 683 条而在所支出的货款方面享有花费补偿请求权。相反，如果之前 B 明确告诉 A，他订购的这一装有一条新鱼的包裹由他自己在度假回来后处理，那么 A 的行为就是不正当的无因管理。如果此时这条实际上是一种掠食性鱼类的鱼，在鱼缸内造成了对其他鱼类的损害，那么 A 可能需要承担损害赔偿责任。同样，如果进行管理本身符合 B 的意思，但从包裹中明显可以看出，这条鱼应该单独放在由 B 专门准备好的特殊盆子中进行保存，那么 A 照上面那么做（将鱼放进其中一个鱼缸），也可能需要承担损害赔偿责任。 368

2. 无因管理常常与合同及侵权等其他法律关系发生竞合。在因不当得利所产生的请求权之意义上，正当的无因管理构成一项法律上的原因。而与合同法律关系相比，只要在合同法律关系中双方约定了事务管理人有义务及其如何管理他人事务，那么就优先适用合同法律关系。但是，如果事务管理人在管理事务时所依据的（合同）法律关系无效或者未成立，那么可能会考虑成立无因管理。 369

例如： 长期以来一直向律师 R 进行法律咨询的商人 K，现在请求 R 紧急处理一项法律事务。但是由于最近两人之间的意见分歧频发，R 不愿意再为 K 进行代理并且已经将此告知了 K；但是为了避免造成损失，R 还是会紧急处理委托中与期限相关的部分。

本章小结

不当得利法并不是一种无形式规定的非确定法（Billigkeitsrecht）；相反，必须满足特定的构成要件，才会因此产生请求权。第 812 条区分了“通过给付”和包括重要类型“权益侵害型不当得利”在内的“以其他方式”产生的不当得利。第 816 条和第 817 条则包含了特别的构成要件。

给付（Leistung）是指有意识、有目的地增加受领人的财产。不当得利债权人是指因其自身过错而根据明显的情形使受领人得到利益的人。所有不是基于一项这一意义上之给付的财产增加，都属于另一类型；比如，当一方的财产增加是由于其侵害了另一方受保护的财产领域时，就会引发权益侵害型不当得利。第812条意义上的利益可以是任何法律或者事实上的财产名目。如果法律或者一份有效的合同不能使其正当化，那么这一获得就无法律上的原因。通常，给付作为法律上的原因（causa）是以给付人履行一项义务的意思为基础，因此，如果这项义务不存在或者嗣后消失了，那么便出现了无法律上的原因。在权益侵害型不当得利的情况下，无法律上的原因则在于，从法秩序的整体内容中均找不到特别的正当性而损害了受损人一项其归属内容仅属于他自己的法律地位。

如果给付人的行为违背了善良风俗，那么他既不能根据第817条、也不能根据第812条要求返还其给付，尤其是当只有给付人处于违反法律或者违背善良风俗的不利中时（参看第817条第2句）。不当得利请求权的内容包括返还所获利益，此外还有得利人所取得的用益以及法定代偿。如果返还不可能，那么应当赔偿其价值。如果不当得利已经消失，那么返还义务也就不存在了。但是，恶意并且已被起诉的得利人对因其过错而导致的返还不能（Unmöglichkeit der Herausgabe）承担责任。

无因管理的法律关系是一种准合同。当某人在他人利益范围内，虽无合同义务或者其他义务，但在符合其利益并且与其真实或者可推断的意思相符之情况下而管理一项事务时，就会形成这种法律关系。从无因管理之中可以产生管理人的花费补偿请求权，不过却没有报酬请求权，但是也可以由于不正当或者错误的管理而产生本人的损害赔偿请求权。

参考文献

不当得利：

Brox/Walker，SR Besonderer Teil，§§39－43；Medicus/Lorenz，SR Besonderer Teil，§§132－139；Emmerich，§§16，17；Looschelders，SR Besonderer Teil，§§51－54.

无因管理：

Medicus/Lorenz，SR Besonderer Teil，§§130，131；Brox/Walker，SR Besonderer Teil，§§35－37；Emmerich §13.

第十四章 侵权行为法和危险责任

案例 1： H 开车撞到了在斑马线上的 P。P 受伤了。如果，
(1) H 刹车太晚了，
(2) 在 H 开车出发前才刚刚检查过的车辆却突然出现了刹车失灵，
那么 P 享有哪些请求权？

第一节 私法上的责任法

1. 第 823 条及以下各条中侵权行为法的基本理念是过错责任。**符合构成要件（tatbestandsmäßige）**、**违法（rechtswidrige）**、**有过错（schuldhafte）**的行为会使行为人负有义务向受害人赔偿由此产生的损害。 370

(1) 并非每一种违法且有过错的损害他人的行为都会产生赔偿义务。相反，行为事实必须符合某一强制性规范的**构成要件（Tatbestand）**。此处需要考虑的规范是《德国民法典》第 823 条，不过也包括《道路交通法》（StVG）第 7 条。 371

在案例 1 中，H 侵害了 P 的身体和所有权（衣物），他的行为符合第 823 条第 1 款的构成要件。由于《道路交通法》的规定属于第 823 条第 2 款意义上的保护性法律并且《道路交通法》第 7 条的前提条件出现了，因此也就满足了第 823 条第 2 款的构成要件。此外，《道路交通法》第 7 条也提供了一项独立的请求权基础。然而，这些归属于侵权行为法的请求权受到如下列例子所示的一个重要限制：并未直接卷入这起事故当中的 X，错失了一笔有利可图的交易，原因就在于这起事故引起的交通堵塞导致他没赶上本应乘坐飞机去缔结这笔交易的那趟航班。在这种情况下，第 823 条第 1 款的构成要件就没有得到满

足，因为在X这里，第823条第1款所列举的任何法益都没有受到侵害；而包括交易利益在内的X的整体财产却并非第823条第1款意义上的法益。

372 因此，对于第823条第1款而言，需要确定某些法益受到了侵害，或者对于第823条第2款而言，需要确定对某些保护性法律的违反。相比之下，第826条则具有类似一般性条款一样的宽泛的构成要件，但在过错范围上受到严格限制，因为只有故意造成损害才能够满足，而对于第823条而言则是任何过失都足够了。

现在，读者就应该考察第823条之后所有条文所规定的构成要件。至于第831条的构成要件，请参看上文第十章第三节。

373 第823条中的一个前提条件，即某一"绝对法益"受到侵害，正如前文所述，"财产"本身是不包括于其中的，不过仍需进一步指出的是（参看下文第三节），侵害法益原则上会给法益的所有人带来财产损害。在第823条中所列举的法益对每个人都产生效力，因此必须受到每个人的尊重。在第823条第1款中提到的"其他权利"这一概念则紧接着出现在对其他法益的列举之后，特别是接续着所有权这一绝对法益的典型类型。其结果就是，"其他权利"也只能是指绝对产生效力的权利。因此，第823条第1款不包括相对权利，即只在两个当事人双方之间产生效力的权利。

例如： M向V租了一间公寓。不过在M搬进去之前，尽管V已经与M签订了租房合同，但D还是说服了V让他住进去，然后就搬进了公寓。D没有侵害M任何的绝对权利。而M针对V的权利即使受到了侵害，在此也被排除了，因为其仅仅具有相对效力。因此，D无须根据第823条第1款而向M承担责任（如果M已经占有了公寓，那么情况就不同了，因为占有是一项绝对法益，必须受到每个人的尊重，参看第860条及以下各条），最多可能符合第826条。在这种情况下，一般来说M只能依靠因V未履行合同而产生的请求权了。

374 有关一项法益何时受到侵害，这一有时乍看之下并不成其为问题的问题，在涉及所有权的情况下，当并非所有权实体，而是"为所有权人所保留的"用益受到妨害之时，却有可能会变得很棘手。

案例2： 不动产经纪人E在市足球场附近有一块住房用地；在比赛当日，由于当地足球协会的"球迷"在住房用地附近停车，导致E无法驾驶其汽车出行，并因此而错过了一笔能够赚取高额佣金的交易。

375 在仅仅是用益受到妨害的情况下，判决并未达成一致；比如，判决将船只在错误操作的船闸中暂时无法移动看作是一种对所有权的侵害，但堵塞了一块土地的行驶通道却不是。[47]

---

[47] 判决概况参看 Erman/*Schiemann* § 823 Rn. 31。

（2）第 823 条及以下各条以**违法行为**（**rechtswidriges Handeln**）作为前提条件。如果行为没有一个正当原因作为合理之解释，那么侵害他人的法益原则上就是违法的。 376

例如（**Z. B.**），拳击手 P 击碎了正打算抢劫他的 R 的下颚骨。虽然第 823 条第 1 款的构成要件满足了，但 P 可以根据第 227 条以正当防卫作为正当原因来为自己进行辩护，因为 R 当时正在对他实施攻击（但报复行为不在正当防卫的范围之内）。因此，P 的行为是合法的。其他的正当原因则通常由特别法所规定，这方面可参看第 904 条。 377

（3）第 823 条及以下各条意义上的**过错**（**Verschulden**），原则上是指故意和过失，参看第 276 条。故意行为是指行为人有意追求非法结果发生或者至少认为这一结果可能发生并且默许其发生的行为。而应受到责难的则是本应该意识到可能发生的结果并加以避免之人的过失行为。对于第 823 条及以下各条而言，轻微过失和重大过失具有同等意义。 378

在这方面应当采用客观化、类型化的标准。问题应该是：在行为人的年龄和教育水平之下，一个具备交通常识的人是否应该预见并避免侵害结果的发生？这样一种客观的观察方式使个人负担了较高的风险。低于平均水平的成熟度或者智力也并不排除责任。其中的原因就在于，与刑法不同，民法中对责任的确认并不包含道德上的责难。[48] 在民法的损害赔偿领域中，所涉及的仅仅就是确定，更应该是由侵害人赔偿损害抑或由受害人来自行承担损害。

在违法行为满足构成要件的情况下，需要为任何一种过错承担责任；即使是轻微过失也可能负有赔偿重大损害的义务。 379

例如：由于 H 轻微的疏忽，一个花盆从四楼掉落到大街上并砸中了 P，P 因此身亡，遗留下他的妻子和四个孩子。H 必须承担全部损害，参看第 844 条以及上文第 20 页第一章第二节。

在轻微过失和重大过失之间进行区别的重要意义（主要涉及侵权行为法之外的过错问题，参看例如第 521、529 条以及第 932 条第 2 款），则主要取决于行为人是否在特别高的程度上违反了注意义务。 380

过错能力（**Schuldfähigkeit**）是广义行为能力（Handlungsfähigkeit）的一部分，对此参看第 828、829 条以及上文第三章第三节。 381

2. 某个人是否由于其行为**造成**（**verursacht**）了某一损害并且对此行为是否存在过错，并非总是很容易就能得到确定。这一方面是因为，如果某人本应有阻止损害发生的法定义务却未采取行动时，那么一项不作为就等同于一项积极的作为。另一方面经常会出现的情况则是，在一条较长的因果链条中会有多个人被看作是一项 382

---

[48] 关于刑罚的本质，特别是与其相关的社会伦理谴责，参看 *Kühl*, in：Kühl/Reichold/Ronellenfitsch S. 352 f。

损害的责任人。

案例 3：G 镇的一条街道由于一根水管突然破裂而部分被淹没。被紧急召来的私人土木工程公司 T 的工人们对维修施工现场设置了临时却不符合规定的安全措施。F 打算开着从 M 租来的车通过这个地方，但被喷涌而出的水分散了注意力并且由于快速转动方向盘而失去了对车辆的控制。车辆撞上了 L 正常停放的卡车，造成了 F 的同乘女士 B 受伤。她的伤势并不严重，但需要在医院治疗；结果她在医院传染上了一种流感并导致她生病卧床长达两周时间，而车祸受伤的治疗本来仅需两天而已。B 可以向谁请求损害赔偿？

383 在这里，不同人的行为都成为损害的一个原因，因为不管是 F 的驾驶错误或者 T 公司工人对现场采取的不适当安全措施，还是车辆出租给 F 或者 L 卡车的停放，如果不考虑其中任何一种行为，损害事件都将有可能完全消失或者朝向完全不同的方向发展。这个案例也显示，如果 G 镇未能充分保障水管的安全或者医院未能采取可合理期待的预防传染措施，那么不作为也可能具有因果关系并且构成侵权。为了能够从法律的角度将损害归给某一可能的责任人，那么具有决定性的是，谁违反了特定的、普遍存在的或者从具体情形中派生出的交往义务（也称为交往安全义务）。如果这是有过错地发生的，并且义务人的行为与损害的发生具有因果关系，那么义务人就将承担责任；某一损害能够以这种方式被归责于多个人，那么这些人将根据第 830 条承担责任。

在案例 3 中，工人和 F 毫无疑问违反了交往义务，也许医院也是如此，但 M 和 L 肯定没有违反交往义务，尽管他们的行为也在因果链当中。

384 3. 在一个日益复杂的世界中，违反交往义务的观念在那些其原因并非合同违约的损害归责中起着重要作用（案例 3 中医院的情形下，这可能就提供了额外的责任基础）。正是在这样的考虑下，在《产品责任法》（对此即见下文第二节 2）颁布之前，判决就已经解决了**生产者**对因使用其产品而受到损害之人的**责任**（**Haftung des Produzenten**）问题。据此，如果在产品的设计［也就是说**设计缺陷**（**Konstruktionsfehler**）涉及该类型的所有产品］、单个商品的制造［**制造缺陷**（**Herstellungsfehler**）的角度］或者向消费者提供商品正确使用以及相关危险的信息［**说明缺陷**（**Instruktionsfehler**）］这几个方面违反了义务，那么生产者将根据第 823 条承担责任。不过，这必须是有过错地发生的，而且哪怕仅仅是生产者的事务辅助人单独违反义务（参看第十章第三节），也不允许生产者依据第 831 条援引免责证明。因此，对于损害赔偿请求权的效率而言至关重要的是，对于第 823 条第 1 款的规定联邦最高法院的判决已经采纳了一种有利于受害人的**举证责任倒置**（**Beweislastumkehr**），这样一来生产者必须就没有违反上述交往义务进行举证。[49]

---

[49] Im Einzelnen dazu Erman/*Schiemann* § 823 Rn. 111ff.

这种“侵权上的生产者责任”并未被《产品责任法》(对此即见下文第二节)所废除，而仍然能够依据《产品责任法》第15条第2款的规定进行适用。这一责任从原则上来说仍然属于一种过错责任，而《产品责任法》则意图引入一种危险责任。

第二节 危险责任，尤其是生产者责任以及环境责任

1.如果由于欠缺过错而导致过错责任不成立，但受害人的赔偿请求权仍然符合 385
公正，那么就会自然而然考虑到**危险责任**(**Gefährdungshaftung**)。

在案例1的情况(2)中，H并没有过失地为这一行为。如果在启动汽车之前刹车并没有出现足以让人怀疑其操作性能的理由，那么就无法合理地期待H在开始驾驶汽车之前进行多次的刹车测试(不过在负有作为义务的情况下，不作为就如同作为那样可能导致负有损害赔偿之义务)。然而，这里依然要考虑**《道路交通法》第7条**所规定的一项责任。

危险责任仅在有明确法律规范的情况下才适用。这涉及一种虽然被允许，但对 386
环境有危险的行为所产生的责任。如果危险导致了具体的损害，那么无论其个人行为的违法性和可责难性如何，维持危险源的人都必须要承担损害赔偿责任。危险责任的基本理念在于，对立法者而言不可避免地必须允许某些行为和状态的存在，比如铁路的运营，即使这对使用者和第三人来说不可能不存在一定危险。这样一来比较合适的做法就是，应该让那些决定从事相关行为或者维持危险源、从中获益，并在可能的范围内控制事态发展过程的人承担后果。这种危险责任的典型情况包括《德国民法典》第833条和《道路交通法》第7条，而在《德国民法典》之外还包括《水资源法》第22条(向水体中排放污染物或者以其他方式改变水体者之责任)、《核能法》第25条(核能设施运营者对核事件和辐射源辐射后果的责任)，后者的角度很显然在能源政策中发挥着作用。

同样，使用机动车辆也不可能不对第三人构成危险。尽管如此，立法者仍然允许其存在，但如果因此给第三人造成损害，那就会让车辆持有人承担责任。在**案例1的情况(2)**中，H是车辆的持有人。然而，在道路交通法中，危险责任的理念并没有完全得到贯彻，因为根据《道路交通法》第7条第2款的规定，如果发生了所谓的不可避免事件，车辆持有人不承担责任。这种情况发生在事故是基于受害人或者第三人的行为引起的，而车辆持有人以及驾驶员根据当时的情形已经尽到了所要求的全部注意义务。因此，即使危险责任占支

配地位，但鉴于民法上的后果，有关交通事故的责任也经常成为争议的焦点。有关保险法上责任风险的修订，请参看下文第四节。

387 2. 危险责任的理念在有关**环境责任（Umwelthaftung）**的法律框架内继续得到贯彻并在实践中得到了扩大。该法第 1 条规定了某些设施的经营者，只要其设施通过土壤、空气或者水这些“环境媒介”[50]传播了震动、噪声、压力或者污染物，就必须对因此受到损害的人进行损害赔偿，而不论设施经营者是否有过错。因此，这是一种以危险责任形式出现的**设施责任（Anlagenhaftung）**。这一责任的另一个特点在于，不仅要对事故造成的损害承担责任，还要对由本身合法的正常运营所引起的损害承担责任。环境责任法最重要的基本决定是在该法第 6 条第 1 款中所明确规定的**因果关系推定（Kausalitätsvermutung）**。如果设施能够引起已经具体发生的损害，那么基于这一推定，现在设施的经营者就必须证明，这一损害并非由该设施（而是可能由于其他来源）引起的。这一推定是否能够极大地简化环境损害赔偿请求权的行使并非毫无疑问，因为受害人无论如何必须证明，设施的经营与相关类型污染物的排放之间有关联。不过，这一推定至少可以促使设施经营者加大努力，以降低其设施的损害可能性。

还需注意的是，环境责任法仅仅涉及设施的运营对个人所有权或者身体或健康所造成的损害，而不涉及可能需要由“经济活动”或者公共部门负责的一般环境污染。因此，对于所谓的“森林死亡”，并不存在民法上的责任人。

388 3. **《产品责任法》（Produkthaftungsgesetz）**在危险责任的扩展方面就没有进行得那么宽泛，而是仅规定了某一存在缺陷的产品生产者对因此受到损害的受害人所承担的责任。这一法律依据的是一项欧盟指令（参看第二章第三节）。

389 根据该法第 3 条的规定，如果一件产品无法提供在考虑到所有情形的前提下能够合理期待的安全性，那么该产品就**存在缺陷（fehlerhaft）**。可以期待的内容则通常取决于产品的展示及其能够被合理预期的使用方式（例如，在一个众所周知的骇人例子中，在微波炉中烘干刚洗完澡的猫就不是一种能够被合理预期的使用方式）。具有决定性的是产品投入流通的时间。根据该法第 5 条的规定，如果在产品投入流通的这个时间点，产品的缺陷根据科学和技术水平还无法被识别出来，那么生产者将不承担责任。这意味着产品生产经济不必承担全部的发展风险。《药品法》（AMG）在这方面就有特别规定。《产品责任法》所要解决的特殊状况是，生产者和最终用户之间通常不存在合同关系，因此只能考虑侵权行为责任。不过损害赔偿请求权的权利人，也因此只能是因产品缺陷遭受所有权损害、丧失生命或者身体侵害的人；所以，诸如所失利益（entgangener Gewinn）这样的一般财产损害就不具有可赔偿性，

---

[50] 具体指的是哪些设施，则由法律的附录进行规定。

原因在于产品无法像预期那样能够在经济上被投入使用。在确定赔偿义务时，该法在第 1 条第 2 款中也考虑到生产者并非总是能够影响销售渠道。因此，如果生产者未将产品投入流通，或者他可以证明在将产品投入流通时产品缺陷尚未出现，那么他将不承担责任。

《产品责任法》并**没有（nicht）**能够决定以因果关系推定的形态采用**举证责任倒置（Beweislastumkehr）**；因此根据第 1 条第 4 款的规定，受害人需要对产品的缺陷、损害以及缺陷与损害之间的因果关系承担举证责任。但是生产者的过错却并非必要条件。在《产品责任法》不适用的情况下，特别是如果损害超过了危险责任所规定的**最高限额（Höchstgrenze）**850 万欧元（第 10 条），以及其他情况（第 15 条第 2 款），那么按照上述第一节 2 中所发展出来的规则，也可能根据《德国民法典》第 823 条的规定而产生责任。这一点也适用于《环境责任法》所规定的责任。 390

第三节　损害赔偿请求权的内容

1. 因法益遭受侵害必定对法益持有人产生了某一损害。 391

第 249 条及以下各条所规定的损害赔偿义务内容对所有负有损害赔偿的义务都适用，亦即例如对于因合同和因侵权行为所产生的损害赔偿义务具有统一的适用效力。 392

然而，对于个别特定类型的损害赔偿义务而言还适用额外的规定，例如第 844 条及以下各条针对侵权行为所作的规定（也可参看上文第 20 页*）。在这里具有特别重要意义的是，依据第 253 第 2 款规定以**精神抚慰金（Schmerzensgeld）**的形态出现的非财产损害赔偿请求权，而在其他情况下处于首要位置的问题则是财产损害。 393

案例 4：司机 H 在行人 P 刚乘上公共汽车时就不小心撞上了公共汽车。P 从开动行驶的公共汽车上摔下来并且受伤。

交通公司因违反义务（第 280）连同适用第 278 而对 P 承担责任。责任的内容取决于第 249 条。P 只能根据第 823 条第 1 款或者第 823 条第 2 款，《刑法典》第 230 连同适用第 253 第 2 款的规定，向 H 个人主张精神抚慰金请求权。根据这些规定，P 也可能可以向交通公司主张精神抚慰金请求权，但公司可以对此进行抗辩，参看第 831 条第 1 款第 2 句，上文第十章第三节。《道路交通法》并没有规定精神抚慰金请求权。 394

在许多危险责任的情况下，法律将这一责任限制为一定的最高金额，以避免非过错的责任过重，参看例如《道路交通法》第 12 条。 395

* 原文为“也可参看上文第 20 页”，经查证或为原作者笔误，原文所指内容应为“上文第一章第二节中边码 17”。——译者注

396 2. 根据第 249 条的一般规定，必须要恢复到损害事件发生之前的状态，即所谓的**恢复原状（Naturalrestitution）**。但是，在物之损害或者身体侵害的情况下，受害人可以要求金钱赔偿（第 249 条第 2 句）。因此，受害人在这种情况下并非必须接受恢复到原状。即使在其他情况下，如果恢复原状不能完全消除损害（例如，维修事故车辆并不能消除“事故车辆”在出卖时的价值减少），那么受害人也可以请求金钱赔偿，参看第 251 条第 1 款。损害赔偿义务还包括所失利益，参看第 252 条。对于其他根据第 253 第 1 款的规定而被排除出金钱损害赔偿请求权之外的纯粹财产损害，在第 253 条第 2 款中所列举的法益受到侵害的情况下，则存在金钱损害赔偿请求权。但是，这一规定并不排除在不具有财产价值之利益受侵害的情况下适用恢复原状，因此，比如在一个协会活动中被演讲者侮辱以及其人格受到侵害的协会成员，除了可能出现的财产损害外，还可以请求侵权人对不真实陈述进行撤回（Widerruf）或者作出恢复名誉声明（Ehrenerklärung）。在通过路边小报上的文章或者电视节目侵犯人格权的情况下，现在在司法实践中有时会判决非常高额的金钱赔偿，这同时也是为了起到威慑的作用。[51]

397 3. 如果在侵权事件中**受害人与有过错（Verschulden des Geschädigten mitgewirkt）**，那么他还必须根据情况自行承担部分损害，参看第 254 条。这一规定是根据个案中的情形来分配损害。对此最终起到决定性的则是其中各方具有过错之原因的程度。

例如，在案例 1 中，如果 P 在“最后一秒”轻率地尝试横穿马路，那么法官就必须在案例 1 情形（1）中 P 的轻率行为和 H 的行为之间，以及在案例 1 情形（2）中 P 的行为和汽车的运行危险之间进行权衡。

398 和受害人在损害发生时的与有过错相等同的则是，在损害发生后扩大了损害的可归责和应受责难之行为，参看第 254 条第 2 款。

P 没有让医生治疗他在事故中受伤的伤口。因此，P 对由此而产生的后果并不享有赔偿请求权。

第四节 事故责任

399 1. 在现代道路交通领域，以及在工业企业和整个工作及职业培训生活中，事故

[51] 作为这方面佐证的案例有 Caroline v. Hannover 案或者 Boris Becker 案，参看 Erman/*Klass*, Anh. § 12 Rn. 318；也可参看 *H. P. Westermann* 对联邦最高法院“Caroline v. Monaco”一案的判决评注，载于 European Review of Private Law Band Ⅱ 1997, S. 237ff。

已经成了一个不再能够仅仅由个别受害人和私法上的侵害人之间进行解决的风险。因此，私团体和社会保险法团体致力于，在潜在侵害人和潜在受害人群体之间适当分配事故风险。部分是法定、部分是合同性质的相关规范，对基于侵权行为或者危险责任的私法上的责任法起到了补充作用；这些规范在某种程度上也对私法上的责任法产生了影响。

案例 5： 一名在 B 公司作为铣床专业工人工作的 A，在他负责操作的机器上工作时，因为他同事 K 的过错而受伤。

400 A 作为一名雇员，在出现工作事故情况下，享有法定事故保险请求权，这一请求权不受 K 的过错程度或者 A 本人对事故发生的过错程度之影响。法定事故保险的承保人是相应的具有主管权的同业工伤事故保险联合会（Berufsgenossenschaft）。类似的保护举措当今也适用于许多其他人群，总数大约为 4 000 万人。这些人群中大部分是中小学生、大学生和幼儿园儿童。A 的请求权涉及对身体损害的赔偿，包括治疗和住院费用。也就是说，在这种情况下处于相同境况组成的团体已经为他提供了支持；此外，根据《工资继续支付法》第 3 条，A 针对其雇主有要求继续支付工资的请求权，亦即在因事故导致的生病期间不会有收入损失。因此，也不需要考虑 B 为 K 的错误行为而是否应对 A 负责的问题，尽管根据第 278 条这在理论上绝对是可能的，因为《社会法典》第七编第 104 条的规定，可能的雇主责任已经被他对事故保险的缴费所替代了。而根据《社会法典》第七编第 105 条的规定，同事也被免除了责任，就像整个责任替代一样，这是旨在维护企业和谐。

然而，依据《社会法典》第七编第 110 条的规定，最终承担风险的同业工伤事故保险联合会，在因重大过失造成工作事故的情况下可以向加害人进行追偿。

401 如果是第三人造成了事故，那么就会发生**法定的债权移转（Forderungsübergang kraft Gesetzes）**，这意味着受害人的损害赔偿请求权将移转至（基于法定义务）已经对受害人给付了赔偿之人。根据《工资继续支付法》第 6 条的规定，负有继续支付工资义务的雇主随后可以请求第三人赔偿其本应停发的雇员工资（也就是说并非因雇员停工而在其企业中实际产生的损害）。在涉及其他损害赔偿请求权时也会出现有关债权移转的类似规定，这些损害赔偿请求权将转移至向受害人提供过赔偿给付之人。

402 2. 因此，私法上的责任法在这里已经从平衡加害人和受害人之间利益的工具转变为规范大型责任团体之间追偿前提条件的工具。当考虑到这些可能不得不为加害人承担责任的私**责任保险（Haftpflichtversicherungen）**和其他保险制度时，情况就更加如此。受害人因此不再享有请求权这个本身正确的观念，从加害人的视角来看，是与下面这种情形相矛盾的，即依据《保险合同法》第 67 条，受害人的侵权请求权移转给了保险机构。因此，保险法在一定程度上取代了受害人和加害人之间进行侵权请求权的行使。即使是必须为加害人支付赔偿的责任保险，在经济上也代表了潜在加害人之整体，这符合私法上的责任法功能性变迁的形象。

本章小结

因侵权行为所产生的赔偿义务是一项符合构成要件、违法及过错的作为或者是一项违反义务的不作为的后果。这些构成要件是由《德国民法典》第 823 条及以下各条所规定的。根据《德国民法典》第 249 条及以下各条的规定，由损害事件所引起的任何损害都应当赔偿，只要损害是由于侵害第 823 条第 1 款所列举的法益产生的，而不仅仅是基于纯粹对财产整体的侵害。非财产损害只有在法律明确规定的情况下才能以金钱的形式进行赔偿。事件与损害之间必须具有因果关系，事件与损害后果之间的因果关系必须是不可或缺的前提条件，即损害在自然科学意义上“是事件的结果”。此外，除非行为人直接侵害他人法益，否则必须以违反了交往义务为前提条件。

除了过错责任之外，还存在着危险责任。这种责任是法律通过明确规定的构成要件，作为平衡而强加于那些以合法形式从事可能对他人构成危险之活动的人。如今，很大程度上就通过这一方式处理了由可能造成损害之产品的侵害而产生的请求权。在环境责任法中也适用危险责任。

赔偿的方式和金额原则上在《德国民法典》第 249 条及以下各条之中进行规定，而不是取决于规定了赔偿义务的规范。通常只有财产损害会以金钱形式进行赔偿，而（很难以金钱进行衡量的）非财产损害通常不会以金钱形式进行赔偿；在（主要是）侵害身体或者健康的情况下，《德国民法典》第 253 条第 2 款对精神抚慰金作出了例外的规定。在严重侵害人格的情况下，也会考虑进行金钱损害赔偿。《德国民法典》第 254 条规定，在受害人与有过错的情况下，受害人必须自行承担部分损害。危害责任通常受到特定最高金额的限制。

在与工作事故及其他事故相关的广泛保险制度的影响下，责任法发生了功能性变迁。

参考文献

侵权行为：

Brox/Walker，SR Besonderer Teil，§§44－53；Medicus/Lorenz，SR Besonderer Teil，§§142－152；Looschelders，SR Besonderer Teil，§§57，58；Emmerich，§§20，21.

危险责任：

Brox/Walker，SR Besonderer Teil，§54；Medicus/Lorenz，SR Besonderer Teil，§§152－155.

损害与原因：

Brox/Walker，SR AT，§§28，30.

第十五章

所有权

案例1： E拥有一块可以作为农田或者建筑用地使用的土地。E一直让这块土地闲置着不用。B想要购买这块土地作为建筑用地，P则想要用益承租这块土地作农业用途。

第一节 所有权的内容

1. 所有权是最广泛的支配力，因此所有权人可以任意使用自己享有所有权之物，或者也可以让其闲置；他可以对其进行出让、在其上设定权利负担或者以其他方式由他任意处置，参看第903条。因此，在案例1中，如果E既不想自己使用土地，也不想出让或者用益出租，那么这些都符合**其所有权的自由（Freiheit seines Eigentums）**。 403

但是，当涉及重要的公共利益时，所有权人的这种任意就必须受到限制。例如，如果人民的完全食品供给得不到保障，那么就不能任由农业上可利用土地的所有权人随意决定，想要使用其土地所有权与否。然而，确保农业上可利用土地按规定经营的特别法，已经在1961年被废止。 404

与其相对的是，由于森林对气候、水文以及作为疗养地区（所谓的森林福利效应）的特殊重要性，森林所有权人在许多方面都受到限制。这一点特别适用于高山地区和水源地的森林。 405

可建筑土地的稀缺性意味着，在公法规划措施中被划定为建筑用地且只有这些才允许被从事建筑的土地是必须要被建筑使用的。然而，根据1971年《联邦建筑法》和《城市建筑促进法》（现已被整合进在1986年12月8日——参看BGBl I S. 2253——出台的《建筑法典》中）所规定的征收可能性，并没有取得很大的实际意义，因为必须要遵循漫长的程序，并且必须克服在所负担的支付征收补偿方面产 406

生的重大财政资金困难。不过，在实践当中，对所有权人权利的限制更多的是通过使用限制来实现的（参看下文第四节）。

407 2. 所有权产生了**占有物的权利（Recht auf Besitz der Sache）**；因此，所有权人可以基于所有权而请求任何第三人返还其物，参看**第985条**。

案例2：E的一幅画被盗了，经过多次转手后被对这幅画的来历一无所知并且也无从得知的B所获得。这时E发现了这幅画。

408 根据第985条的规定，B必须将画返还给E。尽管B是善意的，但他并没有取得所有权（参看第935条和下文第十七章第二节）。相对于作为绝对权利的E的所有权，B对其出卖人任何可能的债法上权利都是无关紧要的，因为这些权利只具有相对效力。与之相反，如果这些权利是相对所有权人产生效力的，那么依据第986条的债法上对物占有的权利就会阻碍第985条所规定的请求权。

在案例2中，B和其出卖人之间的买卖合同并没有创设出针对E的有效权利。但是：如果E将他的自行车借给B使用10天；在借用期间，B针对E所享有的对自行车的占有权就阻碍了E根据第985条所享有的请求权。

409 3. 所有权的积极核心，即对其进行任意影响的权能，由其消极核心所补充，即**排除任何第三人影响（Ausschluss jeder Einwirkung durch Dritte）**的权利，参看第903条。这一点又由比如第905条进行补充，根据该条规定，土地所有权及于地表上之空间和“地表下之地壳”，也就是说，但凡所有权人对于排除他人影响享有正当之利益，均可被所有权所及（参看第905条第2句）。

案例3：因此，例如，如果孩子们从他们父母的土地上放飞他们的电动飞机模型并飞越邻居的花园，那么邻居就可以根据第1004条以所谓的所有权自由之诉（Eigentumsfreiheitsklage）来排除这些影响。规定这一点的第1004条对此并不考虑过错，而仅仅考虑影响的非法性。

因此，在这种情况下，孩子的侵权责任能力或者父母的监管方式并不重要。E的停止妨害之诉能够成功，因为飞越土地属于被禁止的影响；但在个案中，可能必须要容忍对所有权的影响，也可参看第905、906条以及下文第三节中私法上的相邻权。

第二节 限制物权

410 所有权自由意味着所有权人可以自己对所有权施加限制。这种限制的主要形式就是所谓的限制物权。限制物权又分为许多不同的种类，参看例如第十七章第一节案例 1 中的地役权。如今，限制物权中首先特别重要的权利有经过或者通过他人土地来铺设管线（例如用于输电以及输油）的权利，以及开采例如砾石、黏土、石灰石等土地成分的权利，另外还包括居住权。这些权利既可以是为了不同所有权人之利益而在另一块土地上设定的地役权，这一点对于通行权可能具有特别之意义（参看第 1018 条），但也可以是为不同于所有权人的其他人而设定所谓的限制人役权，参看第 1090、1093 条。极其常见的限制物权形式则是担保物权，特别是土地担保权（抵押权、土地债务、年金债务）；对此参看第十九章。此外很重要的还有地上权，其类似于所有权，并且像所有权一样能够被设定权利负担，甚至在某些情况下还可以被出让，详情参看第五章第三节 1。最后还需提及的则是优先购买权（第 463、1094 条）和用益物权（第 1030 条）。

“限制物权”一词的这种表述表明，与所有权相比，这些权利在内容上是受到限制的。所有权的特点就在于其提供了法律上可能具有的最广泛的支配力。相比之下，这些限制物权只是分别以不同的种类提供了广泛支配力中的一部分，尽管这部分有可能会相当大，但其余部分仍归所有权人所有。 411

抵押权提供了将土地出让用于实现债权的可能性。所有其他权能仍然不受影响地保留给所有权人。然而，一旦设定了地上权，所有权人的使用权能就所剩不多了。虽然所有权人此时仍然可以出让土地，但地上权根据其物权性质也将继续相对于受让人而存在；只有在地上权（由于时间经过）消灭后，所有权人才能重新恢复其先前的权利。

这些权利也可以有充分的理由被称为“限制性的物权”。物权只可能以法律规定的方式和被允许的内容而存在，这就是所谓的限制物权“法定原则”（numerus clausus）。这些权利与债法上的权利相区别的地方就在于，债权当事人可以自由地确定其种类和内容。这种区别主要与这两种权利类型的不同效力有关：债权只涉及债权人和债务人，因此法律可以完全让这两方当事人自行决定。而物权不论对内还是对外都具有绝对的效力；因此法律本身就需要确定其种类和内容。 412

第三节 私法上的相邻权

对于**土地所有权**（**Grundstückseigentum**）来说，土地在**空间**（**Raum**）上的**相邻**（**Zusammenliegen**）关系对于所有权的内容来说至关重要。《德国民法典》中的相邻权规定正是基于这一发现，不过这些规定与关于土地所有权的公共和睦性（gemeinverträglich）使用以及环境保护的公法规范存在竞合。 413

1. **土地使用**（**Grundstücksnutzungen**）必须互相协调；如果一块土地对另一块 414

土地的任何影响都要依据第 1004 条进行反击，那么土地就几乎无法被使用了。

案例 4： 农场主 L 在其农场经营土地上建了一个粪坑；这气味让居住在附近的 N 很厌烦。此外，L 的牲畜棚还吸引了苍蝇；这些都飞进了 N 的住房中。N 对 L 享有请求权吗？

案例 5： 水泥厂 Z 产生的灰尘污染了附近园圃的温室玻璃屋顶，导致植物生长受阻。园圃的所有者 G 有哪些解决问题的办法？

在案例 4 和 5 中，所有权的积极方面与消极方面相冲突了。L 和 Z 的土地使用符合所有权的自由；但同时也对邻居的土地产生了影响。

415 第 906 条通过以下方式解决了这一冲突，即这一规定确立了能够阻碍由第 1004 条所产生之请求权的容忍义务，参看**第 1004 条第 2 款（§ 1004 Abs. 2）**。不重要的妨害必须始终被容忍；如果没有这种容忍义务，虽然将会有“宁静在支配”，但那将是“坟墓的宁静”，因为几乎每种土地的使用都不可避免地对相邻土地产生影响。

农场主应该如何施肥，啤酒厂应该如何制作麦汁，化工厂应该如何运营，而不会在附近产生“臭味”呢？钢琴老师能够如何给学生上课，在学校操场上能够如何给孩子们提供课间休息，火车能够如何进行调度，而不会被邻居听到音乐声和噪声呢？

416 然而，只容忍不重要妨害的义务并不能满足现实的需求。

如果水泥厂无法阻止灰尘的排放，那么就必须停止生产吗？每个对邻居造成重大妨害的生产设施都必须被关闭吗？

417 第 906 条规定，所有权人也负有容忍重要妨害的义务，只要这些妨害符合产生妨害的土地**所在地通常的（ortsüblich）**使用并且通过可合理期待的保护措施也无法阻止。因此，第 906 条意味着，每个人都必须容忍与其土地所在地特征相符的妨害。正是所在地的特征间接决定了土地所有权的内容。此外，就如学校这种情形，还需要考虑的是公法上的利益。

有些地区工业密集程度很高，以至于根据第 906 条所产生的私法上的容忍义务尤为广泛。

418 如果“所在地通常的妨害”对某一土地所在地通常的使用或者其收益造成了不可合理期待的妨害，那么这一土地的所有权人可以请求产生妨害之人进行金钱补偿，参看第 906 条第 2 款第 2 句。

419 此外，**《联邦排放保护法》（Bundesimmissionsschutzgesetz）**第 14 条排除了针对营业秩序治安（gewerbepolizeilich）所许可之设施的停止妨害请求权（Unterlassungsanspruch）。如果影响超出了根据第 906 条所应容忍的范围，那么企业经营者必须对受损害的邻居给付赔偿。此外，受妨害之人还可以请求采取保护措施。这一点在例如**案例 5** 的情况下可能会很实用。

一旦有危险或者对环境有妨害的设施获得政府部门的许可，就无法通过相邻关系法的途径移除这些设施，那么这种情况另一方面则会致使邻居可以在（公法）许可程序中主张异议，这些异议也是必须要被考虑的，甚至还可以通过诉讼权得到加强。如果在获得许可后就无法再请求关停已受许可的企业，那么从另一方面来说由于无法采取有效的预防措施［**公益牺牲理念（Aufopferungsgedanke）**］，损害赔偿请求权就不取决于企业主的过错了。 420

2. 对一块土地的合理使用可能有必要**特别利用（besondere Inanspruchnahme）**其他土地。 421

案例 6：由于高速公路的修建，一座牧场失去了通往一般道路网的通道；只有当牧场的所有人被允许经过相邻的牧场并且驱赶牲畜时，这座牧场才能够被用得上。

案例 7：E 要修建一个车库。当车库建好后，才证实其中一堵墙建在邻居 N 的土地上。本就与 E 不和的 N，请求 E 拆除这堵墙。

案例 6 应当根据《德国民法典》第 917 条和第 918 条的**必要通行权（Notwegrecht）**来解决：相邻牧场的所有权人必须在获得补偿的情况下容忍必要通行。在案例 7 中，则可借助第 912 及以下各条所规定的**越界建筑权（Überbaurecht）**。 422

拆除墙壁会导致已建好的车库遭受不符合经济原则的毁坏。如果 E 既非故意也并非因重大过失超出了界限，而且 N 也没有立即提出异议，那么他必须在获得补偿的情况下容忍越界建筑（被越界建筑的土地所有权人不提出异议，通常表明越界建筑对他并未构成很严重的负担。但在个案中，对越界建筑的及时识别是关键）。

3. 此外，第 906～924 条还包含了一系列**其他相邻关系法规定（sonstige nachbarrechtliche Vorschriften）**，用以规范土地相邻时的各种问题。这在某种程度上是针对一些小市民关系而特意作出的规定（例如参看第 910、911、923 条），但对于土地所有权人的共同生活具有重大的现实意义。 423

第四节 基本权保护和社会约束

所有权是一种像其他权利一样的主观权利。然而，法律，特别是宪法对待所有权的方式，则是对特定法律文化的集中体现：所有权反映了个人在法律中的地位。所有权的自由或不自由，代表了所有权人的自由或不自由。但是反过来，个人在社会秩序中内在和外在的义务约束，也与所有权的约束相对应。这种说法尤其适用于 424

土地所有权，但是不仅仅适用于所有权，而是最终也适用于每一种主观权利。

425 1. 这些思想确定了**《基本法》中的所有权保护（Eigentumsschutz im Grundgesetz）**。在第 14 条中，宪法承认所有权为一种制度。宪法规定了征收的前提条件，并且只允许在提供补偿的情况下进行征收。对于补偿金额的争议，宪法则将其交给普通法院（在此是与行政法院相对）处理，参看《基本法》第 14 条第 3 款第 4 句。

426 2. 与宪法对所有权的保护相对应的则是宪法所规定的**所有权的内在义务约束（die innere Pflichtenbindung des Eigentums）**，参看《基本法》第 14 条第 2 款。在这一框架内，立法者可以确定所有权的内容和限制，参看《基本法》第 14 条第 1 款第 2 句。在这种情况下，宪法对“所有权”的理解比第 903 条中的概念更加宽泛，因为基本权的保护范围还包括其他（包括公法上的）权利，如可以表现为著作权的“知识产权”（智慧所有权），但是不包括财产整体。因此，以税收、费用或其他税费等为形式的金钱给付义务，只有在它们实际上取消了私人法律地位时才属于征收概念的范围之内[52]，比如所谓的没收性税收，不过即使这样有时也会考虑社会约束的观点。正是在这种背景下，征收和权利的社会义务具体化（Konkretisierung der Sozialpflichtigkeit）之区分成为判决和文献中被广泛探讨的问题。概念界定之所以很重要，是因为只有在提供补偿的情况下才能进行征收。在《基本法》生效后颁布的一项规定无偿征收的法律，则是无效的。在这方面，特别重要的是联邦宪法法院多方面的判决。这在 1981 年 7 月 15 日的一个裁判[53]中就可以体现出来，尽管仍受到时间上保留条件的影响。联邦宪法法院将征收限制在由国家职权所引起的所有权所有者的变更上，从而扩大了由立法者进行所有权内容确定（Inhaltsbestimmung des Eigentums）的可能性，这种确定可以在无补偿的情况下作为社会义务的具体化，除非这一所有权人与处于相同境况的其他所有权人相比，需要做出特殊牺牲。因此在当今，如果从保护自然或者保护历史建筑文物的角度出发，禁止一片树林或者一座老房子的所有权人根据其意愿对受保护的物品进行变动，那么就不存在很严重的顾虑了。[54] 是否确实是有关所有权内容确定的审查，则由行政法院负责，当所有权人对一项行政，亦即国家性措施提出异议时，行政法院对此就有了管辖权。在个案中，如果并非涉及单纯的所有权内容确定，那么普通法院可以就补偿的数额进行裁判。

---

[52] 有关所有权保障的内容参看 *Ronellenfitsch* in：Kühl/Reichold/Ronellenfitsch S. 319；*H. P. Westermann*, Schwerpunkte Sachenrecht Rn. 53ff。

[53] 只有当读者首先研究了所有权理论基本概念的基本问题，特别是在公法规定下的情况，深入研究“BVerfGE NJW 82，745”这一广泛的判决［“湿式砾石开采案”（Nassauskiesung）］才具有意义。概述（也包括批评）参看 *Ossenbühl* NJW 1983，1；*Baur* NJW 1982，1734。

[54] 具有代表性的裁判有 BGH LM Art. 14 GG Nr. 60［“布亨大教堂案”（Buchendom）］以及 BVerfGE 100，226，242；BGHZ 105，15，18（有关历史建筑文物保护）。

本章小结

所有权在理论上是对某物最广泛的法律上的支配力。原则上，所有权人可以任意地自由决定物的命运。然而，像所有权利一样，所有权也受到所有权人及其权利在社会秩序中之地位的影响。

所有权产生了一项对任何人都具有效力的对物进行占有的权利；债法上的占有权则排除了相应的返还请求权，不过前提自然只能是这些债法上的占有权正好相对于所有权人而存在。

所有权人可以通过第 1004 条的所有权自由之诉来排除他人对物的影响，但所有权人也受到多种容忍义务的约束。

所有权人可以在其物之上设定限制物权；但是在限制物权的种类和内容上他要受到法定形式的约束。土地所有权的内容由临近空间内土地的相邻关系所决定。这就解释了对不重要的影响必须一直容忍的义务，以及只有在重大影响是其他土地因所在地通常的使用所产生的后果时才需要容忍的义务。针对经营业秩序治安所许可的设施，不存在停止妨害请求权，而仅仅只有损害赔偿请求权以及采取保护措施请求权。

有些情况下可能会以必要通行和越界建筑的形式对一块土地设定负担，以便实现另一块土地的合理使用。

宪法保护所有权，但也规定了其义务约束。这一义务约束尤其可能表现为一项以使用限制为形式的考虑公共利益之义务。

参考文献

所有权的内容和保护：

Prütting，Sachenrecht，33. Aufl. 2008，§§26－28；Westermann Schwerpunkte BGB Sachenrecht，12. Aufl. 2012，§§2，3，Wolf/Wellenhofer，Sachenrecht，26. Aufl. 2011，§3.

限制物权：

Prütting，§§76－81.

第十六章 占有和占有保护

第一节 占有和所有权的关系

427 在生活中，“占有”（Besitz）和“所有权”（Eigentum）这两个词经常被不准确地使用：人们说“房屋占有人”（Hausbesitzer），实际意指房屋所有权人（Hauseigentümer）。

428 在法律上，占有和所有权是两个严格被区分的概念：占有是指对某物实际的支配力，而所有权是指对某物法律上的支配力，参看第 854、903 条。

429 一块土地的用益承租人，一套公寓的承租人，以及在所有权保留（对此参看第十二章第一节 8）情况下一辆汽车的买受人都是占有人。对此他们属于（基于租赁合同、土地用益租赁合同或者购买的）有权占有。但是，小偷也是占有人，他行使对物的实际支配。即使小偷并非有权占有，甚至其行为违反了法律，但这也并不改变他对物的支配以及由此而对物的占有。因此，即使没有任何借以进行占有的物权或者债法上的权利，占有仍然是可能的。然而，所有权确实产生一项占有的权利，据此所有权人可以要求任何占有人返还其物，参看第 985 条。不过占有人也可以主张自己占有的权利，例如承租人或者一份承揽合同（钟表匠应当修理一只手表）的承揽人。作为实际支配力的占有和作为法律上支配力的所有权之间的区别明显体现在二者消灭的构成要件当中：占有总是由于事实上的力量而结束，而所有权只有在符合消灭构成要件或者让与构成要件的情况下才结束，而这些构成要件通常包含着所有权人的一个意思表示。

例如：B 丢失了他的钱包，他对钱包的占有就结束了，但他的所有权没有结束。B向窗户外面扔出了一本书，因为他认为这本书读着很让人厌烦，但他搞错了，他扔掉的是一本他很喜欢的书。在这种情况下，首先B失去了占有和所有权（第959条），之后通过有效地撤销在其行为中所存在的因错误（第119条第1款）而默示放弃所有权表示，他又溯及既往地重新取得了所有权，但只有在他再次获得支配书的事实力量时才重新取得了占有（放弃占有是一种事实行为，而非意思表示，因此不可撤销）。

在实际事实支配与占有相等同这一点上也存在着一个例外，那就是，为他人行使事实支配而处于从属地位之人，他自己并非占有人，而是占有辅助人，参看第855条。这时占有人只能是另一个人。占有辅助在日常生活中很常见，其在所有权转移的构成要件中以及对第三人侵犯的保护中都会引发不少问题。 430

例如： 被授权人为事务本人收取账款。他以事务本人的名义作出了一项取得纸币所有权的让与合意表示，因此在这方面他是代理人，他作为占有辅助人而接受了金钱。因此，事务本人成为占有人，并由此而根据第929条也成为所有权人。受雇于F公司的运输车司机，在高速公路停车场发现有人在车上做了手脚，并且想要在必要时以强力（Gewalt）进行反击，尽管他既不是所有权人，而且根据第855条也不是占有人，对此参看下文第二节1。

第二节　占有和占有保护的任务

案例1： B租了一间房间。然后他就搬了进去。某个周末他想要出门旅行，但因为错过了火车，一个小时后就回来了，此时却发现X在房间里。事实上，房东在没有征得B同意的情况下，已经将房间在周末这段时间出租给了X。

B可以根据什么法律以及如何把X赶出房间？

1. B无法通过租赁合同对X采取行动。租赁合同所产生的权利作为债法上的权利只在承租人和出租人之间产生效力，因此无法适用于B和X之间。但是B同时是房间的占有人（即使B短暂离开也改变不了这一点，参看第856条第2款）；这对B有帮助。占有具有绝对效力，必须得到每个人的尊重。占有人可以针对任何人防卫自己的占有，也就是可以行使所谓的**占有保护（Besitzschutz）**。当X搬进房间时，他就侵犯了B的占有。X也以此结束了B的占有，参看第858条。出租人的许可无法赋予X对B行为的正当性。B甚至可以以强力对X采取行为，参看第859条第3款。 431

但是，如果B打算出门旅行14天，但在8天后就回来了并且发现X在自己离开的第一天就已经搬进来了，那么情况将如何？

432 第 859 条第 3 款在这种情况下对 B 没有帮助；在侵夺占有——这仅仅取决于占有被侵夺，而并非 B 的知情——后 8 天时间就已经不属于“立即”了。出于法律和平功能（拒绝“拳头法则”）的考虑，用强力恢复占有状况的可能性受到较为严格的限制；与此不同的则是对非法妨碍进行自卫的权能，参看第 858、227 条。因为短时间内获得法院保护的可能性并非总是充足的。承租人针对出租人能够提起诉讼这一点，已经作过论述。但是，侵害占有也使 B 获得了一项对 X 的**诉讼权（Klagerecht）**，参看第 861 条。根据 B 的诉讼，X 将被判令从所占房间中腾退出去，即使 X 对 B 的占有毫不知情。第 858、861 条取决于客观上非法的侵害占有，而过错与否则无关紧要。在将第 823 条与第 858、861 条并列考察时这种区别会变得很明显：如果 B 想要 X 进行损害赔偿，因为他为此不得不住在酒店当中，直到 X 腾退出房间，那么根据第 823 条，只有当 X 有过错地侵害了 B 的占有时（占有是第 823 条第 1 款意义上的一项绝对法益），B 才能够请求 X 进行损害赔偿。以下的这些例子可以表明，占有的这种保护效力有多么重要。

案例 2： E 把他的车借给了 B；X 想要夺走 B 的车；B 想要防卫他对车的占有；如果 B 作为 E 的雇员使用 E 的车进行职务上的出差，那么情况将如何？

433 根据借用上的交付，B 是占有人，E 由借用合同所确定的法律地位则是间接占有人（关于这一点很快会在下文第三节中进行论述）。在占有辅助关系的案例中，只有“事务本人”是占有人；因此，占有辅助人可以为事务本人行使占有保护，但是不能针对事务本人行使占有保护。

434 2. 正是从这一方面来看，占有保护的任务在于维护**法律和平（Rechtsfrieden）**。

435 不过在案例 2 中，不管是借用人抑或承租人在借用合同或者租赁合同到期后都没有能够针对 E 而进行防卫的权利：他们不是所有权人，他们由合同所产生的权利已经到期。但是他们是占有人，并且也可以针对所有权人而防卫自己的占有；此时所有权人就必须根据第 985 条提起诉讼。相反，如果受雇的驾驶员拒绝把车辆交付给其“老板”，因为他还想要处理一些私人事务，那么“老板”作为唯一的占有人就可以使用强力夺回车辆；另一方面，雇员则可以根据第 860 条针对第三人来防卫车辆的“占有”。

436 3. 在**处分动产（Verfügungen über bewegliche Sachen）**的情况下，占有还肩负着另一个**任务（Aufgabe）**：根据第 929 条的规定，在进行所有权让与时，让与合意和交付是必须的。交付则是通过给予和接受（Geben und Nehmen）而完成的占有让与；交付是第 929、1205 条构成要件中的公示部分（详情参看下文第十七章第一节）。通过第 929 条的让与形式法律所要极力确保的是，所有权和占有尽可能地集中在一个人手中，以及对所有人都产生效力的所有权让与对所有人来说也都是清晰可见的，因为对外部而言可以辨识的是占有，而非所有权。

第三节　间接占有

案例3：M租了一套位于柏林的公寓，位置和租金都非常合适，所以即使他被其雇主外派美国一年的时间，他也不想放弃这套公寓。于是在这段时间内，他将这套公寓转租给了D；而居住在德国南部的房东对此并不知情。过了一段时间，M听说D违反协议将这套公寓，甚至是按单间的方式，转租给其他好几个人数周。M委托了一名律师来对这些人采取行动。

1. 将要由律师来维护其权利的M，需要一项绝对权利，以便能够直接对公寓的陌生使用者采取行动。他和D之间的任何协议在此都不足以满足这一要求。如果D是M的占有辅助人，那么根据第855条的规定，M将仍然是占有人，并且有可能可以依据第861条尝试采取行动。但是，由于M在前往美国时就较长时间地放弃了对公寓的任何实际影响，所以D并不像第855条之规定所必须要求的那样，完全依赖于M，以至于必须服从M与公寓相关的所有指示。不过根据**第868条**的规定，M是间接占有人。无论M是否有权进行转租（对此参看第540、553条），在他和D之间都存在一项（很可能被称为租赁的）债法上的法律关系，这种关系创建了一个D对M有期限的占有权限（这被称为占有媒介关系）。在这里，直接占有人实际的事实支配，被间接占有人通过与直接占有人的法律关系这一方式而具有的对物的影响所取代。 437

间接占有人同样也必须能够防卫占有状态，而且除非法律另有特别规定，否则间接占有与直接占有受到同等对待。换言之，根据《德国民法典》的观点，直接占有和间接占有实际上是同一概念的两种不同类型而已。 438

在**案例3**中，首先应考虑的是第869条，根据该条规定，M可以代替D而对受到法律禁止的私力采取行动，也就是针对违反直接占有人意思的占有妨碍和占有侵夺。为了间接占有人之利益的占有保护，针对的则是对直接占有人之占有的侵犯。 439

因此，M可能可以针对违反D意思的陌生人入侵而采取行动，但这恰恰并非本案所涉及的情况。在D自愿将房屋交付给第三人使用的情况下，M只能通过债之关系而向D提起诉讼，其目的在于敦促D适当履行其义务。在这种情况下，鉴于房东并不知晓相关信息，因此还需要澄清的是M和D之间是否存在有效的合同关系。

2. **多层次的占有关系（mehrstufige Besitzverhältnisse）**并不总是很容易地被理解，但在实践中却非常重要。这一点在动产转让过程中尤为如此（参看第十七章）， 440

同时在占有权利的防卫方面也一样。

案例 4： K 从 V 那里以所有权保留的方式购买了一辆摩托车。K 将摩托车转借给他的朋友 F。V 对此表示同意。

441 由于仅附延缓条件的所有权移转合意（第 449、158 条），V 仍然是所有权人。此时买卖所产生的是占有的权利，对于所有权保留的买受人来说，只要他履行了买卖所产生的义务，也就是（通常是以分期付款的方式）支付价款，那么他同样取得了占有的权利。因此，所有权保留买卖也是一种第 868 条意义上的占有媒介关系。如果买受人未履行其义务，那么 V 就可以在符合第 323 条其他前提条件的情况下解除买卖合同，占有媒介关系以及占有的权利（第 986 条）也将结束。借用（第 598 条）同样是一种有效的占有媒介关系，因此 V、K 和 F 之间存在多层次的占有媒介关系。

本章小结

所有权是对某物法律上的支配力，而占有则是对某物实际的支配力。对于处在从属地位而为他人行使实际的事实支配之人而言，他并非占有人，而是占有辅助人；此时的占有人只能是占有之本人（Besitzherr）。如果直接占有人与他人存在某种特定的关系，使他人对于该物的直接占有具有影响力，那么这里的他人就是间接占有人。直接占有和间接占有原则上受到平等对待。占有保护的任务是保护外部支配力。占有保护要确保的主要是与对物之占有相关的债法上的权利（例如承租人对第三人采取行动）。

此外，占有也是动产物权公示方式。因此，除了达成动产让与合意之外，动产所有权让与和其他处分还要求交付该物（或者某种替代交付）。最后，对动产的占有还会产生所有权推定，参看第 1006 条。

参考文献

直接占有：

Prütting，§§6－9；H. P. Westermann，§2 Ⅰ 2 a. 4 Rn. 9ff.；Wolf/Wellenhofer，§4 Ⅱ.

间接占有：

Prütting，§10 Ⅲ；Westermann，§2 Ⅰ 3.

占有保护：

Prütting，§§12－14；Westermann，§2 Ⅰ 2，Wolf/Wellenhofer，§5.

第十七章 动产所有权的取得

第一节 从权利人处依法律行为的取得

1. 所有的动产交易最终都以货物和价款的所有权让与结束。 442

例如：V 在 5 月 2 日将一只手表卖给 E，并在 5 月 7 日交付了手表：E 在 5 月 7 日通过给予和接受成为手表的所有权人。E 工厂从 Z 煤矿购买了 500 吨煤；一旦煤矿的煤被卸载到工厂的场地上，E 工厂就取得了煤的所有权。

所有权让与的处分性质——在这里是与负担相对比——在第八章的引言案例（木材的销售和转让）中已经展示得很明确了。 443

第 929 条规定了动产所有权让与的基本形式：在进行所有权让与时，**让与合意与交付（Einigung und Übergabe）**是必须的。与通常的误解以及许多不适用抽象原则的欧洲国家的观点相反，仅仅订立买卖合同还不足以完成所有权让与（详情参看上文第八章第二节）。 444

（1）让与合意指的是有关物上法律后果的合意，亦即关于所有权移转的合意；这一让与合意应该与有关负担的合意严格区分开来，尽管两者可能在一个行为中同时发生。 445

必须在完全特定的客体上达成让与合意。 446

因此，在上述（第八章）的案例下，只有在 V 和 K 或他们的员工选择了特定的木材后，他们才能就木材的所有权让与达成让与合意，从而同时使种类之债发生特定化（第 243 条第 2 款）。

让与合意实际上仅仅是关于达成物上法律后果的合意；所有权让与的原因并不 447

属于让与合意的范畴当中。就如同所有权保留（第 499 条以及对此参看上文第十二章第一节 8）那样，让与合意也可以附条件：出卖人以支付全部价款为延缓条件来转让所有权。买受人立即取得对物的占有；但是只有在支付了全部价款之后他才成为所有权人。不过此时就不需要达成新的让与合意了（因为让与合意已经附条件地完成了并且随着条件的发生而生效）。物也已经被交付，因此随着价款的支付，所有权会自动移转。在那之前，买受人拥有一项**期待权（Anwartschaft）**，这一期待权像所有权一样也可以通过让与合意和交付进行让与（对此也已经在第十二章第一节 8 作过论述）。

448 （2）除了让与合意之外，**交付（Übergabe）**也是必须的。交付是双方一致同意对直接占有的给予和接受。

买受人领受了用以出售的手表：他就成了直接占有人，因此手表已经交付，所有权也发生了移转。将手表交付给受让人的占有辅助人已经足够了，因为受让人借此就成了直接占有人，参看第十六章第一节。如果涉及让与合意的意思表示作出，那么 K 的委托人就是其代理人，如果涉及交付，那么 K 的委托人就是其占有辅助人。这种情况在分工明确的经济中很常见并且必不可少。

449 受让人在出让人的同意之下取得对某物的占有，也足以构成交付，参看第 854 条第 2 款。

案例 1：女大学生 S 利用业余时间在 T 的餐厅中当临时服务员。T 经常拖欠餐厅中临时工的工资。一天早晨，S 告诉 T，她打算在晚上从口袋里当天的餐馆收入中为自己扣下 150 欧元。由于 T 担心 S 不会再来上班了，她只能勉强同意了。

450 S 是这些钱的占有辅助人（第 855 条），而并非所有权人。但是，由于她们达成了合意，一致同意晚上扣下的 150 欧元应归她所有，因此在这一刻，依据第 929 条，S 成了这笔钱的占有人，并且同时也成为所有权人。如果 S 未经 T 的同意拿走了这笔钱，她也不会成为所有权人，因为即使可以假定她对这笔钱享有一项请求权，但这项请求权也几乎不可能正好针对这些纸币。

451 第 929 条所规定的形式是能够让人首先想到的所有权让与方式。这一方式确保在交易完成后，新的所有权人同时也是直接占有人。因此，占有作为“所有权的外部标志”表明了这一新的占有人也就是新的所有权人。

452 （3）当**受让人已经是占有人（Erwerber schon Besitzer）**时，就无须进行交付了，参看第 929 第 2 款。这种转让形式可以适用于以下这样的情况，比如承租人从出租人那里购买了一件之前租赁的动产；这样一来，所有权随着简单的买卖合意就发生了移转。

453 2. 即使不考虑第 929 条第 2 句的情况，改变已转让之物的直接占有可能也会相当麻烦。

案例 2： 商人 H 从 M 磨坊购买了 300 吨面粉；M 希望立刻获得价款，而 H 却只想在成为面粉所有权人之后才支付。但是 H 想先将面粉留在 M 磨坊，以便在那里就直接将面粉提供给他的客户。这应该如何处理？

应该继续由 M 直接占有这些面粉；来回搬运面粉太过麻烦了。不过在这种情况下，可以**用间接占有之取得来代替直接占有的取得（an Stelle des Erwerbs des unmittelbaren Besitzes der des mittelbaren）**。因此，第 930 条就相应地创设了一种所有权让与形式，即受让人成为间接占有人，而出让人则成为受让人的占有媒介人。 454

关于间接占有，请参看第 868 条及上文第十六章第三节。案例 2 应该适用第 930 条来解决：M 和 H 就所有权的立刻移转达成合意，M 则为 H 存放面粉。因此，H 成为间接占有人和所有权人。

第 930 条对一些**担保行为（Sicherungsgeschäfte）**来说具有特别重要的意义。 455

案例 3： 杂货商 H 需要一笔 5 000 欧元的金钱贷款。银行不愿意在没有担保的情况下向他提供贷款。H 便将自己库存货物中（并非是在所有权保留的情况下所取得）的一部分货物和同样已经结清价款的店铺设施作为担保提供给了银行。

在实践中，此时并不适用动产质押；因为依据第 1205 条的规定，设定质权须以合意与交付为条件。如果 H 把库存之一部分和全部设施都交付给银行，也就是说，他会站在一个空空如也的店铺里，那他将要如何经营其生意？

由《德国民法典》有意创设的担保物权的严格限制，已经被实践所突破，因为通过借助第 930 条的适用，实践允许进行**让与担保（Sicherungsübereignung）**。因此，所有权让与可以代替动产质押这一观点，在当今已经得到普遍的认可。依据第 930 条的规定所有权已经被让与了，而担保人仍然继续享有直接占有。虽然担保权人，如案例 3 中的银行，成为完全的所有权人，但担保权人只能按照担保目的处理所有权，也就是说不能另行出让，尤其是在债务得到清偿之后必须返还所有权。物继续留在原地，亦即案例 3 当中的 H 那里。这对当事人（H 和银行）来说都是有益的，但是也可能引起顾虑：第三人可能会受到误导；因为他们仍然会认为担保人是所有权人。 456

可以设想如下这样的情形，即一名供应商可能会因为店铺的贵重设施而倾向于向 H 供应货物，但同时不要求他立即支付货款。

3. 第 930 条所规定的所有权让与方式的特征在于，出让人成为受让人的占有媒介人。然而，也存在一些这种方式不可能或者不符合目的的情况，因为此时无法改变直接占有。 457

案例 4： V 将自己的留声机借给了 F。他自己则在 A 处购买了一套全新的 CD 播放设备，并且想要用位于 F 那里的，仍然相当有价值的留声机作为购买 CD 播放设备的一部分价款来支付。V 和 A 约定，应该由 F 将这台留声机直接返还给 A，并且 V 将此事通知了 F。现在 A 给 F 打电话，并且提议以 100 欧元的价格将这台留声机卖给 F。对此 F 表示同意并支付了这笔钱。

458 （留声机的）所有权由 V 移转给 A，这一点对于 A 能够表示同意减少价款请求权来说非常重要，但这一所有权的移转又无法根据第 929 条来完成，因为留声机的直接占有人并没有发生变更。但是第 931 条的规定使此种情况下的所有权移转成为可能：V 可以将他因借用关系（第 604 条）而享有的**返还请求权（Herausgabeanspruch）**向 A 进行**让与（abtreten）**。债权让与仅仅只需简单的合意即可，参看第 398、413 条。因此，即使 F 对所有权人变更并不知情，A 也将成为所有权人。当 A 和 F 此时通过电话就所有权让与达成合意时，根据第 929 条第 2 句的规定，所有权就直接移转给了 F，而不需要占有关系的改变。不过，F 已经从他主占有人变成了所谓的自主占有人，因为他现在是将该物作为自己之物而进行占有。从这里可以表明，《德国民法典》在某些方面放弃或者至少是弱化了所有权让与的基本传统原则，即所有权让与和外部可辨识的物之交付紧密相连的传统原则。

第二节　因无权利人之处分的取得

459 原则上只有所有权人或者其代理人才能转让其所有之物。

案例 5： E 将完整歌德作品全集中的一册借给了他的朋友 F。F 去世了，他的继承人是 N。N 以为这本未标明是谁所有的书属于被继承人的财产，于是将书卖给 G 并向其进行了交付。现在证实，这本书是 F 从 E 那里借来的。

460 在这里就出现了原始所有权人和受让人之间的利益冲突。《德国民法典》通过以原始所有权人引起的**权利外观（Rechtsschein）**为依据的方式来解决这一冲突。这样可以确保，法律交往不必在时刻详细追溯买卖物来源的情况下进行。然而，这一原理并无法统一适用于所有的让与形式。只有在出让人的占有能够使人推断出其所有权的情况下，才存在权利外观，也可参看第 1006 条。通过将自己之物从手中交出并因此而将占有和所有权互相分开的方式，原始所有权人就引起了这种权利外观。然而，对于所有权取得来说，始终需要具备的前提条件就是受让人是**“善意”（gutgläubig）**的，即他认为该物是属于其合同相对人的。而对处分人无权这一情况知情的人，则无法相信这种占有的权利外观。他也不应该受到保护，而是应该由自己承担自己行为上的风险。应受保护的思想也导致，因**重大过失（grobfahrlässig）**而不知情之人同时也不会受到保护。在法律交往中，每个人都必须注意最低限度之谨慎，因此，《民法典》在第 932 条第 2 款中规定了受让人善意的一般前提条件。例如，夜间在大城市火车站附近从陌生人那里购买金表，或者购买一辆没有相关汽车证件的个人汽车都属于行为上的重大过失。

461 1. 权利外观原则在**第 929 条的让与形式（Übertragungsform des § 929）**中体现得最为明显，而这与**第 932 条**的规定密切相关。

在案例 5 中，基于 N 对书的占有，G 必定会将其视为书的所有权人。而这种状态是由 E 引起的，因为他通过借出书而使 F 成为书的占有人。N 作为 F 的继承人必然会将这一情况适用于自身。因此，如果 G 是善意的，那么他将成为这本书的所有权人，参看第 932 条。

462 原始所有权人也并不享有取消权（*Lösungsrecht*）。

因此，即使因为缺了这本书，E 所收藏的歌德全集价值会大大减少，他也无法在补偿 G 向 N 所支付的价款之情况下请求 G 返还这本书。

463 当无权利人以第 930 条规定的形式进行转让物时，也适用权利外观原则和引起原则（Veranlassungsprinzip），然而**第 933 条**的规定还是有所不同的。

例如：在**案例 3** 中（杂货商根据第 930 条转让其设施作为担保），H 也让与了一台磅秤，不过这台磅秤只是他以所有权保留的方式从 V 那里所购买的并且尚未支付价款，也就是说这台磅秤并不属于他所有。银行会成为这台磅秤的所有权人吗？

464 如果交付被约定占有媒介关系所代替（第 930 条的情况），那么只有在受让人取得物的直接占有并且在此刻仍然是善意的情况下，所有权才会发生移转（第 933 条）。

因此，只要磅秤还在 H 那里，银行就不会成为所有权人。如果银行拿到了这台磅秤，那么只有银行在此刻仍然毫无重大过失地相信 H 享有所有权时，银行才会成为所有权人。这并非毫无疑问，因为以所有权保留的方式受让设备物品非常普遍，因此对于通常熟悉其客户财务状况的银行来说，就存在怀疑 H 不是所有权人的理由了。因为银行本来就可以要求对方出具相关的购买文件，比如收据等。

465 当然，在这个例子中，当 V 把秤交付给 H 时，他也引起了 H 是所有权人的权利外观。但是这里的基本思想是：所有权人和买受人对为处分行为的无权利人都同样地给予了信任，所有权人这边是通过把自己的物交付给无权利人而实现的，而受让人那边则是通过把物留在无权利人那里实现的。在这种情况下，法律所要保护的是真正的所有权人。

466 2. 在适用善意取得时，《德国民法典》只以所有权人引起的权利外观为依据，这一点在占有脱离物（abhandengekommene Sachen）的情况下尤为明显，参看第 935 条。

案例 6： E 将未上锁的自行车在街边停放了三个小时。结果自行车被偷了，并且被转手了多次；最终这辆自行车被 G 在一家商店中购得。G 是否取得了自行车的所有权？

467 第 935 条绝对否定了对被盗物、遗失物或者其他占有脱离物适用所有权的善意取得。**占有脱离（Abhandenkommen）**指的是非自愿地丧失直接占有。

因此，G 无法取得所有权，因为 E 在小偷拿走自行车时是违背其意思而丧失了占有。虽然 E 的行为属于其自己有过失，但在第 935 条的规定框架内这点并不重要。

468 只有当所有权人有意引起了占有和所有权的分离时，《德国民法典》才允许善意取得。善意人当时无法辨识出出让人欠缺所有权和物属于占有脱离，并且所有权人有可能是过失地造成了占有脱离，这些都无关紧要。不过，考虑到逐渐增加的交易保护需求，只有对金钱和无记名证券交易以及在公开拍卖中购得的情况，第 935 条第 2 款才规定了占有脱离物排除适用善意取得的一个例外。

如果在案例 6 中 G 是在拍卖会上购得自行车的，那么即使对 E 而言自行车属于占有脱离，G 也仍然会成为自行车的所有权人。

469 3. 善意人取得所有权就意味着原始所有权人遭受了相应的损失。这导致需要制定一项**补偿规定（Ausgleichsregelung）**。无权利人和原始所有权人之间的关系，经常会让无权利人负有向所有权人赔偿损失的义务。因此，当一个无权利人尽管知道这一借来之物并不属于他，却仍然将此物有效地出让给了一个善意人时，他就有过错地导致此物不可能再被返还了，并且根据第 281 条以及连同适用第 280 条的规定而对 E 承担损害赔偿责任。

470 此外，作为保障，第 816 条第 1 款同时还创设了一条独立的补偿规定：无权处分人必须将其基于处分所获得的所有利益返还给原始所有权人。第 816 条第 1 款中规定的“通过处分所获得”这一概念，是指处分人通过以处分为基础的法律行为而获得的利益。这一请求权和第 281 条、第 280 条所规定的请求权不同，不以处分人的过错和原始所有权人的损害为前提条件。这两种请求权的不同之处还表现为，在以超过其价值的价格出让某物的情况下，根据第 816 条第 1 款规定须返还全部价款，而第 280 条意义上的损害则仅仅指所有权人所丧失之物本身的价值。

471 如果受让人没有提供对待给付，那么原始所有者的损失从内部来看就不成立了。在这种情况下，否认所有权取得就将会是合理的。然而，与此不同的是第 816 条第 1 款第 2 句规定，受让人负有向原始所有权人让与其无偿所得的义务。

例如： 在案例 5 中，如果 F 并未将书卖给 G，而是将书赠与给了 G。根据第 932 条的规定，G 也成为所有权人，但是在债法上负有将书返还给 E 的义务。

第三节　所有权取得的其他方式

除了通过法律行为取得所有权之外，还存在一些取得动产所有权的其他方式，472
这些方式都具有非常不同的意义和特点。

1. 最自然的方式是**孳息取得（Fruchterwerb）**。473

案例 7： E 拥有一个大果园；他划出其中一部分用益出租给了 P；E 允许 F 收取（作为划分边界的）黑莓树篱上的浆果。一个小偷从 P 租赁的果园部分偷了一些苹果，并从果园的另一部分偷了一些梨。现在谁是这些水果的所有权人？F 如何成为黑莓的所有权人？

孳息取得与第 93 条及以下各条存在着紧密的关系。只要果实还挂在树上，那 474
么这些果实就是土地的重要成分，因而其所有权属于土地所有权人。因此，E 是所有挂在树上的果实的所有权人。所以在第 953 条中很合理规定了："……即使在分离后也属于……"分离使一个原本不独立的物之实质部分成为独立的物；其上的所有权不会发生任何改变，因此小偷没有获得这些果实的所有权。

但是，所有权人自身的权利却劣后于任何一个其他的孳息收取权。在出现物上 475
孳息收取权的情况下，例如用益权时，孳息收取权的权利人就如同原物的所有权人那样，在孳息与原物分离时取得孳息的所有权，参看第 954 条。P 作为用益承租人也享有孳息收取权，而 F 同样享有这项权利。但他们两人所享受的仅仅只是债法上的权利，对此适用的是第 956 条。P 和 F 所有权取得的方式则是根据第 956 条的规定来确定的：如果孳息收取权利人占有原物，也就是说如果**案例 7** 中的 P 占有种植着这些树的那部分土地，那么他无须考虑对果实的占有关系而随着果实分离就成了果实的所有权人；因此，他实际上享有与所有权人相同之地位。而在孳息收取权利人不占有原物的情况下，只有当他成为孳息占有人时，才能成为所有权人。

在这个案例中，由于 F 不享有对树篱的占有，那么为了取得果实的所有权，他就必须要采摘果实。如果其他人先于 F 采摘果实，那么 E 就成为果实所有权人。

第 958 条规定了**通过先占取得所有权（Eigentumserwerb durch Aneignun）**的方 476
式，适用于"无主物"，也就是不属于任何人之物，但无主物现在基本已经不存在了。对于几乎所有有价值的客体而言都已经存在排他性的先占权了，例如大多数的矿藏资源以及可狩猎的动物。在这种情况下，只有先占权利人才能通过获得占有而取得所有权，参看第 958 条第 2 款。

因此，偷猎的兔子的所有权既不属于偷猎者（他损害了他人的狩猎权），也不属于狩猎权利人（他还未获得占有）。换言之，这一兔子仍然是无主物（这是非常主流的观点）。

477 2. 另一组所有权取得的原因在某种程度上可以通过其**辅助性质**（**Hilfscharakter**）来作为区分的特征；此时所有权取得的目的在于防止出现不经济的结果。

案例 8：E1 和 E2 相邻建造房屋。由于疏忽，送货给 E2 的石材被用在了 E1 的房屋建造中。E2 能否根据第 985 条的规定请求 E1 返还石材，并要求 E1 为此目的而拆除已建好的墙？

478 石材经建造而成为土地的重要成分，其所有权也因此属于 E1，法律正是通过这样的方式而为这种情况避免了毫无意义的结果，参看第 93、94、946 条。因此，E2 丧失对石材的所有权（另外参看第 947 条至第 949 条的条文）。与此相类似的还有第 950 条所规定的发生加工时的情形，比如当一名艺术家用一根不属于他的老橡木梁雕刻成雕像时。此时，所有权就随着加工而移转到加工人那里，也就是这一例子中的艺术家那里。但是因取得材料所有权而获得的财产利益——相对于加工的价值——则必须得到补偿。因此，第 951 条就进行了这样的规定，并同时援引了第 812 条不当得利的规定进行补偿。这些规定确定了经济上较为重要并且经常发生的事件，例如多次将供货材料进行新产品的手工或工业加工，或者在他人的土地上进行建造，还包括建筑工人将物品（错误）安装在建筑物中。

第四节 信贷担保的基本概念

479 接下来所论述的内容旨在介绍信贷担保中的几个概念，尤其是银行信贷担保，只要银行的担保是以动产的形式发生的（土地担保权参看下文第十九章）。[55]

480 1. 所有权保留是对某一**卖方信贷**（*Lieferantenkredit*）的担保，参看第 449 条，因为在价款被完全支付之前出卖人仍然是买卖标的物的所有权人。这一担保经常通过以下方式得以扩张适用，即只要之前双方的买卖当中仍有尚未结清的款项，那么出卖人向这一买受人交付的每一件标的物都由出卖人继续保留所有权。这种扩张的所有权保留在企业之间的交易当中很少会受到质疑，但是在面对作为消费者的

[55] 同样需要指出的是，信贷担保法是民法中最复杂、因此也是最难的领域之一，并有大量专著和评注进行专门的详细阐述。

买受人时，至少在通过一般交易条件（AGB）达成约定的情况下几乎无法通过内容审查（Inhaltskontrolle）。[56]

作为银行信贷的担保，（除了并不常用的保证，参看第 765 条）首先考虑的是依据第 930 条进行的**让与担保（Sicherungsübereignung）**（对此参看上文本章第一节 2）。通过这种方式银行取得了这些属于债务人或者担保人的标的物的所有权。然而，如果债务人或者担保人对这些物并不享有所有权，那么根据第 933 条（上文本章第二节 2）的规定，即使在善意的情况下也排除了银行对所有权的取得，因为为了担保而被转让之物恰好未被交付。这就产生了以下这一问题，即如果担保人希望转让其库存货物的一部分以作为担保，而其中的个别标的物却是他以所有权保留的方式购买的并且尚未支付价款。在此需要提醒的是，所有权保留的买受人从附条件的转让中已经获得了一项期待权，而这项权利如同所有权一样是能够被让与的（上文本章第二节 2）。因此，转让对所有权保留情况下所取得的标的物的期待权将是可行的，买受人或者担保人此时完全有权利进行处分行为。这一看法也由通说经以下方式所采用，即通说承认，在某物的让与担保中同时包含了作为较少见的继续有效之行为（参看第 140 条）的期待权的让与担保。这样一来，在物之价款已经完全支付时，银行就成了这些物的担保所有权人，而在未支付时，同样是为了担保，银行则取得了对这些物的期待权。 481

一旦担保目的达到，银行就负有义务将一切权利返还给担保人，这毫无疑问适用的是第 929 条第 2 款之规定。 482

对于从某商人处购买了一件动产的顾客而言，尽管存在着这些实践中的做法，他也不会面临风险：出卖了某一（因所有权保留）尚不属于或者（因让与担保）不再属于他之物的买受人，要么作为有权利者进行了处分行为，因为这两种情况下的所有权人已经授权他可以进行出卖（第 185 条）；在实践中这是一种常见的约定。要么顾客也可能是善意取得（第 932 条），因为出卖人是占有人并且这些物并非是从所有权人处脱离占有之物。

2. 另一个担保手段则是债权让与（Forderungsabtretung），参看第 398 条，亦被称为**债权转让（Zession）**[详见本书上文第十一章第二节 4（2）]。在债权担保让与（Sicherungsabtretung）中，债权人，例如消费品行业的企业所有者，可以将其应收账款让与给银行，而无须通知债务人，也就是顾客。债权甚至在其产生之前，就可以通过与顾客成立买卖合同来进行让与，只要这项债权根据让与人的账目是可确定的，这被称为**预先让与（Vorausabtretung）**。然而，当事人必须明确列明将要让与的债权，以便能够确定哪些将来会产生的债权已经被让与了；对此通常会使用 483

---

[56] 详情参看 Erman/*Roloff*，§ 307 Rn. 111；有关以格式条款方式约定所有权保留的有效前提条件则参看 MünchKomm/BGB/*H. P. Westermann* § 449 Rn. 13。

一些一般化的标识。这种情况下，这一让与就如同让与担保一样，无须公开，并且只能用于担保。换言之，只要贷款人或担保人履行了对银行的义务，那么债权人变更就无须通知顾客并且也不应该通知顾客。这也被称为“默示转让”（stille Zession）。尽管此时银行是债权人，但通常也会同意，担保人可以如同以往一样从其顾客那里收取相应的债权款项，这在得到授权的情况下（第 362 条第 2 款、第 185 条）对顾客而言无论如何都意味着，他们可以通过支付价款而得以免除自己这一方所负担的义务。只有当担保人不再履行其向银行所负担的义务之时，银行才有权（而在实践中，银行也会这样利用这一权利）向顾客公开债权担保让与，而且此时作为债权人有权请求顾客只能向其支付相应的债权款项。

事实上，在这样的情况下，顾客的利益也并未受到损害：顾客或者在实际债权人的同意下向原债权人进行支付，或者（在公开之后）向实际债权权利人进行给付。

484 3. 不过，在卖方信贷（上文本节 1）中，所有权保留并不能防止下列这些情形的发生，即所有权保留买受人加工买卖标的物并因此根据第 950 条（上文本章第三节 3）而原始取得该物的所有权，或者是买受人向善意第三人出让该物，第三人因而成为该物的所有权人（上文本节 1）。因此，一种所谓的延伸形式（Verlängerungsform）就形成了。一方面，货物出卖方也可以利用这种可能性，将所有权保留买受人在卖出货物后（也有可能是在经过加工之后）所取得的这些债权让与给自己。这被称为**延伸的所有权保留（verlängerter Eigentumsvorbehalt）**。货物出卖方作为以担保方式受让债权的债权人，其境况类似于银行在预先让与（上文本节 2）中的法律地位。这类协议通常还与所谓的**加工条款（Verarbeitungsklauseln）**相结合，这些条款会约定，依据第 950 条进行的加工是为货物出卖方进行的加工，因此货物出卖方成为所有权人。货物出卖方只有在这些新加工的货物被出卖给顾客之后才会丧失其所有权，因此也有必要将对顾客的债权进行预先让与。

本章小结

依法律行为从权利人处取得所有权需要让与合意和交付。让与合意（*Einigung*）是就物上法律后果达成合意。所有权移转的法律原因，也就是说负担转让义务，则并非让与合意的构成部分。让与合意可以附条件并且经常也会如此（例如所有权保留）。交付（*Übergabe*）是双方一致同意对直接占有的给予和接受；不过当受让人已经是占有人时，则交付就没有必要了。交付可以通过在让与人与受让人之间创设占有媒介关系来代替，这使受让人成为间接占有人。借由这种转让形式发展出了让与担保：担保权人虽然成了所有权人，但在债法上负有符合担保目的地处置其所有权的义务。担保人则继续为直接占有人。交付也可以通过由出让人向第三人让与返还请求权来代替。与对善意信赖权利外观进行保护的普遍追求相一致，《德国民法典》也承认在无权利之人对动产进行处分时的善意取得（*gutgläubiger Erwerb*）（但不适用于债权，在对债权进行无权处分时不存在善意取得）。其基础就在于由无权利之人的占有所产生的权利外观，而这一权利外观又是由所有权人通过占有与所有权的分离而有意造成的。权利外观仅仅有利于善意人。在以第 929 条所规定之形式取得的情况下，善意的受让人就成为所有权人。如果交付通过创设占有媒介关系而被代替，那么只有当受让人取得占有并且在此刻亦是善意时，他才会成为所有权人，参看第 933 条。与着重强调权利外观原则相应的是，在让与返还请求权的情况下，当出让人是间接占有人时，受让人便立即成为所有权人，否则受让人只有在取得占有时才成为所有权人，参看第 934 条。

第 935 条规定的排除对占有脱离物所有权的善意取得则是引起原则的结果。占有和所有权的分离并非所有权人有意引起的；在这种情形下，所有权人是否因过失而造成了占有脱离是无关紧要的。

只要不存在基于现存合同关系的补偿请求权，那么因善意取得而造成的原始所有权人的损失，无论如何都可以通过原始所有权人向无权处分人行使以返还所获利益为内容的不当得利请求权，或者在无偿处分的情况下通过向善意取得人行使请求权而得到补偿，参看第 816 条第 1 款。

除了依法律行为的取得之外，还存在一些其他的取得原因。孳息（*Früchte*）随着分离而成为独立物；只要孳息不属于孳息收取权利人所有，那么就仍然由原物所有权人享有其所有权。物上孳息收取权使权利人随着孳息的分离就成为孳息所有权人，而当孳息收取权利人仅享有债法上的孳息收取权时，只有在其占有原物或者孳息时才成为孳息所有权人。在因附合（*Verbindung*）、混合（*Vermischung*）、加工（*Verarbeitung*）而取得所有权时，避免出现不公平的结果则是至关重要的。取得人必须向原始所有权人赔偿其因此而所获得的价值。

参考文献

依法律行为的取得：

Westermann，§5，7，8，9 Ⅰ；Prütting §32；Wolf/Wellenhofer §7.

担保法：

Westermann，§§6，9 Ⅱ；Prütting，§§33，34；Wolf/Wellenhofer §13－15.

第十八章 不动产法和土地登记簿法

第一节 有关土地交易的一般规定

485 第 873 条至第 902 条规定了不动产实体法的总则部分。

486 1. 这一**划分（Abgrenzung）**在本质上就与《德国民法典》总则的划分一样：共同抑或可能适用于所有或者大多数权利的情况，规定在第 873 条及以下各条当中；而仅仅涉及特定权利的，则规定在相关的专门章节当中。

在一块土地之上如何形成一项限制物权？在这一问题上，对于抵押、地役权以及土地负担（Reallast）等都进行了共同的规定，而在各自的权利当中又分别进行了补充或者修改。例如，在抵押当中，必须对受担保的债权和抵押权证书效力之间的关系作出额外的规定；因为这一问题仅仅出现在土地担保当中，所以也只在不动产担保中进行规定，而未规定于不动产法的总则当中。如果一块土地之上负担有三项抵押、一项土地负担以及一项地役权，那么这些权利互相之间的关系如何？这是一个有关土地权利顺位的问题（参看第 879 条），而顺位主要是确定在强制拍卖受负担土地时这些权利获得清偿的顺序。

487 对一项有序并且具有公信力的土地交易而言，**土地登记簿（Grundbuch）**是不可或缺的。土地登记簿是一种国家的登记簿，用于公示土地上的私人权利。土地登记簿描述了土地的面积大小、类型和地理位置，并记载了土地的所有权人以及可能存在的物权和处分限制。例如，登记的内容除了所有权之外还包括地役权、用益物权（不包括租赁和土地用益租赁，因为这些仅仅是债法上的权利）、抵押、土地债务和物上先买权等。除此之外，强制拍卖的指令也会被附注（vermerken）在土地登记簿之上，而在地上权（Erbbaurecht）和住宅所有权（Wohnungseigentum）方面则有单独的土地登记簿页，这也是按照土地登记簿法的规定实施的。

土地登记簿由土地登记局（*Grundbuchamt*），即地方基层法院的一个部门来负责管理。包括注销在内的所有登记都属于国家行为（Staatshoheitsakte），只有在满足**《德国土地登记簿条例》（Grundbuchordnung，GBO）**所规定的前提条件之下才可以被实施。因此，对登记正确性的推定（第 891 条）是以国家行为的权威性为基础的。 488

土地登记簿中用于描述土地的实际信息则是从地籍册（*Kataster*）中获取的。 489
地籍册同样也属于一种土地的国家登记簿，但是仅仅用于复述土地的实际情况和税赋上的负担（主要是面积大小、地理位置等）。不过，有一种特殊的程序将土地登记簿和地籍册互相紧密地衔接在一起。

2. 类似于动产法中的占有，土地登记簿具有**公示功能（Offenlegungsfunktion）** 490
并且依照**第 891 条**而产生正确性推定（Richtigkeitsvermutung）。这种推定不仅适用于所有权，而且适用于权利的登记，例如适用于已作登记的地役权或者抵押权的存在。

因此，如果抵押权人想要行使抵押权，即根据第 1147 条的规定请求权所有权人容忍强制执行，那么在土地应承担的债权数额方面，他首先就可以援引已登记的抵押债权了；所有权人如果主张抵押权人无法再请求这个数额上的债权责任，比如因为他已经部分清偿了债权，那么他就必须推翻第 891 条所规定的推定，换言之必须证明其主张。

土地登记簿在土地上**物权变动（Änderung der dinglichen Rechte）**中的重要性与 491
土地登记簿的公示功能密切相关。原则上，对于有关一块土地或者一项土地上权利的任何处分行为而言，合意和在土地登记簿中进行权利变更的登记都是必要的，参看**第 873 条**。

与非依法律行为的物权变动不同，依法律行为变动不动产上的物权属于第 873 条所规定的范围之内，亦即不动产所有权让与、设定抵押和地役权适用第 873 条，而继承（第 1922 条）或者并非法律行为，而是国家行为的征收则与之相反，不适用第 873 条。当这些非依法律行为的物权变动发生时，就必须通过更正登记的方式被附注在土地登记簿中。

在土地登记簿中进行登记的程序法上的前提条件和许可的登记类型，则并未在 492
第 873 条及以下各条的实体法中进行规定，而是规定在了**作为程序法的《德国土地登记簿条例》（formales Recht der GBO）**中。

E 想要在其土地上设立一项地役权；为此，合意和登记都是必要的，二者一旦存在，该地役权就成立了。至于 E 必须采取什么行动来促使土地登记簿主管机关对此进行登记，则是一个程序法上的问题。与此相关的规定属于程序法，规范的是土地登记局的程序行为。

493 违反程序法并不妨碍实体法上的效力，因此，即使并不允许这样进行登记，但是只要第 873 条的前提条件得到满足，即可发生权利变更［详见下文本节 3（3）］。

494 3. 第 873 条及以下各条规定了有关不动产**处分权的原则（Grundsätze für das Recht der Verfügungen）**。

495 （1）在第 873 条及以下各条之中，并未规定**除依法律行为的方式之外其他引起物权变动的方式（Andere als rechtsgeschäftliche Vorgänge）**。

案例 1：为了方便 E2，E1 想要在 E1 他自己的土地上设立一项通行权（地役权）（参看第五章案例 1）。

496 创设一项地役权属于“对权利设立负担”这一概念的范围之内，参看第 873 条；E1 的所有权就被设立了负担。除了消灭一项权利（对此参看第 875 条）以及变更权利内容（参看第 877 条）之外的全部处分行为，即出让与设立负担均适用第 873 条的抽象规定。

497 （2）正如第 929 条中所规定的一样，**物权合意（Einigung）**不外乎是就物上的后果达成合意（参看上文第十七章第一节 1）；物权合意无形式上的要求［例外情形则发生在**土地让与合意（Auflassung）**之中，这是有关土地所有权转移的物权合意，参看**第 925 条**］。物权合意也被允许附条件和附期限，不过在土地让与合意（第 925 条第 3 款）中是被禁止的；因此，土地出卖人在买受人无法立即支付价款的情况下，就不能（如同动产出卖人一样，参看第 449 条）以所有权保留的形式进行土地转让。

例如：在案例 1 中，E1 和 E2 以不要式的方式达成物权合意。土地登记簿主管机关对此进行了登记。地役权就因此而成立了。如果 E1 以附扩建其土地旁道路这一条件的方式设立了地役权，那么随着道路的扩建这一地役权才成立。

498 权利变更必须由主管机关公职人员在相关权利的土地登记簿页上进行**登记（eingetragen）**，以使权利变更的实质性内容清晰可见。在力求将登记簿转换为电子登记的过程中，这方面的要求也不允许出现根本性变化。

499 （3）作为登记基础的《德国土地登记簿条例》第 19 条要求登记当事人单方的**登记同意（Eintragungsbewilligung）**，且这一同意必须至少要经过公证（öffentlich beglaubigt），参看《德国土地登记簿条例》第 29 条，以及当事人一方的申请，参看《德国土地登记簿条例》第 13 条。不过所有这些都是形式上的前提条件；即使在欠缺这些前提条件的情况下进行登记，登记的有效性也仅仅取决于第 873 条是否得到满足。在这里，**实质合意原则**（**materielle Konsensprinzip**）与**形式合意原则**（**formelle Konsensprinzip**）就有所区分了。对于一些较为复杂的登记，比如地役权或者通行权的登记，为了显明土地登记簿的内容，则可以参考被收录到土地登记簿主要记录（Grundakten）中的登记同意。

在案例 1 中，E1 和 E2 在 E1 的花园里喝着一瓶葡萄酒的情况下，以不要式的方式就地役权之设立达成了合意；由于土地登记簿主管机关公职人员当时也在场，所以该公职人员第二天一早就登记了这项权利：因此，这就违反了《德国土地登记簿条例》第 19 条和第 22 条，因为缺少 E1 形式上的登记同意（*die formelle Eintragungsbewilligung*）。不过由于存在物权合意以及进行了登记，地役权仍然成立。

但是（**Aber**）：E1 曾要求对地役权的设立支付费用，而 E2 则不同意支付。那么，此时就既未成立一项债法上的合同，也未成立一项物权合意。第二天，E1 去了土地登记局，同意并且申请为 E2 登记地役权，他以此希望，当这一权利被登记之后，E2 就会同意他提出的条件。形式上的土地登记簿法是得到了遵守（《德国土地登记簿条例》第 13 条、第 19 条、第 29 条），但是由于欠缺物权合意，第 873 条未得到满足。换言之，只有当 E1 和 E2，哪怕以不要式的方式，就地役权的设立达成合意时，这一权利才成立。

4. 第 925 条是对**所有权让与**（**Eigentumsübertragung**）的额外规定。 500

在这种情况下，即在**土地让与合意**（**Auflassung**），不要式生效的物权合意就需要作成公证证书（notarielle Beurkundung）了。然而，这只是第 873 条意义上物权合意的一种特殊类型，就像一般情况下一样，在此处，形式是一项有效性要件。 501

《德国土地登记簿条例》为此也作出了一个例外规定：登记当事人单方的登记同意还无法满足登记条件，而是要求一个**物权合意的证明**（**Nachweis der Einigung**），参看《德国土地登记簿条例》第 20 条。《德国民法典》和《德国土地登记簿条例》希望通过这样的方式，来满足出让土地所有权时有所增长的权利保护需求。 502

第 925 条所规定的**禁止附条件和附期限**（**Bedingungs- und Befristungsverbot**）针对的也是这一相同的目的，正如前文所言，这一规定否定了以所有权保留的形式进行土地转让。这就是出卖人经常采用所谓的剩余价款抵押（Restkaufgeld-Hypothek）的原因所在。 503

如果买受人无法在达成土地让与合意时支付价款，出卖人将只在立即登记一项剩余价款抵押之时达成让与土地之合意。这样一来，出卖人在买受人财产状况恶化以及出让土地产生风险的情况下得到了担保：这块土地以抵押之数额对其承担责任。

504 土地所有权关系上的公共利益，在一些重要方面则是**通过许可要件（Genehmigungserfordernisse）**，即根据《德国建筑法典》的许可得到保障的。在缺少许可的情况下，土地登记簿主管机关不得进行登记，不过这同时也是实质的有效性要件。

第二节　从无权利人处的取得

505 鉴于土地交易通常具有很高的价值以及土地登记簿中的登记具有很强的权威性，**善意保护（Gutglaubensschutz）**在不动产法中是不可或缺的。

案例 2：老先生 E 拥有一栋装修完备的独户房子。他不忠实的女佣人 H 和 H 的男朋友 F——一个很失败的演员，决定一起骗取 E 的财产。当 E 外出进行 6 周疗养的时候，F 潜入了 E 的房子并住了下来。他乔装打扮成 E 并占据了 E 留在家中的相关文件。同时，H 请来了一位公证人；假冒的 E 表示，他想以非常便宜的价格将他的房子连同家具一起出售给他忠实的女佣人 H。相信这个骗局的公证人把买卖合同和土地让与合意记录下来作成了公证书，并将这些文件递交给了土地登记局，再由土地登记局将 H 登记为了所有权人。H 又将土地和家具一起出售给了 G，并让与了所有权。之后 H 和 E 带着价款潜逃了。当对此一无所知的 E 回来时，发现 G 住在了房子里。那么，谁是这栋房子和这些家具的所有权人？

506 第 892 条、第 893 条对（不动产的）善意取得进行了规定。

507 1. 不动产善意取得的唯一基础就是**权利外观原则（Rechtsscheinsprinzip）**；而产生权利外观的原因则是土地登记簿中的登记。

在案例 2 中，G 可以倚靠第 892 条的保护。虽然 H 作为所有权人被登记在了土地登记簿中，但是因为真正的所有权人 E 并没有将所有权让与给她，所以对她的这一登记是错误的。然而，当第 892 条所规定的前提条件满足时，G 仍然可以成为所有权人。如果是由假冒的 E 直接出售给 G，那么 G 无法成为所有权人。因为在这种情况下，G 所信赖的并非不动产登记簿，而是信赖假冒的 E 的行为和他的那些文件。对这方面的善意在此是无用的。

508 根据权利外观原则，第 892 和第 893 条仅仅以有利于某一善意人之方式产生法律效果，因而 *G* 必须满足善意人的前提条件。不过与土地登记簿强大的权利外观相对应的是，只有积极的知情，而非重大过失导致的不知情才对受让人的善意人地位产生不利影响，因此 G 无须对出卖人身份进行任何的考虑，除非他识破了这一骗局。此外，正如第 892 条所明确规定的，土地登记簿中存在**异议（Widerspruch）**就可以排除善意取得了，受让人对这一异议本身是否知情都无关紧要。而异议则是指一种对土地登记簿所登记内容的相反意见。异议消灭了权利外观，但不影响其他的登记效力。由于情况紧迫性，《德国民法典》简化了异议的登记，当土地登记簿的不正确性（参看下文本章第四节）可以得到确信时，通过法院的假处分（einstweilige Verfügung）就可以进行异议登记，参看第 899 条。

如果 E 在他疗养期间得知了 H 这一肯定不正确的登记，那么他就可以快速地通过对所有权情况的公告提出异议来阻止 G 的善意取得。

E 并未引起权利外观的产生（所有权变更登记到 H 名下并非因 E 的行为）这 509
一点，对于第 892 条而言是毫无意义的。例如，当登记的所有权人去世之后某人作为继承人被登记，但实际上另一个人才是真正的继承人时，也有可能发生善意取得。如果将土地和随之出卖的家具在法律命运上进行相互对比，那么就可以看出**善意取得基础上的区别（Unterschied in den Grundlagen des gutgläubigen Erwerbs）**。

对于作为动产的家具物品而言，则适用第 932 条及以下各条。由于这些家具物品属于占有脱离物（H 是占有辅助人，参看第 855 条，不享有占有），因此 G 不能善意取得，参看第 935 条。因为在第 892 条中不存在与占有脱离相类似的构成要件，所以 G 成为土地的所有权人。

2. 第 892 条适用于对土地或者土地权利上所有物权的取得，而不适用于债法上 510
权利的成立。

例如：在案例 2 中，如果 H 以预付租金的方式将该土地出租，承租人由于信赖土地登记簿而预先支付了租金，那么第 892 条对承租人是没有帮助的，因为租赁仅仅创设了一项债法上的权利。这项债权必须让步于 E 依据第 985 条所提起的诉讼。

第三节 预告登记

案例 3： V 因为工作关系而从慕尼黑被调任至多特蒙德，于是以现金支付的方式向 K 出卖了位于慕尼黑的一块住房用地。他希望如果他再次被调回慕尼黑，能够买回这座房子，并在买卖合同中作出了相应的约定。如何才能够合理地设计安排当事人双方的权利？

之前 K 支付价款，是他希望成为所有权人。而之后 V 只有在 K 仍然是所有权 511
人时，才能向 K 行使附调回条件的回购权。针对这种情形，第 883 条及以下各条创设了**预告登记（Vormerkung）**。这项制度保障了对不动产权利取得、消灭或者变更之请求权的实现。预告登记经合意和登记而成立；预告登记所登记的地方则是之后权利变更将被登记之处。预告登记保障的是一项债法上的请求权；同时也从属于这一请求权而存在。如果这一请求权不成立或者之后消灭，那么预告登记也同此命运。如果物权状况的变动妨碍了已经预告登记之权利的行使，那么当这一经预告登记的权利被主张时，该物权变动对预告登记权利人不生效，参看**第 883 条第 2 款**。这首先导致的是一种不太容易理解的**相对无效（relative Unwirksamkeit）**：违反预告登记所作的处分行为对于除预告登记权利人之外的其他任何人都是有效的。

例如：在上述**案例 3** 中，K 在 4 年后将土地出卖给 K1 并向其进行了土地所有权让与。K1 作为所有权人被登记在土地登记簿中并因此成为所有权人。（预告登记并不意味着禁止对违反预告登记的处分行为进行土地登记簿的登记。）2 年后，V 被调回了慕尼黑，并希望“重新拥有他的房子”。他对 K 享有一项基于原合同所产生的所有权取得请求权，K 则必须通过作出一项土地所有权让与的意思表示来满足这一请求权。如果对 V 而言，这项权利已经被预告登记了，那么 K 向 K1 作出的所有权让与对 V 是无效的。因此，在 K 和 K1 作为一方与 V 作为另一方的关系当中，K 仍然是所有权人（V 还不是所有权人，因为预告登记仅仅意味着违反预告登记的处分行为无效，而不是预告登记所保障的处分行为提前进行）。因此，K 能够将所有权让与给 V（如果不存在预告登记的效力，他将无法这样做）。然而，现在 V 还必须被登记在土地登记簿中，但现实情形看起来却与此相反，因为必须将土地（重新）让与给 V 的 K 并非登记的所有权人，而是 K1 作为所有权人被登记在了土地登记簿中。此处就必须适用另一项规定了。也就是说根据第 888 条的规定，K1 必须同意 K 所作出的土地所有权让与的意思表示，而不是 K1 自己进行土地所有权让与，因为他并非负有 V 和 K 之间买卖合同之义务的债务人。

512 第 888 条规定的 K 1 负有义务的同意，虽然只具有形式上的意义，但在实践当中却是不可或缺的。虽然在与 V 的关系中，K 仍然是实质上的所有权人，他在形式上却没有权利向土地登记局对该土地作出处分行为。这一权利实际上属于作为所有权人被登记在土地登记簿中的 K1。因此，法律规定违反预告登记而被登记之人负有形式上的同意义务，而并非负有作出实质上处分行为的义务。

在上述作为示例情形中，如果 K 和（或者）K1 并不自愿协助将土地让与给 V，那么 V 可以对 K 提起进行土地所有权让与的诉讼，而对 K1 提起同意所有权变更登记的诉讼。之后再基于这一判决，V 就可以被登记在土地登记簿中，从而成为所有权人。

513 任何一项变更不动产权利的请求权都可以进行预告登记。在实践中适用最为广泛的做法是，为一块土地的买受人进行**土地让与合意预告登记**（**Auflassungsvormerkung**），同时在土地登记簿上为其进行土地所有权变更登记之前就要求支付全部或者部分价款。如果买受人的所有权转让请求权通过预告登记得以保障，那么他就不需要担心出卖人作出其他处分行为，也不需要担心对出卖人进行的强制执行措施，参看第883条第2款第2句。因此，只要预告登记权利人不同意进行协助或者不放弃其权利，那么一块负担所有权让与合意预告登记的土地在实践中既不会被出卖也不会被抵押这种情形就很好理解了。

第四节 土地登记簿错误

由于存在第892条、第893条的规定，土地登记簿错误对于那些权利未被正确登记或者因错误登记而遭受负担之人而言很是危险的。土地登记簿错误也会造成其他的权利妨碍，原因就在于权利未被公示或者未被正确地公示。 514

在**案例1**中，在未与E2达成合意的情况下E1就对地役权进行了登记。但是因为不愿意给付所要求的费用，所以E2最终拒绝取得地役权。由于已经被登记地役权实际上并不存在，因此土地登记簿是错误的。而当E1想要出卖这一土地时，几乎没有买受人会同意接受他关于地役权实际并不存在的解释。因此，他必须通过进行**注销**（**Löschung**）的方式删除这一登记。

在土地登记簿错误的情况下，相关人根据第894条享有一项针对形式上因土地登记簿错误登记状态而受益之人的**土地登记簿更正请求权**（**Grundbuchberichtigungsanspruch**）。至于土地登记簿因何种方式产生错误，在此则是无关紧要的；即使错误是相关人自己造成的，他也享有第894条所规定的请求权。 515

也就是说，在案例1中，E1可以向E2请求作出对于注销地役权来说必要的形式上的意思表示。

但是，第894条是以存在错误的（*unrichtiges*）土地登记簿为前提条件的。债法上的请求权则必须通过其他方式来主张。在案例1中，如果地役权是通过物权合意和登记而产生的，并且E2向E1承诺废除地役权，因为他不愿意或者无法支付最初所约定的费用，那么E1就无法依据第894条主张相应的请求权，而是只能通过要求履行废除地役权合同的请求权来主张，从而使E2必须作出注销同意。 516

土地登记局不能对土地登记簿错误进行主动作为。如果更正错误因为被登记人拒绝同意而受到耽延，并且必须对其提出诉讼，那么在这种情况下，E1可以依据第899条的规定而借助针对土地登记簿正确性的**异议**（**Widerspruch**）（参看上文本 517

章第二节 1)。

本章小结

不动产法也有一个总则，其中包含了对所有或者大多数土地物权具有重要意义的规定。不动产法总则部分仅规定实体法，主要包括确定登记的重要性和必要性的规定。而如何进行登记之方式则规定在程序法，即《德国土地登记簿条例》之中。

对不动产权利的处分行为要求达成物权合意（例外情况则是第 875 条）以及在土地登记簿中进行登记。物权合意无形式要求即可生效，是就物上法律后果达成合意。登记是国家行为，必须在受变更影响之权利的土地登记簿页上公示该变更。然而，形式上的登记基础并不是对物权合意的证明，而是经过公证的登记同意，参看《德国土地登记簿条例》第 19 条，在进行登记时也可以参照登记同意。在欠缺经过公证的登记同意而进行登记的情况下，如果第 873 条的规定得到满足，那么该登记的权利也成立。唯一的例外是所有权让与：根据实体法的规定，此时土地让与合意（即物权合意）在形式上作成公证证书是必需，程序法在此也要求对物权合意的证明。土地让与合意既不能附条件，也不能附期限。

预告登记（*Vormerkung*）保障了债法上对不动产权利取得、消灭或者变更的请求权。虽然可能存在违反预告登记进行的登记，但是对于预告登记权利人而言，这种权利变更是无效的（并且仅对预告登记权利人无效，亦即相对无效）。

债务人仍然必须履行债法上的请求权，并且由于预告登记的效力也可以履行该请求权。根据第 888 条的规定，违反预告登记的被登记人负有同意对预告登记权利人进行登记的义务，不过这一同意仅具有程序法上的意义。

第 892 条、第 893 条所规定的善意保护（*Gutglaubensschutz*）完全建立在土地登记簿所产生的权利外观基础之上。至于土地登记簿错误的产生原因则是无关紧要的（不适用引起原则）。所有依法律行为的物权取得均适用善意取得，而与之相反，债法上的权利取得则不适用。善意只能在对土地登记簿错误积极知情时被排除，重大过失导致的不知情则无法排除善意。对内容上错误登记的登记异议排除了权利外观，并因此排除了适用善意取得的可能性。土地登记簿错误（亦即土地登记簿和实际权利状况相矛盾）导致相关人依据第 894 条的规定享有土地登记簿更正请求权。土地登记簿错误是如何产生的，在此并不重要。

参考文献

Prütting，§§15 - 24；H. P. Westermann，§§12 - 18；Wolf/Wellenhofer，§17.

第十九章 土地担保权

第一节　意义和种类

在第 1113 条及以下各条中规定了抵押权、土地债务（Grundschuld）和定期金土地债务（Rentenschuld）（所谓的土地担保权）。 518

土地担保权作为一种特别重要的限制物权种类，在上文中已有所提及（参看上文第十八章第三节）；土地担保权主要是作为银行长期信贷的**担保手段（Sicherungsmittel）**，在许多情况下用于土地购买和自住房建设的融资当中。有时，土地出卖人的权利也会以上文已经提及的剩余价款抵押的形式得到担保。土地作为价值客体特别受到欢迎，其价值稳定并且相对容易进行估值；土地担保权法是经过全面整体之思考和精细完善之设计的，因此风险，尤其是债权人的风险得以很好地被排除。 519

除了各种不同形式的抵押权之外，还存在着土地债务以及作为其亚种的定期金土地债务。在当今的实践中，土地债务具有最为重大的意义。相比之下，在法律体系编排方面则是由抵押权所塑造。然而，在涉及这些权利的产生方面，也必须始终回溯到第 873 条及以下各条之适用。 520

第二节　抵押权和土地债务

抵押权是一种通过对作为担保客体的土地进行变价，从而使债权获得清偿的物权。通过强制拍卖或者强制管理可以实现债权的清偿；与之相应的是，抵押权人可以 521

要求受抵押负担之土地的所有权人容忍这一强制执行，参看**第 1147 条（§ 1147）**，不过很自然，其前提必须是抵押权因受担保之义务未履行而已届实现期。

522 1. 抵押权的物权性体现在，债权人的权利行使并不取决于债权的债务人是否或者仍然是受抵押负担之土地的所有权人。

案例 1：E 拥有一块未设负担的土地，但他急需用钱；Gl* 1 借给他 15 000 欧元，同时设立了抵押担保，Gl 2 借给他 5 000 欧元，没有担保。

如果 E 破产了，Gl 2 只能从 E 的整体财产中按照其债权所占比例获得清偿，他在这种情况下有可能面临债权“落空”的风险。相反，Gl 1 可以从土地中获得完全清偿。如果 E 将土地出卖给了 E1，只要 E 不偿还欠款（E 仍然是债务人），债权人 Gl 1 就可以继续对土地进行强制执行。而 Gl 2 只能要求 E 清偿债务，就像 Gl 1 基于债权本来就所能做的那样。

523 在**土地债务（Grundschuld）**中，土地担保权和债权之间并不强制要求存在物权法上的联系。

这一点通过比较第 1113 条所规定的抵押权定义和第 1191 条所规定的土地债务概念就很显而易见了。在第 1191 条中不存在这样的额外规定：“为了清偿其所享有的债权”。另外参看第 1192 条。

524 土地债务赋予债权人通过将受负担之土地进行变价从而收取土地债务金额的权利。土地债务在某种程度上是独立的，而**抵押权（Hypothek）**则依附于债权，即通常所说的**从属性（Akzessorietät）**。不过现在，土地债务一般也会被用来担保某一债权［所谓的**担保土地债务（Sicherungsgrundschuld）**］；但是，作为担保的土地债务并像抵押权那样强制（*zwingend*）地以一项债权为前提条件（有关其后果的详情参看下文本节 2）。

525 当债权的债务人和受负担之土地的所有权人是不同人时，这在抵押权和土地债务方面都是有可能的，物权和债权并存就变得特别明显了，而债权人则必须同时是债权和担保权的持有人。

在**案例 1** 中，如果 E 将土地出卖给 E1，那么 E 仍然是这一债权的债务人（除非 E1 承担了该债务；对此参看第 414 条及以下各条，特别是第 416 条）；他必须偿还借款。作为土地的所有权人，之后 E1 则必须容忍债权人 Gl 1 在 E 拖欠借款时对土地进行强制执行，以便使其债权获得清偿。如果债权人 Gl 1 在土地被强制拍卖时放弃了抵押权，他仍然可以要求 E 对这一债权进行清偿，但他对 E1 却不享有偿还借款请求权。

---

* Gl 实为德语 Gläubiger（债权人）的缩写。——译者注

2. 在担保债权的土地债务方面，以上结论最终也没有经济上的太大区别。然而，确定抵押权和土地债务的关键区别在于两者**与债权的不同关系（unterschiedliche Verhältnis zur Forderung）**：抵押权依附于债权，是债权决定了，这一权利是债权人所享有的抵押权，抑或是（在接下来将要讨论的第 1163 条第 1 款第 1 句的情况下）土地所有权人所承担的土地债务。此外，抵押权与债权并不因债权让与而互相分离，参看第 1153 条。与此相反，土地债务和债权可以任意地被让与给不同的人，其结果就是本来为自己的义务设立了土地债务的所有权人可能被其他个人债权和土地债务的持有人主张权利［尽管这种情况不会发生两次，详情参看下文本节 2(1)］。债权对于本身作为物权的土地债务之成立与存续以及对于债权人到底是谁的身份而言，并不重要；但是，当债权人获得了其金钱并且负有返回或者消灭该担保权的义务时，债权就具有重要意义了，参看下文本节 2(2)。 526

(1) **抵押权之从属性（Akzessorietät der Hypothek）**所产生的最重要的结果则被规定于第 1163 条第 1 款第 1 和 2 句、第 1153 条、第 1154 条之中。根据第 1163 条第 1 款第 1 句的规定，当抵押权所要担保的债权不成立时，这一抵押权由被设立负担之土地的所有权人享有。随着债权的消灭，比如通过清偿（第 362 条），抵押权也归土地所有权人所享有，参看第 1163 条第 1 款第 2 句。在这两种情况下，该权利之后就成为所谓的**所有权人土地债务（Eigentümergrundschuld）**，参看第 1177 条。 527

这一所有权人因此而在其自己的土地上享有一项真正的独立物权；在他出卖土地之时，如果未明确以法律所规定的形式同时让与这一土地债务，则他可以继续保有该项土地债务。

案例 2： E 想要从 Gl 那里借款 10 000 欧元，并以在他土地上设立抵押权的方式对这笔借款进行担保。在提供借款之前，就已经进行了抵押权登记。

依据第 1163 条第 1 款第 1 句的规定，这项抵押权作为所有权人人土地债务而归属于 E。不过一旦提供了借款，既无须 E 和 Gl 之间达成新的物权合意，也无须变更土地簿登记，这项所有权人土地债务就会转变为一项债权人的抵押权。这也适用于建筑融资中通常采用的借款债权逐步估价（schrittweise Valutierung）。因此，这常常也被称为临时的所有权人土地债务（vorläufige Eigentümergrundschuld）。 528

债权的消灭也同样自动地使所有权人获得抵押权，参看第 1163 条第 1 款第 2 句。每一笔即使再小额的部分清偿，都会导致部分债权的消灭；抵押权会分解为相应的所有权人土地债务和债权人的抵押权。这对于所谓的清偿抵押权（Tilgungshypothek）而言尤为重要。在清偿抵押权情形下，借款是无法通知解除的，而是以通常相当小额的每年分期付款之方式得到清偿，其中也包括应付给债权人的利息。抵押权和债权的关联性也体现在以下这一点上，即根据**第 1137 条**的规定，债务人 529

针对债权所享有的抗辩权［在案例 2 中，如果 Gl 之前承诺，只有在 E 实现了其所参与之公司的补偿请求权后才会主张借款偿还请求权］，也适用于抵押权。根据**第 1157 条**的规定，这也可以对抗抵押权的受让人，正如**第 1153、1154 条**所规定的，该受让人是在债权让与时“一并取得”了这一抵押权；这是抵押权和债权不可分离的结果。

530 所有权人土地债务的设立，可以保护所有权人在债权成立之前免受债权人取得该担保权以及强制执行的可能性。在这种情形下，法律并未选择使物权的成立完全取决于债权的存在这种方式，而是通过由土地所有权人获得这一土地担保权的方式来解决问题。所有权人土地债务是一项真正的物权。

531 （2）在**“担保土地债务”（Sicherungsgrundschuld）**的情形中，如果债权不存在或者债权消灭，那么债权人原则上基于担保合同而**负有返还土地债务之义务（Rückübertragung der Grundschuld verpflichtet）**，当且只要债权人从债权中所产生的请求权得到了“满足”，债权人就不允许对土地债务进行（债法上的）处置了。第 812 条也对这一返还义务进行了规定，这在实践当中很重要，因为（与银行系统化的不动产信贷不同）担保合同并非总是非常地明确得到订立。这种返还请求权也可以以抗辩权之方式来对抗土地债务的主张。

如果在**案例 2** 中涉及的是一项土地债务，那么在其他成立的前提条件都具备的情况下，债权人将在土地登记簿中进行登记之后取得这一土地债务。如果债权未成立，债权人就必须将这项原本应该担保债权的土地债务让与给 E。

532 在担保土地债务方面，最近时常会出现一个引起公众关注的问题是，其中一个资金上较为困难的债权人（比如银行）之前已经将担保土地债务让与给了一名投资者，而现在这名投资者想要向受负担之土地的所有权人主张权利。如果土地的所有权人想要辩解，称自己已经履行了所担保之债权上的义务，那么就应该类似抵押权中的情形那样考虑第 1157 条。然而，投资者可能会援引自己对所担保的债权并不知情，因为这对土地债务之存续而言实际上也并不重要，那么投资者因此可以主张在第 1157 第 2 句之意义上已经“无可抗辩地”取得了担保权。2008 年生效的**《风险限制法（Risikobegrenzungsgesetz）》**尽管仅适用于其生效后的担保土地债务让与，但这一修订旨在解决上面这一早已出现的问题，其方式便是新增的**第 1192 条第 1a 款**，禁止受让人（在上述例子中就是投资者）援引第 1157 第 2 句。这一新规定是否行之有效则还有待后续的观察。

533 3. 对于抵押权的成立，除了满足第 873 条及以下各条所明确规定的前提条件和债权的存在之外，还以**证书交付（Briefübergabe）**作为必要之条件，参看第 1117 条。这一规定也适用于土地债务。在证书交付之前，该权利则是一项所有权人土地债务，参看第 1163 条第 2 款。

证书土地担保权（Briefgrundpfandrecht）和**登记土地担保权（Buchgrundpfandrecht）**的区别对于实践，尤其是系统化的不动产信贷实践而言，非常重要。在证书抵押权和证书土地债务的情形下，土地登记局还会对该权利出具一份证明文书，即所谓的“证书”（Brief）。在主张这一权利时，对证书的占有是必要条件，参看第1160条；占有证书使在土地登记簿之外让与这一权利成为可能，参看第1154条；交付证书是债权人取得这一权利的必要条件，参看第1117条。证书土地担保权也成了通常情况下会采用的形式。如果当事人仅希望成立一项登记抵押权或者登记土地债务，那么他们必须就排除使用证书达成合意。这一排除合意还需要在土地登记簿中进行登记，参看第1116条。 534

4. 与土地担保权的担保目的相对应的则是，对取得该类型之权利的**善意保护（der Schutz des guten Glaubens）**尤为显著。 535

第892条、第893条也适用于土地担保权。 536

案例3：N在并非所有权人的情况下（之前对他进行土地让与的合意无效），被登记在了土地登记簿上；他为了担保Gl的一项债权而在土地上设立了一项抵押权。

依据第892条的规定，N实际上并非所有权人这一点不会使Gl遭受损害。真正的所有权人必须容忍强制执行。这里的债务人则是N。 537

由于第892、893条仅适用于物权，也就是说在债权方面并不产生效力，因此为了法律交往方面的利益，法律必须创设一项**额外的保障（zusätzliche Sicherheit）**。这就是第1138条的作用所在。**第1138条**将土地登记簿的善意保护扩张到了债权，但仅限于抵押权从属于债权这种情况。第1138条对从债权中所产生的支付请求权毫无影响。 538

案例4：E为了担保一笔贷款而为Gl设立了一项证书抵押权。一段时间之后，E偿还了贷款，但土地登记簿中的抵押权未注销，抵押权证书也并未返还给E。

依据第1163条第1款第2句的规定，这一抵押权就变成了E的所有权人土地债务。如果此时Gl仍然将宣称所享有的债权根据第1154条的形式让与给Gl 1，那么Gl就是作为无权利人进行了处分行为，因为他不享有该债权并因此也已不再享有这一抵押权了。然而，依据第1138、892条的规定，Gl 1是受到保护的。Gl 1取得了此时作为抵押权的E所享有的所有权人土地债务，但没有取得债权；因为对于作为独立权利的债权而言，第892、893条并不适用，并且通常而言，除非考虑到第405条所规定的极少数例外情况，也不可能善意取得一项并不存在的债权。因此，如果Gl 1提起诉讼要求E支付贷款金额，诉讼将会被驳回，但要求容忍对土地强制执行的诉讼反而将会得到支持。 539

以上所论述的规定仅适用于一般形式，即适用于流通抵押权（Verkehrshypothek）。而**保全抵押权（Sicherungshypothek）**的特点恰恰在于，第1138条对其并不 540

适用，参看第1184条或者第1185条。这也使保全抵押权对于所有权人而言“更为安全”。因此，保全抵押权这一名称也并非意指其担保了一项债权；事实上，每一项抵押权都在担保债权。

假如在案例4中的抵押权是一项保全抵押权，那么Gl 1也就不会取得物权了。因此，不仅他要求支付的诉讼会被驳回，其要求容忍强制执行的诉讼也会被驳回；这一权利作为所有权人土地债务将从始至终都由E所享有。

541 5.法律上对**土地债务的适用（Behandlung der Grundschuld）**原则上参照抵押权的规定，其例外在于，所有那些源自抵押权从属性的规定对于土地债务而言均不适用，参看第1192条。据此，首先不适用的是第1153条的规定；而第1154条仅适用其中有关让与形式的规定，但涉及债权和土地担保权强制关联的规定则不适用。第1138条中涉及债权的部分规定也不适用；有关抗辩权的适用在上文本节2(2)中已作论述。

542 6.通过对**土地担保权客体（Gegenstand des Grundpfandrechtes）**的规定，法律确定了责任的范围并因此而确定了债权人行使权利的范围。首先，土地及其所有的成分都属于土地担保权的客体。因此，只要孳息还是土地的重要成分，那么其也要承担担保的责任。在与土地分离之后，只要孳息没有因分离而由并非土地所有权人的另外一个人所有，那么孳息还是和所有其他土地成分一样，依然要承担担保责任，参看第1120条及以下各条。法律在此将经济上相统一之部分都规定为土地担保权的客体，包括土地及其从物，已经分离的孳息，以及租赁债权、土地用益租赁债权和保险债权，等等。当然，只有那些属于土地所有权人所有的从物才承担担保责任；换言之，例如土地所有权人以所有权保留的形式所取得的农业机械就不承担担保责任。

本章小结

抵押权、土地债务和定期金土地债务被统称为土地担保权。这些土地担保权的经济意义就在于，它们是一种特别有效的债权担保方式。在这些担保情形下，需要区分因土地担保权而产生的，涉及容忍对土地强制执行的权利以及因债权而产生的，涉及支付的权利。抵押权和土地债务的区别就在于它们与债权的不同关系。抵押权（*Hypothek*）依附于债权（具有从属性）；在债权不存在或者消灭的情况下，抵押权将转变成为所有权人土地债务。通过这种方式，法律保护所有权人免受无权（unberechtigt）之抵押权侵害，并且在存在数个抵押权或者所有权人土地债务的情况下，针对后来登记的“次顺位”者保障所有权人的顺位利益。在担保债权的土地债务（*Grundschuld*）中，如果债权不存在或者消灭，那么根据第812条的规定，所有权人就享有一项抗辩权。抵押权的从属性则要求抵押权和债权不可分开让与；

随着债权的移转，抵押权也自动移转了。立法者致力于保护已设立担保土地债务的所有权人，使其不会因债权和担保权被让与给一个对债权状况善意的受让人而丧失其对债权和担保权的抗辩权。

土地担保权的设立和让与适用第 892 条、第 893 条有关从无权利人处取得权利的规定。第 1138 条的规定则消除了由于抵押权对债权的依附关系而可能给受让人带来的风险。但是，这仅仅适用于因抵押权而产生的权利，而不适用于债权，因为债权无法从无权利人处取得。土地债务适用有关抵押权的规定，但那些源自抵押权从属性的规定则不适用。

土地及其成分、分离的孳息、租赁租金、土地用益租赁租金和保险债权在强制执行中构成了责任上相统一之部分。

参考文献

Prütting，§ § 53 - 66；Westermann，§ § 19 - 2；Wolf/Wellenhofer，§ 26.

第二十章

婚姻与亲属关系

案例： 48岁的M与40岁的S是一对结婚已久的夫妻。M是一名自由职业的建筑师，其妻子S女士则经营着两家时装精品店。在婚姻关系存续期间两人育有两名子女，分别为17岁的女儿A和14岁的儿子T，目前都还在上学。M和S长期以来一直处于分居当中，但是出于“经济上的原因”，两人从未认真考虑过离婚。即便M离开家庭生活共同体搬了出去，并且与他建筑事务所的一名女员工G一起同居了，M和S也从未动过离婚的念头。29岁的G女士是有夫之妇，由于其丈夫O在一家外国石油公司工作且常年被派驻海外，两人已经有好多年没有一点联系了。现在G女士怀孕了，她和M都期待着这个孩子的诞生，加之他们本来也希望能继续一起生活下去，这就促使她和M考虑是否应该结束各自的婚姻关系并与对方结婚。然而，S女士还是拒绝离婚。

第一节　婚姻法的基础

543　1. **婚姻是男女之间在法律上获得完全承认的生活共同体（rechtlich voll anerkannte Lebensgemeinschaft zwischen Mann und Frau）**，不过众所周知，近年来同性伴侣之间持续且**正式缔结的（formell geschlossene）**结合关系在许多方面已经与婚姻相同了[57][*]，并

---

* “生活伴侣”一词，德文原文为Lebenspartner，但不可在日常用语层面从其字面意思上对这一概念进行理解，在德国家庭法中，这一术语仅指同性之间的伴侣关系，参看［德］玛丽娜·韦伦霍菲尔：《德国家庭法》（第6版），雷巍巍译，中国人民大学出版社，2023年9月第1版，第225页。——译者注

[57] 2001年2月16日通过的《生活伴侣关系法（LPartG）》，BGBl I S. 206。

且理应通过联邦宪法法院之支持而得到进一步的提升。* 几乎没有其他任何一种法律制度会像婚姻法律制度一般，对个人和法律共同体都具有如此重要之意义。也没有一种制度会像婚姻制度一般，会如此深入地关注法律之外其他的（尤其是宗教的、伦理的、社会政策的）生活秩序。尽管存在非婚生活的普及，但就像趋于终生之约束一样，在生活伴侣关系中也同样适用的单配偶婚姻（Einehe，在异性婚姻时即为一夫一妻原则）原则，在得到坚持这方面上，这种结合的法律制度规定以及与此相对应大量同时规定的其他家庭法内容也是不容忽视的。

婚姻法在第二次世界大战之后的发展首先是由《基本法》**第 3 条**所规定的男女 544
平等对待要求（**Gleichbehandlungsgebot**，平等原则）所确定的。这一点对家务劳动之义务和从事职业之权利产生了特别的影响。之后在离婚法律制度中，追求男女平等也得到了贯彻，其目的在于防止试图从婚姻中解脱出来的婚姻一方由于存在经济状况恶化之危险而间接地受到婚姻义务的束缚。而虽然在婚姻上是一名“被抛弃者”，但经济上更为强势或者干脆就是婚姻关系存续期间独自有收入的一方，则经常会将此视为“扶养奴役”** （Unterhaltsknechtschaft）。这一点以及其他更多社会性—人性（gesellschaftlich-menschlich）的发展可能最终会促使非婚同居被选择作为婚姻的预备阶段，甚或越来越多地被选为婚姻的替代形式。

家庭法的规定并不适用于**非婚同居**（**nichteheliches Zusammenleben**），因此在法 545
律上需要通过对此其实并不太适合的债法规定来解决这种紧密的人身关系，这导致了很多法律上的问题。例如，在同居共同体关系破裂之后的财产清算问题上可能需要适用不当得利法或者合伙法的规定，部分情况下也要适用连带债务人补偿的规定（第 426 条，对此参看上文第十一章第二节 3 中的论述）。在一些特别规定中，法律则对非婚伴侣（也包括生活伴侣）的共同生活进行了规范，制定了在很大程度上与适用于已婚配偶的条文更加相似的规定了。例如，生活伴侣一方，可以根据第 563 条第 1 款第 2 句的规定在另一方死亡之后加入由其建立的租赁关系当中，而第 563

---

* 德国立法机构于 2017 年 7 月 20 日公布《有关引入同性结婚权法》，同年 10 月 1 日起生效，正式决定也对同性伴侣开放婚姻制度，即所谓的“面向所有人的婚姻”（Ehe für alle），同性伴侣之间也可以据此缔结一般法律意义上的婚姻。之后德国立法机构于 2018 年 12 月 18 日公布《有关实施引入同性结婚权法之法律》，同年 12 月 22 日起生效，正式在法律层面上全面确立普遍性的婚姻制度，随后对各种不同的法律规定进行了调整，以使其与“面向所有人的婚姻”相适应。同时，德国家庭法上对婚姻的理解，也突破了过去一男与一女（一夫一妻）之间结合，而是扩大到了包括同性在内的两个人之间的结合（《德国民法典》第 1353 条第 1 款），参看［德］玛丽娜·韦伦霍菲尔：《德国家庭法》（第 6 版），雷巍巍译，中国人民大学出版社 2023 年 9 月第 1 版，第 6、32 页。此外，原先的《生活伴侣关系法》在实践中也失去很大一部分意义，目前只适用于 2017 年 9 月 30 日之前所成立并且继续维持的生活伴侣关系，参看［德］玛丽娜·韦伦霍菲尔：《德国家庭法》（第 6 版），雷巍巍译，中国人民大学出版社 2023 年 9 月第 1 版，第 225 页。——译者注

** 德文并不像中文一样根据血亲中的尊卑关系而将扶养区分为抚养、赡养以及扶养，也不会将亲属之间的扶养和婚姻配偶双方之间的扶养扶助义务作出区分，而是统一以 Unterhalt（本意为维持生活）一词来表达血亲之间、配偶双方之间的法定扶养义务，下文将根据中文习惯适当在译文中予以区分，尤其是涉及子女抚养（Kindesunterhalt）时。其他一般性地论述扶养义务时仍旧翻译为扶养（Unterhalt）。——译者注

条第 2 款第 4 句对于“与承租人有长期共同家庭生活关系”之人也有相类似的规定。

546 2. 婚姻法本身的基础是法律上所规定的**生活共同体义务（Pflicht zur Lebensgemcinschaft）**，参看第 1353 条。这一义务涵盖了所有的生活领域；只能以列举其中部分领域的方式对其进行具体描述。同样，生活伴侣之间也互相负有进行共同生活构建之义务，参看《生活伴侣关系法》第 2 条。

因此，M 和 G 之间的关系并非婚姻，即使他们之间有了一名子女，两人也并非婚姻关系。另一方面，S 女士对她的丈夫享有要求恢复婚姻生活共同体的请求权，然而她也不能强迫她的丈夫与她以及他们的子女重新恢复居住共同体；因为一旦婚姻破裂，这项请求权就会丧失（第 1353 条第 2 款*），而鉴于本案中 M 和 G 之间关系的发展情况，M 和 S 之间婚姻破裂的情况很有可能必定会发生（G 和 O 之间的婚姻同样也会这样）。如果 M 和 G 各自并没有离婚，因此之后也不能互相结婚，那么在他们之间可能会存在一段较长时间的生活共同体，甚至是在带着子女的情况下，这在外表上与婚姻确实有很多相似之处，而与此同时，这对伴侣与各自配偶的婚姻则仅仅只是“一纸空文”而已。这种情况将带来复杂的规范难题。

547 非婚生活共同体只能基于双方当事人之间在法律上获得广泛认可的约定。例如，约定劳动或者其他经营性共同体可以被视为第 705 条及以下各条意义上的合伙而进行规范上的适用，因此在这种共同体解散时，财产分配请求权应当得到认可。因此，在本案中 M 和 G 可以达成建筑事务所中的职业合作约定。然而，最为关键之处在于，人与人之间的生活共同体随时可以终止，也无须重大理由或者法官判决，但是对于雇佣合同而言（在本章开头的案例中，G 仍然受雇于 M），所要适用的规定就有所不同了。

548 3. **结婚（die Eheschließung）**是订婚双方自愿所作出的约定［无法依据婚姻允诺（Eheversprechen），即所谓婚约而起诉要求结婚，参看第 1297 条］。结婚需要符合一定的形式，即结婚双方同时在场的情况下向民事身份机关（婚姻登记机关）公职人员亲自作出结婚的表示，参看第 1310 条，并且在其前提条件和法律后果方面，与一般合同法相比，法律都进行了特殊的规定。其中一条特殊的规定就是适婚年龄，参看第 1303 条。生活伴侣关系同样需要根据各州的法律通过向主管机关作出正式表示而建立，并且就如同婚姻一样（对此参看第 1306～1308 条），也存在禁止在近亲属之间缔结生活伴侣关系的规定，参看《生活伴侣关系法》第 1 条第 2 款。

---

* 原文为“§ 1351 Ⅱ”，即“第 1351 条第 2 款”，但该条已于 1938 年 8 月 1 日被废止，经查原文应为“第 1353 条第 2 款”的讹误，即“配偶一方请求履行生活共同体义务时，若这一请求为滥用权利或者此时婚姻已经破裂，那么配偶另一方则不负有履行的义务”。——译者注

除了婚姻对配偶双方财产的影响，即所谓的婚姻财产制法方面之外，婚姻的其他方面均不存在通过双方的意思表示进行自由安排的可能性。

不存在放弃婚姻生活共同体义务的可能性，哪怕是部分放弃也不行，无法缔结有时间限制的婚姻，也不能通过合同废止婚姻（不过，在离婚程序中，配偶双方实际上仍然可能通过表示而对离婚判决产生影响）。但是，在婚姻姓氏以及家庭姓氏方面还存在着一定的自由决定空间（参看第 1355 条，在此值得强调的是，与之前的法律规定相比，该条取消了原先强制使用一个共同家庭姓氏的要求，并且根据第 1355 条第 1 款第 3 句的规定，没有确定婚姻姓氏的配偶双方将保留婚姻缔结时各自本来所使用的姓氏）。

4. **婚姻的法律后果（Folgen der Ehe）**则是从婚姻生活共同体义务中所产生的一系列法律上的具体化结论。 549

（1）根据**第 1355 条第 2 款**的规定，婚姻姓氏应为结婚时配偶一方所使用的姓氏；因此，配偶双方可以将丈夫或者妻子出生时所使用的姓氏确定为婚姻姓氏。法律并未规定可以将双方的姓氏组合成为一个复姓（Doppelname）来使用。不过根据第 1355 条第 4 款的规定，其出生时所使用的姓氏并未成为婚姻姓氏的配偶一方，可以将自己出生时所使用的姓氏放置于婚姻姓氏之前或者之后使用，但是，如果所确定的婚姻姓氏，亦即配偶一方出生时所使用的姓氏，本来就由多个姓氏所组成，那么就不适用这一规定。通过这一规则，法律意在避免过长或复杂的姓氏组合。[58] 550

（2）**家务管理（Haushaltsführung）**必须由配偶双方协商一致进行安排；家务管理已经不再像从前那样仅仅是妻子一方的事务了。不过，只要有年幼或者尚未成年的子女需要照顾，那么一般来说由妻子负责家务管理将会是一个较为合理的解决方法。但是，妻子也有从事职业之权利，参看第 1356 条第 2 款，并且如果从事职业很合理且对家庭扶养来说是必要的，那么妻子也必须从事职业，参看第 1360 条。 551

在**本章开头的案例（Ausgangsfall）**中，只要 M 和 S 仍然共同生活在完整的婚姻关系中，那么他们双方对各自从事职业行为的决定就应该取决于子女的年龄，M 经营建筑事务所获得的收入以及 S 经营时装店获得的收入。如果 M 的职业生涯尚处于起步阶段，而 S 所经营的生意则很好，那么就可以想象，S 负有继续经营生意之义务，而 M 此时也不应该额外地将照顾孩子和从事家务的责任交给自己的妻子；但是，如果子女已经不再需要持续照顾了，那么情况可能就有所不同了。

基于配偶双方均负有处理家庭事务之义务，在从事**满足家庭生活需求之事务** 552

---

[58] 婚姻姓氏法长期以来一直是（婚姻家庭）法律改革探讨的主题之一，详情参看 *Battes*，FS H. P. Westermann，2008，S. 93 ff。

（**Geschäften zur Deckung des Lebensbedarfs der Familie**）的情况下，即使这一事务通常情况下一人就可以单独决定，配偶任何一方此时也有代表另一方的权利，参看**第 1357 条**，由此也会导致配偶双方共同承担责任。这一规定取代了早先主要关注妻子一方的所谓“钥匙权”（Schlüsselgewalt）之概念。而与代理权（Vertretungsmacht）相比，这一规定的特点在于行为人自己也负有义务。该规定的目的则在于保护作为第三人的合同相对人，使其在与行为人从事满足家庭生活需求之事务时，无须担心行为人的配偶对事务中的决定是否表示同意。不过在配偶双方分居，参看第 1357 条第 3 款，或者“根据情形得出了一些其他结论”的情况下，参看第 1357 条第 1 款第 2 句，这一规定就不适用了。

因此，在本章开头的案例中，如果 G 在纺织品店中订购的是带有 M 姓名字母组合的衬衫来作为送给 M 的礼物，O 也并不会由此而成为合同一方。

553 （3）作为“家庭扶养”义务的一部分，**配偶双方之间互相的扶养义务（die gegenseitigen Unterhaltspflichten der Ehegatten）**涵盖了全部的生活需求，参看第 1360、1360a 条。在这方面，丈夫和妻子是平等的，但这也并非意味着配偶双方必须总是平均对扶养进行给付。相反，各自提供的扶养多少应该由配偶各方的给付能力决定。扶养应以现物给付（in Natur zu leisten）为原则。但是在个人领域，配偶任何一方都可自行决定，可以在多大范围内任由自己使用相应金钱数额来实现扶养。

在配偶双方当中只有其一人从事职业并且唯一有工作收入的丈夫，是不能决定是否为其妻子购买大衣，也不能决定她应当购买什么样的大衣。对此丈夫必须任由她自行决定，之后丈夫或是为此支付款项，参看第 1357 条，或是提供相应的金钱以供妻子使用，也参看第 1360a 条第 2 款。

554 **配偶双方分居情况下的扶养（der Unterhalt bei Getrenntleben der Ehegatten）**在第 1361 条中进行了特别的规定，是根据分居开始时的生活状况来确定的。在通常情况下非常复杂的计算中，这会涉及配偶双方的收入、资产收益和支出（包括预备性供养的支出）。

在本章开头的案例中，S 女士可以请求以定期金钱形式的扶养（第 1361 条第 4 款）。但在满足第 1361 条第 2 款的前提条件下，她可能会被要求通过其自己的职业收入来维持生计。只要她还需要照顾双方共同的子女，那么 M 对她就负有扶养的义务。

555 （4）对亲属也同样负有扶养义务，并且根据婚生子女和非婚生子女之间的地位相平等原则，非婚生子女也包括在亲属的范围之内。在本章开头的案例中，M 的妻子 S，两人在这段婚姻中所生的子女 A 和 T，以及后来 M 与 G 所生的子女，针对

M均享有扶养请求权，但是G本人并不享有该请求权。与婚姻配偶之间的扶养请求权（第1360a、1360b条）相对应的是，生活伴侣互相之间也享有扶养请求权（《生活伴侣关系法》第5条）。

5. **婚姻财产制法（das eheliche Güterrecht）**调整的是婚姻对配偶双方的财产所产生的法律后果。婚姻生活共同体也应该对配偶双方的财产产生影响，这种思想是非常合理的。但是，在这方面法律给予了婚姻配偶双方一定的自由安排空间。 556

（1）**法定婚姻财产制（Gesetzlicher Güterstand）**是财产增益共有制。但是只有在配偶双方未通过婚姻财产制法上的协议确定其他婚姻财产制时，才适用法定婚姻财产制，参看第1363条第1款。**财产增益共有制（die Zugewinngemeinschaft）**并没有改变根据一般民法规定所确定的财产归属；任何一方配偶仍然还是自己财产的所有权人，并且保留其在婚姻关系存续期间所取得的财产或者结婚之前所拥有的财产。从这个角度来看，在法定婚姻财产制中首先存在着分别财产制（Gütertrennung）[一种就叫分别财产制的选择婚姻财产制即将在下文本4（2）中论述]。因此（经常会被忽视的是），配偶一方也不对另一方的债务承担责任。此外，任何一方配偶都自行管理自己的财产，参看第1364条。只有在处分整体财产，参看第1365、1366条以及家居物品，参看第1369条时，才必须取得配偶另一方的同意，这中间就体现了共同体的思想。对于诸如土地这样的个别标的，由于其在财产中可能占据非常重要的地位，因此对其处分就将被视为对整体财产的处分。如果配偶另一方不同意，那么即使行为相对人对必须取得配偶同意这一点并不知情，这一法律行为也无效；只有当处分涉及时个别标的，而行为相对人又对这一标的在整体财产中的重要性并不知情，那么这一第三人才受到保护，该法律行为是有效的。第1365条在配偶一方的土地交易实践中起着非常重要的作用；因此，在购置住房用地这方面，人们普遍认为，应该由配偶双方共同购买。 557

在**婚姻因配偶一方死亡而解除（Auflösung der Ehe durch den Tod eines der Ehegatten）**的情况下，则根据第1371条的规定进行增益补偿（Zugewinnausgleich）；在此会适用一条在继承法中所规定的简单的总括式（pauschalierende）规则。根据**第1931条第1款**的规定，生存配偶与第一继承顺位的亲属[也就是子女或者（外）孙子女]共同继承的，其继承份额为遗产的1/4，此外其还将获得另一份为遗产1/4的继承份额，参看第1371条。因为不管在婚姻关系存续期间配偶双方的财产增益是多少，甚至是否出现了财产增益，这一规则适用的结果都不受影响，因此不需要对财产进行复杂的评估以及对财产的变动进行计算。通过这一相当高的分配份额，不仅是过去的生活共同体方面，而且生存配偶可能需要对婚姻中的子女负有抚养义务这一情形也得到了充分的考虑。 558

在本章开头的案例中，如果M和S结婚时就适用法定婚姻财产制，而S女士不幸去世，那么基于第1931条的规定，M作为法定继承人将与A以及T

这两名子女共同继承，其份额为遗产的 1/4，并且根据第 1371 条的规定他还将另外继承 1/4 的遗产。考虑到 M 和 S 之间婚姻关系的发展状况，很容易会想到要排除 M 的配偶继承权，而根据第 1933 条的规定，这不仅要求被继承人死亡时已具备离婚的前提条件——这是很可能会出现的情况，参看下文第二节 1——而且需要被继承人之前就已经提出离婚申请或者已经同意离婚。但在该案中却不存在这一情况。因此，如果想要阻止将来 M 享有配偶继承权，那么 S 女士就必须立一份剥夺 M 继承权的遗嘱，尽管之后 M 还是可能会主张一项特留份（Pflichtteil，义务份）请求权（详情参看下文第二十一章第二节 4）。

559 与婚姻因配偶一方死亡而解除的情况相反，在**婚姻因离婚而解除（Auflösung der Ehe durch Scheidung）**的情况下，增益就将根据具体的情况而进行补偿。这意味着，配偶双方的最终财产（Endvermögen），也就是在向法院提出离婚申请时各自的财产总额将与他们的初始财产（Anfangsvermögen）相比较；超出的部分即为各自财产的增益。如果配偶一方的财产增益高于配偶另一方的，那么超出的这部分将进行平分，参看第 1378 条。不过这里所涉及的并非现物的平分，而是先对超出部分的价值进行计算，然后再由取得较高增益的配偶一方将超出部分价值的一半以金钱形式支付给配偶另一方。在生活伴侣关系中也适用类似的规定，只是《同性伴侣关系法》（《同性伴侣关系法》第 6 条）在此称为“补偿共同体”。而生活伴侣双方也可以通过“生活伴侣协议”（《同性伴侣关系法》第 6 条）来调整他们的财产关系。这一规定是基于立法者以下的考虑，即配偶一方的财产增益通常也是婚姻关系存续期间配偶另一方行为的结果。此外，配偶一方参与配偶另一方的财产增值也符合婚姻生活共同体之原则。作为例外而被排除出增益补偿的仅仅存在于，由于继承遗产或者（在实践中非常重要的）考虑到其将来的继承权而进行的主要来自父母的赠与这两项所导致的配偶一方的财产增加，参看第 1374 条第 2 款。

例如：在本章开头的案例中，当 M 开始在经济上独立时，他从父亲那里获得了一大宗股票和一块土地。这些股票和这块土地的价值不计入财产增益补偿当中，但是在婚姻关系存续期间这些财产的升值则要被计算增益补偿之内。

560 （2）另外，法律还规定了**分别财产制（Gütertrennung）**和财产共有制作为**其他的约定婚姻财产制（sonstige vertragliche Güterstände）**。* 在分别财产制的情况下，婚姻对配偶双方的财产不产生任何的影响，但是第 1357 条作为一般性的婚姻效果

---

* 此外，为了保障德国境内的德法两国跨国婚姻，根据德法两国于 2010 年 4 月 2 日所签订的相关协议，德国在 2012 年 3 月 15 日通过协议转化法修订了《德国民法典》第 1519 条，从而增设了一种新的约定婚姻财产制，即选择财产增益共有制（Wahl-Zugewinngemeinschaft），也就是所谓的德法选择财产制（Deutsch-französischer Wahlgüterstand），其特征基本等同于婚后财产共有制这种婚姻财产制，参看［德］玛丽娜·韦伦霍菲尔：《德国家庭法》（第 6 版），雷巍巍译，中国人民大学出版社，2023 年 9 月第 1 版，第 92 页。——译者注

之一在此处仍然是适用的。在这种情况下，根据第 1931 条第 4 款的规定，继承法上的后果仅限于生存配偶与被继承人的一名或两名子女，以所有继承人按人数同等份额的方式共同继承遗产。

（3）在**财产共有制（Gütergemeinschaft）**的情况下，丈夫和妻子的财产原则上 561
成为共同共有财产（Gesamthandsvermögen，共手财产），参看第 1419 条，而根据第 1416 条的规定，配偶双方原则上也对共同共有的财产进行共同管理，参看第 1421 条。在婚姻关系存续期间，配偶双方的共同共有财产因婚姻财产制之约定而自动形成，或者在婚姻缔结之时合同在这之前就已经订立，那么配偶双方的共同共有财产也会自动形成，这也符合法律的规定，参看第 1416 条第 2 款。

第二节　离婚和离婚的法律后果

有关离婚的法律属于私法中变动频率最高，同时也是变动差异最大的领域 562
之一。

1. 法律上的问题与人的问题是直接相关的。从一方面来看，无论是生活共同体 563
还是"婚姻"这一法律制度，都无法在外部行为和个人态度上缺乏一定程度之**约束（Bindung）**的情况下而发挥正常功能；而从另一方面来看，将配偶双方困在对他们而言**已经变得难以忍受（unerträglich gewordenen）**的共同体当中也将会有悖于他们自身的人格价值。因此，与大型宗教团体的态度在某种程度上有所不同的是，在法律领域已经一致认为，民法应当对继续维持婚姻的无法合理期待性（Unzumutbarkeit）确定前提条件，并且必须对配偶双方互相分开之后的法律后果进行规定，以确保离婚不会导致经济上较弱势的配偶一方社会地位下降。与此同时，应当给予曾经的配偶双方（也可能是与一位新的伴侣）一个重新开始的机会。然而，这些目标之间存在相互的冲突。现行有效的婚姻法（除了后来的改革之外）大部分可以追溯到 1976 年，并且替换掉了以下这一观念，即部分地根据导致生活共同体破裂的**过错（Verschuldens）**要素来规定离婚原因和离婚后果。《德国民法典》已经放弃了这一原则，并且将**婚姻破裂（Scheitern der Ehe）**确立为离婚的唯一原因。不过由于过错因素已经被大大地削弱，因此必须找到一种多层次的解决方案来处理离婚的法律后果，以便在保护较弱势的配偶一方和保障曾经的配偶双方离婚后能够在经济上和人格上获得各自不同的发展道路之间取得平衡。

2. "婚姻**破裂**"指的是婚姻上的共同体不再存在，并且也无法真正期待婚姻上 564
的共同体能够得以重新建立，参看第 1565 条第 1 款。

在本章开头的案例中应当可以确定，M 不会再回到 S 身边，同样地，即使

O 再次出现，G 女士也将不再会接纳他了。因此，这两桩婚姻都只能被视为已经破裂了。但另一方面，即便如此，根据经验也不能排除配偶一方会拒绝离婚，以及（或者）愿意重新开始生活共同体并且原谅配偶另一方婚姻上“不忠行为”的可能性。

565 因此，虽然所谓的**破裂原则（Zerrüttungsprinzip）**是法律规定的出发点。但立法者认为，在一项诉讼程序中确定婚姻已经破裂并非一件容易之事；因此，有一些观点认为，可以从配偶双方互相一致的行为中得出婚姻已经破裂的结论。但是出于对婚姻约束力的考虑，不应该允许通过在法庭上作出简单的一致表示而进行的“协议离婚”，因此设立了一套**破裂推定制度（System von Zerrüttungsvermutungen）**，并通过第 1568 条中的“困难条款”（Härteklausel）加以适用上之限制。作为推定之基础的是一段持续的分居（**Getrenntleben**）时间。**婚姻只能通过判决解除（Ehe nur durch Urteil aufgelöst）**（而无法通过协议废止），这一原则在现行法中仍然得以保留，参看第 1564 条第 1 句，同样的还有必须存在**“法定离婚原因”（gesetzlicher Scheidungsgrund）**这一原则。如果符合法定的要件，那么可以由婚姻中任何一方配偶提出离婚申请（也就是说同样包括案例中 M 的申请）；同时不必追问到底是谁的过错导致了婚姻的破裂。当然，必须要确定的是，配偶双方已经分居多长时间了。

566 配偶双方分居未满一年的，仅仅由于配偶另一方的原因导致无法合理期待婚姻能够持续下去时，配偶一方才能够提出离婚申请，参看第 1565 条第 2 款。配偶双方均同意离婚的，分居一年之后就可以申请离婚了，参看第 1566 条第 1 款。因此，从实践的角度来看，这一规定已经比较接近“通过协议离婚”了。一年的分居时间最终就成了一个对耐心的考验以及一个花费的问题了。在配偶双方分居满三年的情况下，就无须再考虑未提出离婚申请的一方是否对离婚表示同意了，参看第 1566 条第 2 款。

567 一旦适用第 1568 条所规定的**困难条款（Härteklausel）**，那么无论在什么情况之下，离婚原因都不足以成立了。这一条款规定了两种不同的适用情况：一种是损害了子女的利益，即使配偶任何一方都没有对此进行主张，也应当由法院依职权主动进行考量。不过这种例外情况是否具有更大的意义，则是很值得怀疑的：因为对于子女而言，通常情况下，跟随父母一方生活比在一个“婚姻破裂”的家庭中生活更为有利。相比较而言，第二种可选择适用的情况可能更为重要：离婚，即在事实上的婚姻生活共同体结束之后法律上的婚姻解除，对于反对离婚的配偶一方而言，是“由于异常的情形而构成了一种的严重困难”，比如在心理异常状态会导致危险的情形之下就可以考虑是这种情况。

568 综上所述，可以确定的是，如果只有配偶一方很严肃地想要离婚，那么还是可以在一定程度上较为容易地实现的；如果配偶双方就离婚达成了一致同意之意见，那么离婚就会更为容易一些。

因此，M 可以在分居 3 年后提出离婚申请；S 则几乎没有希望通过第 1568 条的“困难条款”来阻止对方提出离婚的请求。如果 G 想要与 O 离婚，那么情况也是一样。

3. 就如同离婚的前提条件一样，**离婚的法律后果（Folgen der Scheidung）**也已经不再涉及过错问题了，而是应当仅仅根据从配偶双方在婚姻解除后的必需之事和合理需求中所产生的各个方面来作出决定。不过，离婚的法律后果可能会非常严重地阻碍配偶双方离婚的决心。 569

（1）对于离婚后子女的**父母照顾（elterliche Sorge）**（包括人身照顾和财产照顾），则由家事法庭根据第 1671 条的规定按照客观的子女最佳利益原则来进行规范。在实践中通常会倾向于，至少在子女还较为年幼的情况下，如果母亲提出了对子女进行父母照顾或者仅是人身照顾的申请，则会由法院单独授予给母亲。如果在婚姻关系存续期间，父母双方就如同通常情况下那样享有共同的照顾权，那么他们就无须提出将照顾权移交给其中一方的申请，并且保持原来的法律地位。只有在父母双方都一致表示同意的情况下，才可以将照顾权移交给其中一方，除非这种移交会损害子女的最佳利益，而且如果子女已满 14 周岁，应当就此事听取其意见。配偶一方离婚后的再婚不会对之前所作的照顾权安排产生任何影响。 570

（2）相对而言，离婚**在扶养法上的后果（unterhaltsrechtlichen Folgen）**是比较难以一目了然的。在此存在着两种原则之间的争议：一方面，如果婚姻不应当成为一种供养制度（Versorgungsinstitut），那么配偶双方在离婚之后原则上都应该自己照顾自己。但是另一方面，不可否认的是，配偶双方之间多年存续的亲密生活共同体可能会产生共同的风险，因此也就可能会产生互相之间的持续性责任。应当在这两种原则之间进行权衡。先前的法律原则上只允许“无过错离婚”的配偶一方才享有扶养请求权，而目前可以从第 1569 条及以下各条的制度中作出如下总结，即如果对方因“婚姻所致的扶养需求”而对此有所依靠，那么作为双方之间持续性责任的就是经济实力上更强的配偶一方，根据之前的生活共同体义务而向另一方负担相应的扶养。法律对此并没有十分清晰地予以表述。第 1569 条反而给人形成这样一种印象，即扶养请求权的前提条件仅仅只有配偶一方在离婚后无法自己维持生计这一项。但是实际上，扶养请求权的成立还必须具有第 1570 条至第 1573 条、第 1575 条以及第 1576 条中所规定的扶养权利的原因（Gründe der Unterhaltsberechtigung）之一。因此，仅仅表明存在某种扶养需求也不足以成立扶养请求权，还必须根据上述这些法律规定确定，享有扶养请求权的配偶一方无法自己维持生计。 571

例如以下这些情形就是上述所规定的原因情况，即配偶一方不得不照顾双方共同的且仍然需要人照料的子女（第 1570 条），或者配偶一方由于年老（第 1571 条）或者疾病（第 1572 条）而无法从事工作。最常见的一种情况则是，尽管一名离异的女士在照顾子女的同时还可以从事非全职的工作，然而负有扶养义务的配偶一方不能要求她从事任何一种类型的工作；这一点在第1574条中得到了清晰的表述，该规定只是要求离婚配偶“从事对其而言适当的工作”。

572 不过经常出现的情形是，离婚的配偶一方根据其家庭或者个人状况有能力从事工作，但是却无法找到一份合适的工作。这种情况在经历了较长时间婚姻生活之后再离婚的全职家庭主妇身上尤为常见。如果从离婚法律后果的规定中实际上无法强制性地得出在婚姻关系存续期间也必须持续地从事一份工作这一结论，那么法律就必须允许处于这一情况中的配偶一方享有扶养请求权。这一点在第1573条中就得到体现，其中“失业”被规定为扶养原因。第1574条也同时规定，请求扶养权利的一方必须接受“对其而言适当的工作”，在此尤其重要的是，根据第1574条第2款的规定，应当依据请求扶养权利一方的个人能力、年龄和健康状况来确定对其而言可以合理期待的适当工作。

在婚姻关系存续期间配偶双方的生活条件也同样很重要；这样就可以避免离婚会让那些在婚姻关系存续期间没有从事工作的一方造成社会地位的下降。

573 扶养权利的各种原因在法律中都有具体的规定。由于可能会出现即使在这些规定所确定的扶养要件之外，赋予扶养权利也属于合理的情况，法律还在第1576条中引入了一项一般性的公平条款，但该条款只有在其他扶养要件均不符合并且此时也仍然存在重大原因而应当给付扶养时才能适用。

另一方面，即使存在上述规定中的某种扶养要件，但支付扶养仍然会显失公平，那么第1579条就规定通过一系列详细描述的重大情况，从而排除这些情况下扶养请求权的行使，比如婚姻只是“短暂持续”无论如何都不构成过错要件就属于这些情况中的一种。

574 （3）在涉及**扶养的范围**（Umfang des Unterhalts）时，原则上取决于承担扶养义务一方基于其自身的工作和财产状况所具有的给付能力，参看第1581条。与此同时还必须考虑承担扶养义务一方其他的扶养义务，特别是对未成年子女的抚养义务。在司法实践中，法院已经在使用用来计算适当扶养和所谓“自我维持”（Selbstbehalt）之费用的表格，由此来确定离婚配偶应当将多少比例的收入用于履行扶养义务以及能够将多少的收入用于其自己。通过使用过程当中的个案差异，这些表格确定了承担义务一方包括因分居所导致的额外需求（Mehrbedarf）在内的必要自身需求（Eigenbedarf），以及承担义务一方剩余可计算为收入之数额的分配，其中大约3/7的部分应当归属于请求扶养权利的一方（但在承担义务一方收入非常高的情况下，这也并非绝对适用）。

在**本章开头的案例**（**Ausgangsfall**）中，如果M在与S离婚后想要与G结婚，那么所产生的一个问题就是，G基于结婚后所产生的婚姻生活共同体而享有的扶养请求权与已经离婚的S女士所享有的扶养请求权之间的关系如何。第1582条则以如下方式解决了这一无论在法律上还是人性上都极为困难的问题，即新的婚姻配偶必须尽可能地利用所有对其而言能够存在的可能性，包括自己所从事的职业，以保证其扶养需求不会降低原则上优先的离婚配偶的扶养请求权，与此同时如果这一离婚配偶有自己的收入，就如案例中的S女士那样，那么其所获得的扶养请求权也会缩减。

对于生活伴侣关系分开的情况，《同性伴侣关系法》第16条同样规定了"伴侣关系结束后的扶养"。 575

4. 除了扶养请求权之外，根据第1587条的规定，还存在着由2009年和2010年颁布的一项涉及范围广泛的法律规范予以重新规定的**"供养补偿"(Versorgungsausgleich)*** 制度。创设供养补偿制度是基于与财产增益共有制相同的思想，即对于大部分民众来说，在婚姻关系存续期间所取得的最重要的财产，包括从事工作的配偶一方的个人养老金和伤残预备金（Invaliditätsvorsorge）在内的供养请求权，都必须进行同等额度的分配（**对半分原则，Halbteilungsgrundsatz**）。这一规定与离婚时的配偶双方处于何种婚姻财产制当中无关。 576

每一项供养权利（Anrecht）都将分别进行对半分，确切地说是在**实际分割(Realteilung)** 的意义上进行对半分，因此对于之前并不享有供养权利的配偶一方来说，就能够产生一项属于自己的权利，而无须在经济上价值可能有所区别的首要法定供养和来自个人以及企业供养计划的次要供养权利之间进行补偿了。养老预备金权利因此而分散的风险也必须予以容忍。根据《供养补偿法》第3条的规定，如果婚姻关系存续期仅为3年以下（包括3年）的，则只有在配偶一方提出申请时才进行供养补偿。这一与离婚以及其他离婚的法律后果在家事法庭一起合并进行的程序，由于"养老预备产品"的多样性而需要高额的管理花费；对这点也是必须予以容忍的。 577

第三节 亲属关系

1. 亲属关系是通过共同的出身（Abstammung）而建立起来的。两个或者两个以上的人当中，一人为另一人后代的，则他们互为**直系（gerade Linie）**血亲。不互为直系血亲，但为同一第三人后代的人，则**互为旁系血亲（in der Seitenlinie ver-** 578

* 此处的"供养"(Versorgung) 指的是养老金、退休金和工作能力减弱者的定期金等。——译者注

wandt），参看**第1589条**。

因此，父母与子女、（外）祖父母与（外）孙子女、曾（外）祖父母与曾（外）孙子女等均互为直系血亲。因为伯父（舅舅）与侄子（外甥）在各自的父母或者（外）祖父母处有共同的直系尊血亲，所以他们互为旁系血亲。

579 亲属关系的链条在概念上是可以不受任何限制的；但凡存在共同的出身，就会产生亲属关系。因此，法律概念上的亲属关系范围会远远超出具有亲密联系的情感上的亲属关系范围。在直系亲属中的一方有扶养之需求，而另一方有扶养给付能力的情况下，直系亲属之间互相负有扶养义务，参看第1601条及以下各条。

因此，在**开头的案例（Einleitungsfall）**中，子女A和T可以向其父母双方请求抚养。如果父母双方均没有能力给付抚养，那么就存在针对祖父母和外祖父母的抚养请求权，参看第1601条和第1606条。当一名子女通过自己的工作能够获得足够的收入时，情况才会有所变化，参看第1602条。

580 2.**父母子女关系（Eltern-Kind-Verhältnis）**具有特别重要之意义，而其中的婚生子女和其父母互相并未结婚的非婚生子女（有关婚生子女的概念参看本节下文3）享有同等的法律地位。

581 （1）**子女的抚养请求权（der Unterhaltsanspruch der Kinder）**不受抚养义务人自身需求的其他抗辩影响；原则上，父母必须与他们的（未成年未婚）子女分享最后一块面包，参见第1603条第2款，更多的细节详情参看本节下文3（2）。

582 （2）**父母照顾（die elterliche Sorge）**包含了对子女的全面照顾义务；父母既有义务也有权利，照顾子女的身心健康以及发展；父母照顾也包括对子女财产的照顾，并且赋予父母代理子女为法律行为之权利，参看第1626条第1款、第1629条第1款。父母照顾由父母双方共同享有，对此第1627条规定，父母双方应当互相一致地并且以子女最佳利益为目的来进行父母照顾。在子女出生时父母互相并未结婚的情况下，他们可以表示双方希望共同承担对子女的照顾（第1626a条）。即使父母双方并没有共同生活在一起，这一规定也仍然适用，甚至在双方分开的情况下，他们仍然能够通过向其双方移交照顾权而共同享有照顾权，参看第1672条第2款*，这一点尤其适用于家事法庭经由父母一方的申请曾将照顾权移交给了这一方的情形。如果父母双方未作出共同的照顾表示，那么父母照顾的权利则归由母亲单独享有，参看第1626a条第2款。如果父母双方结婚了（比如在本章开头的案例中，考虑到M和G各自离婚程序可能持续的时间，这很有可能是在他们共同的孩

---

* 第1672条因2013年4月16日公布的《未互相结婚之父母的照顾改革法》而废止，根据法院裁定也可违反母亲之意愿而确定共同父母照顾的归属，参看［德］玛丽娜·韦伦霍菲尔：《德国家庭法》（第6版），雷巍巍译，中国人民大学出版社，2023年9月第1版，第5页。——译者注

子出生之后才进行，那么他们将共同进行父母照顾，第 1626a 条第 1 款第 2 项。

尽管完全可以承认在照顾权中包含着父母双方的权利，但在父母作出与此相关 583
之决定时，仍然要以**子女最佳利益（Kindeswohl）**为主导标准。鉴于《基本法》第 6 条中对婚姻和家庭的保护而不可否认的是，配偶双方必须享有根据他们自己的正确性认知以及根据他们自己的人类观对子女的发展施加影响的权利。因此，法律必须在对此的规制方面保持克制，并且是通过制定法律命令而非警告和建议来实现这一点（例如第 1626 条第 2 款、第 1627 条第 2 句、第 1631 条第 2 款）。不过从上述所规定的情形以及主要限于父母完全不予以照顾这样极端情况下家事法庭的干预可能性（第 1666 条、第 1667 条）中，也可得出以下结论，即父母在子女的精神以及性格等人格的培养方面并不享有单方面的决定权，而是必须尊重子女随着个人成长而逐渐增强的自我决定倾向，参看第 1626 条第 2 款。

尽管保护儿童免受危险和忽视是国家的任务，但是如果国家试图直接或者间接 584
地将父母约束到从教育学或者其他方式发展而来的特定目标设定和教育方法上来，则将违反宪法。不过第 1631 条虽然并不禁止所谓的权威式教育，但是其与建立在侮辱受教育者人格基础上的权威本身就是自相矛盾的，并且无论如何，子女都享有**非暴力教育（gewaltfreie Erziehung）**的请求权，参看第 1631 条第 2 款。

父母共同、同等的权利则意味着没有任何一方可以违背另一方的意思而为行 585
为。如果父母双方无法达成一致意思，那么任何一方都可以向家事法庭申请来进行处理。家事法庭对此也不会自行决定，因为这样就有悖于家庭自我决定权，而是将决定移交给父母一方，参看第 1628 条。父母的平等权利同样体现在如果父母一方死亡，则照顾归由父母另一方单独享有这种情形上，参看第 1681 条。

3. **照顾权（Sorgerecht）**在两个方面上包括了所有谨慎的父母所必须要采取所 586
有事实上和法律上的措施。人身照顾和财产照顾共同涵盖了子女的全部生活领域。在这两个领域中，父母是子女共同的法定代理人。然而，只在获得家事法庭批准的情况下，父母才能为子女实施某些经济上具有重要意义的法律行为，参看**第 1643 条**。法院经父母申请并且在适当情况下确定就其进行人身照顾予以协助的义务，仅仅被规定为一种救济（第 1631 条第 3 款）。

（1）子女姓氏的权利则考虑到了对婚生子女与非婚生子女之间差异的消除。在 587
此显而易见的是，如果子女的父母双方已经互相结婚并且使用共同的婚姻姓氏（对此参看上文本章第一节 3），那么子女就将以这一婚姻姓氏作为其出生姓氏，参看第 1616 条。但是当父母没有共同的婚姻姓氏时就有些麻烦了，这有可能是因为他们在结婚时并没有进行相应的婚姻姓氏确定，或者是因为他们在子女出生时并未结婚。

在本章开头的案例中，上述的后一种情况就完全有可能发生在 M 和 G 结合之后所出生的子女身上。在子女出生之后，M 和 G 可以通过向民事身份机关公职人员作出表示，以此来确定父亲或者母亲的姓氏作为子女出生姓氏，参看第1617条第1款。如果父母照顾归由父母一方单独享有（在**本章开头的案例**中可能就属于这种情况，因为M没有同时作出共同的照顾表示），那么子女就将以父母中享有父母照顾一方的姓氏作为其出生姓氏，参看第1617a条第1款。不过如果父母任何一方都不愿意承担责任时，则会出现另一个难题。在姓氏方面，法律通过监护法庭的权力来进行处理，由其决定将姓氏确定权单独移交给父母一方。对于父母并未结婚的子女，其人身照顾原则上会根据第1626a条第2款的规定归由母亲享有。这些规定表明，当今已经被广泛接受或者说甚至被很多人所向往的“单亲母亲”身份在法律上也能够得以保障。另一方面，以下这种缺陷偶尔也会为人所察觉，即如果父母已经结婚却并没有使用共同的家庭姓氏，那么他们也无法给子女一个由他们双方的姓氏所共同组合而成的复姓。

588　(2) 父母与子女之间有关提供**抚养（Unterhalt）**的方式和费用而产生的司法纠纷日渐重要起来。第1601条及以下各条对婚生子女和非婚生子女均适用，在这些规定中所作的区分仅仅在于子女是否是未成年，以及子女是否已经结婚。

589　因此，父母负有义务利用所有可支配的资金来抚养自己的子女［参看上文本节3(1)］，不过这一义务仅限于未成年且未婚的子女；如果义务人无法平等为所有有需求之人提供扶养，那么第1609条就规定了一个顺位，其中子女优先于其他的后代和亲属。

因此，在本章开头的案例中，不管是M和S在婚姻中所生的子女，还是M和G所生的子女，同样都对M享有平等的抚养请求权，前者还对他们的母亲S享有抚养请求权，而G的子女对G也享有抚养请求权。

590　根据第1610条第1款的规定，所要提供的抚养的标准则主要取决于抚养需求人（而非负有义务人）的实际生活水平，不过对于尚无法确定适当生活水平的子女，将按照其父母的实际生活水平为参考进行计算。抚养涵盖全部的生活需求，包括适当的职业培训费用，参看第1610条第2款。

在**本章开头的案例**中显而易见的是，M和S在婚姻中所生的现年17岁的女儿A完成中学学业之后肯定希望继续接受高等教育。比如如果她希望去表演学校继续学习，而父母则认为先进行商业或者手工业的学徒学习则更好，那么这就可能会引发冲突。而一名年轻人在特定学业阶段从事某一专业的能力问题也经常会引发父母与子女之间的冲突：假设现年14岁的T在学校的学业上面很吃力并且已经留级重读了两个年级，但他依然决定在高中毕业之后要继续攻读哲学和东方学。其他还可能出现的情形则是父母双方在这些问题上存在意见分歧。

子女**教育抚养**（**Ausbildungsunterhalt**）的上限则是与子女的能力和兴趣相符合的正常教育费用。如果根据子女的能力和动力无法期待其能够成功地完成某一教育，则子女无法请求父母对这一教育提供资金，在极少数例外情况之下，这一点也同样适用于第二次教育。因此，在上一段作为举例的案例当中，问题的关键就在于，根据A的能力及其父母其他的抚养义务（参看第1600条第1款），是否必须将商业学徒学习视为对女儿来说适当的教育；而T所计划的大学学习是否能确保他将来得以借此谋生，如若不然则应当置后再考虑。 591

根据第1612条第1款的规定，原则上应以**定期金**（**Geldrente**）的形式提供抚养，并且应当按月提前支付（参看第1612条第3款）。如果子女与负有抚养义务的父母（或者其中一方）在一个家庭中共同生活，那么父母习惯上也会“以现物的方式”提供抚养，也就是通过提供住房、饮食、衣物等来满足抚养需求。依据第1612条第2款的规定，未婚子女的父母享有如何提供抚养的确定权，并且父母的决定只有在特殊情况下才可以通过家事法庭的确定予以变更。因此，子女无法轻易从父母住处中搬出并独自租房居住，但这并不适用于与父母共同居住而产生对成年子女而言无法合理期待之家庭关系的情形。 592

根据自1998年以来（最新一次为2008年）多次调整的法律规范，金钱抚养的计算是通过极为细致的方式以**“最低抚养”**（**Mindestunterhalts**）的百分比形式而在第1612a条中予以规定，该最低抚养则是根据一名子女最低生存费用的双倍税收免税额来确定的（参看第1612a条），并同时以子女的年龄段为标准进行分级规定，参看第1612a条第3款。在实践中，各种表格同样也起到很大的作用，这些表格尽管没有法律效力，但法院会将其作为指导参考。[59] 593

4.在先前对本章开头案例的思考中所假设的是，G女士所怀的，显而易见生父是M的子女，其出生后在照顾权和抚养请求权方面要么归由母亲G单独享有，要么也是归由M和G这对尚未互相结婚的父母共同享有。然而，这种假设却忽视了G女士仍然与O处于有效的结婚关系当中，并由此引发了这样一个问题：即使O显然不是这名子女的父亲，但他是否仍然可以作为婚姻上的父亲而主张照顾权并且履行抚养义务。 594

鉴于亲属关系所产生的重大法律后果，对子女与可能被视为父母的两个人之间的关系，则必须由法律作出清晰的规定。为此第1589条第1句规定了**“出身”**（**Abstammung**）这一标准，该标准属于自然科学的范畴，并且在当今通过现代医学，尤其是人工生殖医学的发展，一方面相较于以前可以更加容易加以确定，但是另一方面由于“代孕”这样的做法存在也会遭受质疑。因此。根据第1591条的规 595

---

[59] 最有名的则是所谓的杜塞尔多夫表格（die Düsseldorfer Tabelle），截至2013年1月1日时的修订状况则参看Prütting/Wegen/Heinrich, BGB，§§1601ff. Rn. 10.（最新的修订状况则为2025年1月1日，详情可参看其官网介绍）。

定，子女之母亲是生下该子女之女子［也就是说同样包括作为第三人接受受精卵后分娩并因此而不能被视为基因上母亲的女子：**代孕母亲（Tragemutterschaft）**］，而根据第 1592 条的规定，子女之父亲则是在子女出生时已与其母亲结婚的人、承认了子女父亲身份的人，或者是其父亲身份在法院程序中被确定的人。

因此，在本章开头的案例中，（对 G 未出生的子女）O 是父亲；而根据第 1594 条第 2 款的规定，只要 O 的父亲身份一直存在，那就不可能由 M 通过承认来取得父亲身份。O 的父亲身份必须通过在第 1599 条及以下各条所规定的特别的父亲身份撤销诉讼来消除，并且同时还必须证明这个男子并不是子女的父亲，参看第 1599 条第 1 款。这一点借助现代的检测方法将会很明确地得以澄清。根据第 1600 条的规定，有权提起父亲身份撤销诉讼的人包括父亲、母亲和子女。

596 如果基于母亲的婚姻或者父亲身份的承认，都无法确定某名已知男子的父亲身份，那么就可以根据**第 1600d 条**的规定通过法庭程序来进行父亲身份之确定（Vaterschaftsfeststellung），在此主要是推定（第 1600d 条第 2 款），在子女的母亲怀孕期间与其发生过性关系的男子为子女的父亲，除非对这名男子的父亲身份存在重大的怀疑。这就是以前所谓的“父亲身份程序”，通常紧随着非婚生子女出生之后进行。

597 5. 亲子关系除了通过出身，还可以通过**子女收养（Kindesannahme）**（简称为收养，Adoption）来建立。收养必须有利于子女最佳利益，并且应当可以期待在子女和收养人之间会形成父母子女关系，参看第 1741 条。收养的前提条件是取得所有当事人的同意；家事法庭在审查了所有前提条件则会作出收养成立的宣告。被收养的子女通过收养取得婚生子女的法律地位，参看第 1754 条；而被收养人在此之前的亲属关系则会消灭，参看第 1755 条。已婚双方原则上只能共同收养子女，参看第 1741 条第 2 款。未婚者只能单独收养子女，参看第 1741 条第 2 款。此外，众所周知的是，目前政治上正在讨论同性伴侣收养子女的可能性，并且可能将很快被引入法律当中。*

本章小结

婚姻是男女之间在法律上获得完全承认的生活共同体；同性伴侣可以建立一种所谓的生活伴侣关系，其法律规定在很大程度上等同于婚姻，并且也应该更进一步地接近于婚姻。由婚姻产生一项生活共同体义务，但是这项义务既无法直接也无法间接被强制履行。婚姻只能通过向民事身份机关公职人员作出表示而成立。对成立

---

* 后来在《生活伴侣关系法》第 9 条第 6 款、第 7 款中对同性伴侣单独收养或者继子女收养进行了规定。——译者注

婚姻的意思表示则不适用民法典总则中有关意思表示的规定，而是适用特殊规定。婚姻法的适用具有强行性，只有在婚姻财产制方面可以由配偶双方通过协议来安排。配偶双方负有全力以赴地为家庭扶养作出贡献的义务。在家庭扶养方面，配偶一方也可以代理配偶另一方进行与此相关的法律行为。

婚姻财产制法规定了婚姻对配偶双方的财产所产生的法律后果。法定婚姻财产制则是财产增益共有制（*Zugewinngemeinschaf*）；在这一婚姻财产制下，配偶双方各自的财产仍保持分别所有。在配偶一方死亡的情况下，配偶另一方除了享有其法定继承权之外，还额外地获得遗产的四分之一份额。在以其他方式解除婚姻的情况下，财产增值较多的配偶一方则必须向另一方支付相当于较高增益价值之一半的补偿金额。在通过配偶双方约定适用的婚姻财产制方面，《德国民法典》则规定了分别财产制（*Gütertrennung*）（婚姻对配偶双方的财产不产生任何的影响）和财产共有制（*Gütergemeinschaft*）；而财产共有制在实践中已经意义不大了。

只有通过具有法律约束力的判决（rechtsgestaltendes Urteil）才能实现离婚；婚姻破裂作为离婚原因，是离婚判决的前提条件。配偶双方的分居能够作为婚姻破裂无可辩驳的（unwiderlegliche）推定。此外，根据分居的持续时间，还区分了两种不同的构成要件。即使婚姻已经破裂，但在特殊的困难情况下离婚申请仍然会被驳回，不过原则上在配偶双方分居 3 年之后就不再受困难情况的限制了。

离婚之后，配偶双方之前对子女共同享有的照顾权则继续由双方共同享有；然而，法院可以将（可能也是部分的）父母照顾移交给其中一方。父母双方作出了一致的表示，愿意承担相关的权利和义务，或者在子女出生之后互相结婚了，那么这样的父母双方也能够享有共同的父母照顾权；否则，父母照顾归由母亲单独享有。基于父母照顾而产生出对子女的全面照顾权和同等程度的义务。父母照顾涉及对子女人身和财产两个方面的照顾；基于父母照顾也产生出法定的代理权。作为由婚姻所产生的持续性责任，有能力的配偶一方在另一方出现因婚姻所致的扶养需求（*ehebedingte Unterhaltsbedürftigkeit*）的情况下（对此必须满足特定的构成要件），必须向虽然原则上仍需自我负责并进行自我照料的另一方给付扶养（费）。无须考虑具体适用的婚姻财产制，在婚姻关系存续期间配偶双方所取得的供养权利都应该以类似于增益补偿的观念那样进行互相补偿。因此，配偶一方可以参与分配配偶另一方在后续婚姻成立后所产生或者增加的供养请求权。所以，婚姻破裂的过错既不会对离婚的要求，也不会对离婚的法律后果产生重要影响。

亲属关系建立在出身（Abstammung）之上；两个或者两个以上的人当中，一人为另一人后代的，则他们互为直系血亲。不互为直系血亲，但为同一第三人后代的人，则互为旁系血亲。子女的父母是否已经互相结婚，对子女的抚养义务方面，甚至在一定程度上对父母照顾方面所产生的差别，如今大部分已经被消除了。

国家权力的介入仅限于保护儿童免受照顾权的滥用和免受对儿童的忽视。

参考文献

家庭法的实质：

Schwab，Familicnrccht，19. Auf. 2011，§§1，2；Schlüter，BGB-Familienrecht，14. Aufl. 2012，§1 Ⅰ，Ⅱ；Dethloff，Familienrecht，30. Aufl. 2012，§1 A-E，G-J.

婚姻法：

Schwab，§§6，7，20，21，33；Schlüter，§§2，6，13；Dethloff，§3，4.

离婚：

Schwab，§§35－41；Dethloff，§6；Schlüter，§17.

亲属关系：

Schwab，§§42－49；Schlüter，§§17，18；Dethloff，§§9－11.

第二十一章

继承与继承人的地位

案例1： E女士和M先生是夫妻，不过没有生育子女。然而，M先生在缔结这段婚姻之前与F女士有过一段关系，虽然后来两人并未结婚，却育有一个女儿T。E和M配偶双方各有一名兄弟和一名姐妹。在M先生去世时，他的姐姐已经过世，他的兄弟和姐夫仍然健在；他姐姐和姐夫育有两名子女，即M的外甥N1和N2。E女士的兄弟姐妹都还健在，各自也都育有子女，也就是E的侄子（外甥）和侄女（外甥女）们。M生前是一家机械制造厂的所有人，该工厂所占用之土地部分属于M自己所有，部分则是租赁用地。M的继承人是谁？M的继承人将如何继续经营这家工厂？

第一节 法定继承

1. 由于人的权利能力随着其死亡而消灭，因此必须由继承人自动代替已故者的 598
地位，以此来避免权利和义务处于无主体之状态。对此的前提条件则由法律通过建立一个**毫无漏洞的法定继承（lückenlose gesetzliche Erbfolge）**来创设。法定继承以婚姻和亲属关系作为其基础，对于被继承人没有任何亲属这种极少见的情况，则将国库确定为继承人，参看第1936条。在这一制度中，对于那些如今并不算罕见的所谓“拼盘家庭”*（Patchwork-Familien）而言，可能会出现一些无法避免的混乱。

法律将亲属区分为特定的不同法定继承**顺位（Ordnungen）**，顺位在前的继承人 599

* 所谓“拼盘家庭”，是指配偶双方在前一段婚姻关系中各自育有子女，在结婚之后又将先前关系中所生育的子女带入之后的婚姻或者非婚关系中，而在后一关系中可能又生育有配偶双方共同的子女。参看［德］玛丽娜·韦伦霍菲尔：《德国家庭法》（第6版），雷巍巍译，中国人民大学出版社，2023年9月第1版，第2页。——译者注

排除所有顺位在后的继承人，参看第1930条。遗产则在同一顺位的继承人之间进行分配。因此，例如只要被继承人还有一名子女健在，那么被继承人的兄弟姐妹和父母就都被排除在继承之外。

600 第一顺位的继承人为被继承人的直系卑血亲*（Abkömmlinge），参看第1924条，包括子女、（外）孙子女、曾（外）孙女等（详请参看第1924条）。被继承人的非婚生子女也属于第一顺位继承人。但是在意定继承（对此参看在接下来将要讨论的本章第二节）当中，被继承人可以对婚生和非婚生的直系卑血亲加以区别对待。此外，也可能会出现以下这样的情况：在与被继承人及其配偶共同生活的多名子女中，部分子女与配偶双方均有亲缘关系，而其他子女只与其中一方有亲缘关系，因为这些子女是在这位配偶先前的一段关系中出生的。

601 被继承人的父母以及父母的直系卑血亲则构成了法定继承的**第二顺位（2. Ordnung）**，参看第1925条。然而，在本章开头的案例中，由于被继承人M的女儿T仍然健在，被继承人M的父母和父母的直系卑血亲并不会因为M的死亡而参与到继承当中。

602 在本章开头的案例中，假设T这个人不存在，那么将遗产分配给第二顺位的继承人就会涉及范围相当广泛的一群人。如果M的父母已经去世，那么就由他们的直系卑血亲来代替他们的地位，也就是M的兄弟以及他已故姐姐的子女，他姐姐的子女是代替他姐姐的，并且同样是被继承人父母的直系卑血亲，这是这些子女与其父亲的差别所在。值得注意的是，M的姐夫（M父母的女婿）不属于法定继承人的范围。此外，第1924条第2款也很重要：在继承发生时，某一生存的直系卑血亲会将因为他而将与被继承人有亲缘关系的直系卑血亲排除出继承之外；也就是说在本章开头的案例中，如果T自己也有三名子女，那么她的这三名子女就没有继承的权利了，被继承人兄弟的子女同样也没有继承的权利。

603 2. 根据第1931条的规定，被继承人的配偶同样也是法定继承人，而与被继承人配偶并列的其他继承人和被继承人的亲属关系越疏远，被继承人配偶的继承权就越强。因此，被继承人的生存配偶与被继承人的直系卑血亲，也就是被继承人的（也有可能是非婚生的）子女一起继承时，生存配偶将继承遗产的一半；根据婚姻财产制的相关规定而增加生存配偶遗产的继承份额则参看本书上文第二十章第一节5所作的论述。这一点很重要，因为生存配偶和直系卑血亲的特留份权利也会受此影响（参看下文本章第二节4）。因此，如果被继承人M想要避免自己的妻子在他去世之后和他前一段关系中的子女（他们相互之间可能不存在个人联系或者甚至完全没有好感）同等份额地继承遗产并且共同经营工厂，那么他就必须立下遗嘱来处理这一问题。如果不存在直系卑血亲，那么情况将会有所变化；因为此时根据第

* Abkömmlinge的德文原意为“后代”。——译者注

1931 条第 1 款的规定，生存配偶作为法定继承人已经可以继承遗产的一半了，所以再加上根据第 1371 条对法定婚姻财产制情况下所规定的生存配偶增加的继承份额，生存配偶总共可以获得 3/4 的遗产份额。此时有关特留份的情况仍然参看下文本章第二节 4。如果生存配偶和第二顺位的亲属或者（外）祖父母一起继承，那么生存配偶还享有取得家居物品的请求权，参看第 1932 条。《德国生活伴侣关系法》第 10 条也对生存的生活伴侣赋予了与生存配偶相类似的法律地位。

第二节　意定继承

1. 根据 M 自己的生活经验，他可能并不希望根据上述法定继承的方式发生继承。此时他就可以利用第 1937 条所确立的**遗嘱自由**（Testierfreiheit），并通过终意处分（letztwillige Verfügung）来对继承事务作出不同的安排。 604

如果 M 没有直接立遗嘱，而是携带着拟好的遗嘱草稿在前往公证人处准备设立遗嘱的途中遇到意外去世了，那么此时仍然要按照法定继承的方式发生继承，对此也无法通过撤销或者其他的法律救济手段进行消除或者更改。换言之，遗嘱能力（Testierfähigkeit）则意味着被继承人有责任根据自己的意思和情况对继承作出相应的调整。

对遗嘱自由的限制仅仅适用有关意思表示一般性限制的规定，因此受到例如第 138 条第 1 款的限制。继承法上的限制只有特留份权利方面，对此参看下文本节 4，以及可能还存在被继承人无法单独消除的较早的终意处分（参看接下来就要论述的下文本节 2）。 605

2. 终意处分存在**遗嘱（Testament）**和**继承合同（Erbvertrag）**这两种形式。* 606

（1）遗嘱是被继承人单方作出的要式表示，在被继承人死亡之时产生法律上的意义。在此之前，被继承人可以随时撤回（widerrufen）遗嘱，参看第 2253 条。遗嘱必须符合法律所规定的特定形式要求；可供选择的遗嘱形式包括公开遗嘱（由公证人做成记录）和自书遗嘱，参看第 2231 条。自书遗嘱必须由被继承人亲笔书写并且签名，参看第 2247 条。被继承人可以通过设立遗嘱，参看第 2254 条，以撤回 607

* 也有观点认为，终意处分即为遗嘱，并与继承合同一起构成了死因处分（Verfügung von Todes wegen），Vgl. *Karlheinz Muschele*, Erbrecht Band I, S. 83, Rn. 142。但无论如何，虽然德国继承法中的“终意处分”（letztwillige Verfügung）亦使用了与物权法中“处分行为”（Verfügungssgeschäft）完全相同“处分”（Verfügung）一词，但由于物权法中处分行为属于生前行为（Rechtsgeschäfte unter Lebenden），而继承法中的终意处分属于死因行为（Rechtsgeschäfte auf den Todesfall），因此即使终意处分成立且有效也只能在继承发生（Erbfall）时才产生法律上所规定的效果，而不会如同物权法中的处分行为那样直接引起物权或者权利状态的变动，不可相互混淆，对此也可 vgl. *Karlheinz Muschele*, Erbrecht Band I, S. 84, Rn. 142。——译者注

意图而销毁遗嘱文件，参看第 2255 条，以及设立一个与先前遗嘱内容相左的新遗嘱，参看第 2255 条，以这三种方式来撤回之前所立之遗嘱。

假设在**本章开头的案例**中，E 和 M 已经商量好，在 M 的遗嘱中将 E 指定为单独继承人，而 T 将获得特留份。但是 E 担心，M 与渐渐长大的 T 更加亲近后，会听从“血缘的声音”而将 T 按照她法定的继承份额，也就是遗产的一半（对此参看上文本章第一节 2）指定为共同继承人。那么，从 E 的角度来看，M 随时可以单方面更改的遗嘱并非十分保险的。

608 （2）在**继承合同（Erbvertrag）**中情况就有所不同了：继承合同是一份合同，因而就如所有的合同一样对合同各方都具有约束力。因此，被继承人所作出的与继承合同相悖的终意处分是无效的，参看第 2289 条。

如果 M 通过继承合同向 E 提供终身的定期金或者将她指定为单独或共同继承人，那么除非继承合同由合同订立的双方，亦即被继承人和因终意处分而受益之人依据第 2290 条第 1 款的规定一致同意撤销，否则继承合同将无法撤回。但是被继承人还是可以根据第 2286 条的规定自由处分其（未来）遗产中的各项标的，因此 M 可以在其生前向自己的女儿授予其企业的股权。

609 （3）设立**共同遗嘱（gemeinschaftliches Testament）**也非常常见。共同遗嘱可以通过下列的方式设立，即完全由配偶一方来书写意思表示并且进行签名，配偶另一方（还是通过书面形式）仅仅表示，由其配偶所书写的也是自己的最终意思，参看第 2267 条。而且共同遗嘱也可以采用公开遗嘱的形式。如果在共同遗嘱中作出了所谓的相互关联处分（wechselbezügliche Verfügungen），即这些处分如果没有配偶一方的相应处分就不会被作出，那么在配偶一方先死亡后，生存配偶将受到自己所作出的处分的约束，参看第 2270 条、第 2271 条。

案例 2：V 和 M 夫妻两人立下遗嘱，互相指定为彼此的继承人；生存较长的配偶一方的继承人则应该为两人共同的子女 S 和 T（这就是过去所谓的柏林遗嘱，参看第 2269 条）。在丈夫 V 去世之后，M 和女儿 T 之间发生了纠纷；因此，M 希望立下遗嘱，女儿 T 在她去世后只能获得特留份。

610 M 的想法已经不可能再实现了，因为通过夫妻两人的共同遗嘱可以认为，指定共同子女作为继承人的终意处分（和其他终意处分）是相互关联的。随着 V 的去世，他的妻子 M 成为继承人。在 M 去世后，全部财产，包括她自己的个人财产以及她从 V 那里继承来的财产，都将移转到她的继承人名下。这一点通过一项目前已经具有约束力的终意处分，也就是她在共同遗嘱中所作出的表示得到了确定。配偶双方生前都可以共同自由地撤回遗嘱，但是配偶一方在配偶另一方在世时如果想要单独撤回遗嘱，则必须遵守特定的形式要求，参看第 2271 条第 1 款、第 2296 条，也就是必须向配偶另一方披露自己主意的更改。只有配偶双方才可以设立具有这种约束效力的共同遗嘱，参看第 2265 条，此外这也适用于生活伴侣，参看《生活伴侣关系法》第 10 条第 4 款。不过，配偶双方也可以在共同遗嘱中放宽对生存配偶的约束效力，例如他们可以在共同遗嘱中确定，生存配偶有权对作为所谓最终继承人（Schlusserben）的共同子女之间继承上的平等对待进行变更。如果遗产中包括企业或者企业股权，并且在分配这些遗产时必须考虑不断变化的经济情况或者个人情况，那么这种做法就显得尤为重要了。

（4）可以作为**终意处分内容（Inhalt der letztwilligen Verfügung）**的有指定继承人、遗赠（Vermächtnis），参看第 1939 条，以及负担（Auflagen）。一份遗嘱也可以规定剥夺继承权以及指定遗嘱执行人。 611

指定继承人（Erbeinsetzung）和遗赠的区别在于，继承人直接并且自动地单独或者与其他人一起成为被继承人全部财产的权利继受人（Rechtsnachfolger）。而遗赠只是为受益人*（Bedachte）创设了一项可以针对继承法上被加重负担者（Beschwerte）（继承人或者是受遗赠人）** 的债法上的请求权，参看第 2174 条。 612

在**案例 1** 中，M 与女儿的个人联系之后又有所发展，进而希望在继承法上除了特留份之外对她还另外有所给予，但另一方面，他又想将之前一直由自己单独经营的企业交给已经做好准备承担这项任务的 E 来管理。在这种情况下，M 可以将一份价值较大的有价证券基金账户遗赠给 T，或许也可以遗赠给 T 一项针对 E 的定期金请求权。E 在其丈夫去世之后成为遗产的唯一所有权人，之后她就必须将这些股票转让给 T。

（5）**遗嘱执行人（Testamentsvollstrecker）**应当执行遗嘱人的意思；他应当将遗产分配给共同继承人，履行遗赠等，参看第 2203 条、第 2204 条。遗嘱执行人也可以被指定对遗产进行长期管理，参看第 2209 条。不过，遗嘱执行人通过自己的法律行为仅以被继承人的财产向继承人负担义务，而不涉及他自己的与继承毫无关系的现存个人财产。 613

在**案例 1** 中，如果 E 女士和 T 都缺乏管理企业的经验，那么指定一名遗嘱执行人将是明智的选择。然而，最高法院的判决对有关商事行为的遗嘱执行是持否定态度的，因为这样会导致相关的重大决定由那些并不以自己的财产承担

---

* 受益人为继承人（Erbe）和受遗赠人（Vermächtnisnehmer）的上位概念，但一般仅指受遗赠人，参看［德］雷纳·弗兰克、托比亚斯·海尔姆斯《德国继承法》（第 6 版），王葆莳、林佳业译，中国政法大学出版社 2015 年第 1 版，第 96 页。——译者注

** 既然德国法上的遗赠只创设一项债权，那么一般来说负担这项债权的人（被加重负担者）为法定继承人和意定继承人，但是比如在复遗赠（Untervermächtnis）的情况下，遗赠人也会成为被加重负担者（注意《德国民民法典》第 2147 条第 1 句的表述），参看［德］雷纳·弗兰克、托比亚斯·海尔姆斯《德国继承法》（第 6 版），王葆莳、林佳业译，中国政法大学出版社 2015 年第 1 版，第 97 页。——译者注

责任之人来作出。因此，在这种情况下，最好的方式是将财产投资到一家公司之中，而继承人可以取得该公司的股份，同时也无须以继承人的个人财产承担债务，例如可以投资到一家有限责任公司（GmbH）中，然后再由第三人对公司进行经营管理。

614　3. 终意处分完全由被继承人个人所确定：是在被继承人死亡之后用于实现其意思的方式。正是基于这一考虑，《德国民法典》为终意处分制定了部分不同于其他意思表示相关法律的**特别规定（Sonderregelungen）**：被继承人**只能亲自（nur persönlich）**作出终意处分；所以也就排除了代理的适用，由第 2064 条在遗嘱方面对此进行规定，由第 2274 条规定继承合同。被继承人也**不能交由第三人来确定继承人（die Bestimmung des Erben nicht einem Dritten überlassen）**，参看第 2065 条。主观因素则主要体现在与第 119 条及以下各条不同的，由第 2078 条及以下各条所规定的终意处分**撤销（Anfechtung）**规定上。被继承人不能撤销其遗嘱（因为撤回权已经足够了），却能够撤销继承合同，参看第 2281 条，另外以此类推，只要被继承人受其约束，他也同样能够撤销共同遗嘱。在被继承人死亡之后，因终意处分的废弃而直接受益之人享有撤销终意处分的权利，参看第 2080 条。

例如：在**案例 2** 中，遗产主要就是一家大型的经济企业。夫妻两人在他们的共同遗嘱中指定了在经营管理企业方面非常年轻能干的 T 为继承人，因为他们相信她会亲自经营管理这家企业。然而，就在 V 去世前不久，T 与一个被派驻在印度的外交官结了婚并且搬去了印度，因此她将无法亲自经营管理企业。

S 可以撤销这一遗嘱，因为这样他作为法定继承人就将因此而受益，而且被继承人的动机出现了错误。也就是说，与第 119 条相反，根据第 2078 条第 2 款的规定，如果动机错误与终意处分的作出之间存在因果关系，那么也可以构成撤销的原因。M 在此也享有撤销的权利。然而，也可能出现的情况是，很明显夫妻两人之所以指定 T 为继承人的原因就是他们共同坚信，S 绝对不适合经营管理企业；这样一来，撤销将会失败。

615　此外，还存在大量独具特色的**解释性辅助规范（Auslegungshilfen）**，旨在使不明确的规定能够得到适用，参看第 2066 条及以下各条。其中尤其重要的辅助性规范有第 2084 条：终意处分的内容有不同解释时，使该项处分具有效力的解释优先，以及第 2085 条：在一项终意处分部分无效的情况下，有疑义时不导致整体无效。即使被继承人的计算能力很差，在作出涉及他全部财产的处分中对份额进行了错误计算，第 2089 条和第 2090 条的规定对此也已做好了提供辅助的准备了。

616　4. 遗嘱自由是与当今也仍然被广泛持守的财产的家庭责任（Bindung des Vermögens an die Familie）之原则相对立的原则。

例如：在**案例 1** 中，因为 M 认为自己的家庭成员都不适合经营管理企业，所以就在将妻子还是女儿指定为继承人之间犹豫不决，那么他也可能会将一家现存的或者由自己设立的基金会（参看第 83 条）指定为单独继承人，该基金会的宗旨在于为因年老或者疾病原因而离职的企业员工提供支持，以及为 M 过去就读过的文理中学毕业生提供教育方面的帮助。在非婚生子女的继承权方面，遗嘱自由也是适用的。

作为财产的家庭责任的思想残余，**特留份权利（Pflichtteilsrecht）**得以保留下 617
来。虽然这一权利并不意味着，在完全剥夺家庭成员继承权的情况下，终意处分就会无效，而是被继承人的直系卑血亲、配偶和父母这些本来按照法定继承应该可以参与继承，却因终意处分而被排除出继承之外的家庭成员，将有权获得其法定继承份额价值的一半，参看**第 2303 条**。婚生子女和非婚生子女均享有特留份权。在上文已经提及过的拼盘家庭中，不同子女的特留份请求权会根据与其有亲缘关系的配偶在“下一代人”中地位的不同而有所不同。特留份请求权是一项金钱请求权，对此需要估算遗产在继承开始时的价额，而被继承人所确定的价额不能作为计算之依据，参看第 2311 条第 2 款。

在**案例 1** 中，如果在 E 和 M 的婚姻关系存续期间适用的是法定婚姻财产制，那么 T 将享有遗产 1/4 份额的特留份请求权，而这应当以金钱的形式予以支付并且（除了第 2331a 条所规定的例外情况）是立即到期需要支付的，对于继承人而言这有可能会构成相当重大的经济负担，因为继承人还必须考虑到遗产税的问题。如果在 E 和 M 的婚姻关系存续期间没有适用法定婚姻财产制，那么 T 的特留份请求权就已经高达遗产价值的 3/8 了，因此此时实际上很难将 E 指定为唯一继承人。与此相反的是，如果 M 死亡时没有任何的直系卑血亲，那么根据第 2303 条第 2 款的规定，只有他的父母有权利获得特留份，而他父母的直系卑血亲，也就是 M 的兄弟姐妹则不享有特留份权，因此在这种情况下，E 将有可能（M 父母早已去世）成为没有任何特留份负担的唯一继承人。

第三节　继承人的法律地位

1. 继承法另一个显著特征是，继承人**自动取得遗产**[*]**(Erbschaft automatisch** 618
anfällt)，而无须接受行为或者任何国家的分配行为。继承发生（Erbfall）时，即被

* Anfall（动词形式 anfallen）的德文原意为“发生、出现”，在此的意思为“归属”，因此，德文原文意指“遗产自动归属于继承人”，现按中文表达习惯译为“继承人自动取得遗产”。而“遗产之归属”按照《德国民法典》相关的法定解释，指遗产移转于应当继承遗产之人，参看《德国民法典》第 1942 条第 1 款。——译者注

继承人死亡时，继承人即取得遗产并且遗产的具体标的也因此发生移转。

假设，在**案例 2**，V 的遗嘱是在他去世几个月后才被发现的。而他的遗孀在他去世的那一刻开始就成为所有权利的享有者，也就是土地和机器的所有权人、债权人、员工劳动合同的相对人，等等。任何的法院行为仅仅具有确认效力。

619 但是，在继承人不知情以及不愿意的情况下，遗产的取得不具最终效力；否则继承人将成为强制继承人了。

M 不希望作为所有人而继续经营处于严重危机中的企业，也不希望对新的，特别可能从劳资双方协调计划中所产生的债务承担个人责任。

620 2. 因此，继承人可以**放弃继承***(**die Erbschaft auszuschlagen**)，参看第 1942 条。放弃（Ausschlagung）是向遗产法院所作出的单方的要式表示，参看第 1945 条，并且放弃有期限限制，参看第 1944 条，这一期限对于需要先了解遗产概况的继承人来说相对是较短的。继承人放弃继承的，视为未取得遗产，参看第 1953 条。放弃具有溯及力。此时遗产将由依继承顺位应继承之人（同样是溯及继承发生时）取得，参看第 1953 第 2 款，其同样有权放弃继承。如果所有的法定继承人都放弃继承，国库则没有放弃继承的权利，参看第 1942 条第 2 款。

621 **承认继承（Annahme der Erbschaft）**** 后，继承人就失去了放弃继承的权利，参看第 1943 条；除此之外，承认继承并不具有其他更多的法律意义，尤其是承认继承并非取得遗产的必要条件。由于承认并无形式上的要求，因此也可以体现在对遗产的管理行为中，但是临时继承人对遗产所采取的纯粹照管措施则不能被看作是承认。

622 3. 概括继受（Gesamtrechtsnachfolge）也意味着债务的移转以及因此而产生的**继承人责任（Erbenhaftung）**。

623 继承人除了要承担之前由被继承人所产生的债务之外，也要承担因遗赠、特留份权利以及负担所产生的债务，参看第 1967 条。鉴于遗产与继承人的财产已经发生了合并，由新形成的财产整体承担债务，因此承担债务责任的财产范围也包括继承人（之前的）个人财产。如果无法避免以继承人（之前的）个人财产承担责任这种情况，那么继承将会是一件十分危险的事情。

624 所以，**继承人责任（die Erbenhaftung）**是可以**受限制（beschränkbar）**的。限制的方式就是对财产进行分离，更确切地说是通过遗产保佐（Nachlasspflegschaft）来实现清偿遗产债权人这一目的（遗产管理），或者通过遗产破产程序，参看第

---

* 德文原意为“拒绝遗产”，现按中文表达习惯译为“放弃继承”。——译者注

** 德文原意为“接受遗产”，现按中文表达习惯译为“承认继承”。——译者注

1975 条。这两种程序均消除了继承人对遗产的影响；继承人不能被强制以他自己的原始财产来清偿遗产债务，这一点很容易理解。

在遗产毫无价值的情况下，继承人也可以不经上述程序*而直接依据第 1990 条的规定提出所谓的遗产耗尽抗辩（Erschöpfungseinrede）。之后，继承人必须将遗产中所剩余的财产交付给相关的债权人。 625

如果继承人没有在遗产法院所设定的期限之内编制遗产目录（遗产清单），继承人故意造成遗产清单不完整，或者继承人有意并且不正当地将并不存在的债务列入遗产清单，那么他要以自己的个人财产就遗产债务**承担无限制的责任（haftet er unbeschränkt）**，参看第 1994 条、第 2005 条。法律规定这一后果的原因就在于，遗产清单是确保遗产债权人利益的手段，所以应当明列全部的遗产以供遗产债务之清偿。 626

4. 在法定继承和意定继承中，都经常会有多名继承人的存在。在这些继承人之间将会形成**继承人共同体（Miterbengemeinschaft）**。 627

（1）继承人共同体是一种**共手共同关系******（Gesamthandsgemeinschaft）**，并非法人主体。因此，每个共同继承人都是全部遗产的所有权人，但他的所有权也受到同时存在的其他共同继承人的限制。无论各个共同继承人所享有的继承份额相同或者大有不同，都不对这一原则性的结构产生任何影响。与共手特征相符的是，个别共同继承人不能处分自己在单个遗产标的上的份额，参看第 2040 条，但是他可以处分和出让他在整个共手财产，也就是全部遗产中自己应得的份额，参看第 2033 条。这一规定符合继承人共同体的遗产分割目的。 628

（2）如果没有指定遗嘱执行人，那么就由继承人共同体来共同管理遗产。继承人共同体的目的是**分割（auseinanderzusetzen）**遗产。任何一名共同继承人都有要求分割遗产的请求权，参看第 2042 条，不过即使这样做在经济关系和人际关系上都可能会存在问题，被继承人还是可以将遗产分割的期限最长延长 30 年，参看第 2044 条。分割意味着从共手所有权（Gesamthandseigentum）变为共同继承人的单独所有权。实践中，如果一名共同继承人想要进行遗产分割，那么他必须制定一份分割计划，该计划必须考虑到共同继承人的份额以及可能存在的被继承人的分割指 629

---

* 因为遗产价值完全不足以清偿遗产管理或者遗产破产程序的费用，以至于无法进行这样的程序，参看《德国民法典》第 1990 条第 1 款。——译者注

** Gesamthandsgemeinschaft 一词亦有翻译为“公同共有财产关系”或者“共同共有关系”的，这首先是一种共同关系或者说共同体（Gemeinschaft），在德国法中以各种之债中的一种而被规定于第 741 条及以下各条当中，紧接着合伙（Gesellschaft）之规定，因此作者才马上提示这种共同关系或者说共同体不同于法人。而在这种共有关系之前提下才会讨论各个不同财产或者说物的共手所有权［Gesamthandseigentum，或可译为共手共有，参看下文本节 4.（2）］问题。而在我国法律语境下，“共同共有关系”很容易让人直接联想到是一种物权法上的共有关系，所以为了避免混淆，将其译为“共手共同关系”。除了继承人共同体之外，德国家庭法上若采用财产共有制这种婚姻财产制，那么也会在配偶双方之间形成这种共手共同关系，参看《德国民法典》第 1419 条。——译者注

示（第 2048 条），比如当一名被继承人想要将她的珠宝首饰分配给女儿和（外）孙女时，就可以考虑事先作出分割指示。如果其他共同继承人都一致同意，那么就可以按照这一计划进行分割，不过共同继承人也可以一致忽视某一分割计划。如果所有共同继承人之间无法就分割计划达成一致，那么必须（在紧急情况下仅针对分割计划反对者）提起要求同意分割计划之诉。

因此，土地必须根据第 873 条、第 925 条的规定，而动产必须根据第 929 条及以下各条的规定进行让与。很有可能会出现并且现实中经常难以避免的是，出售遗产标的并且分配由此获得的收益。特别是继承人共同体继承了一家企业时，如果没有一名共同继承人，比如根据被继承人的分割指示（第 2048 条），享有接管这家企业的请求权，那么就有可能出现前述的这种情况。每一名共同继承人都可以请求分割，例如在**案例 1** 中，如果 E 女士和 T 之间存在分歧或者对企业的继续经营持有不同看法，那么任何一名共同继承人的分割请求可能性就有可能是这两个人没有被指定为共同继承人的原因所在（这同时也将导致发生法定继承的后果）。

本章小结

为了确保因死亡导致人权利能力终止时权利的概括继受者可以取代其原有地位，法律发展出了以婚姻和亲属关系作为其基础的毫无漏洞的法定继承（*gesetzliche Erbfolge*）。然而，法定继承仅仅在被继承人没有通过终意处分确定继承人的情况下适用。法定继承是基于出身而将亲属区分为不同的法定继承顺位，其中第一顺位的继承人是包括非婚生子女在内的被继承人的直系卑血亲，第二顺位的继承人则为被继承人的父母和父母的直系卑血亲。此外，被继承人的配偶同样也作为法定继承人参与继承。

法律所规定的终意处分（*letztwillige Verfügung*）包括单方作出并且可以自由撤回的遗嘱以及对被继承人具有约束力的继承合同。在只有配偶和生活伴侣双方可以设立的共同遗嘱中，相互关联处分自配偶一方死亡时起对配偶另一方产生约束力。只有配偶和生活伴侣可以制定的共同遗嘱，从其中一位配偶去世开始，对另一位配偶的相互规定产生约束作用。指定继承人使被指定者成为被继承人的直接概括继受者；遗赠则赋予受益人（受遗赠人）一项可以针对继承法上被加重负担者的债法上的请求权。终意处分的主观内容促使《德国民法典》发展出了针对终意处分之撤销、解释和撤回的一系列特殊规定，这些规定的适用取代了总则部分相应规定的适用。

如果被继承人的直系卑血亲、配偶和父母因终意处分而被排除出指定继承之外，那么他们就作为特留份权利人（*Pflichtteilsberechtigte*）而针对继承人享有要求支付其法定继承份额价值之一半的请求权。

继承人（*Erbe*）在继承发生时自动取得遗产，而不取决于其本人知情以及愿意与否；但是继承人同样可以通过放弃继承来溯及既往地排除遗产的取得。继承人对遗产债务承担无限责任，但是可以进行限制。限制的方式则是遗产管理、遗产破产以及遗产耗尽抗辩。继承人共同体是一种旨在进行遗产分割的共手关系。

参考文献

法定继承：

Brox/Walker，Erbrecht，25. Aufl. 2012，§§3－7；Frank/Helms，Erbrecht，5. Aufl. 2010，§2；Michalski，BGB-Erbrecht，4. Aufl. 2010，§§2－7.

意定继承：

Brox/Walker，§§8，11；Frank/Helms，§§4，5；Michalski，§§9，11.

继承人的法律地位：

Brox/Walker，§§29－31，37；Frank/Helms，§18，19；Michalski，§§22，23.

第 17 版译后记

本书第 16 版的译本出版后，收到了一些同仁的反馈，特别是上海财经大学的朱晓喆教授，对译本中的一些不当之处提出了宝贵意见，特致谢忱！有些读者对一些术语的翻译提出了疑问，为此，在第 17 版的译本中以译者注的方式对相关术语翻译进行了说明。欢迎各位贤达继续提出宝贵批评。

本书德文第 17 版出版于 2013 年，而最新第 18 版将于 2026 年出版。自 2013 年至今，德国家庭法在不同的具体领域就基本制度进行了多次重大的变革和更新，例如面向所有人的婚姻（Ehe für alle）制度之确立、婚姻财产制的修订、扶养法改革、亲子关系法的实践发展以及监护照管法的更新等。因此，本书德文第 17 版在不少内容的论述乃至于具体术语的使用方面都已经无法反映《德国民法典》家事法的最新修订情况。此外，德国继承法与我国继承法无论是制度本身还是在术语使用方面都差别较大，因此，在由新加入之译者对本书第十三章以下进行全面重译的情况下，一方面尽量保留第 17 版原文风貌，另一方面在不影响读者阅读理解的前提下对术语进行一定的更新，同时着重在家庭法及继承法部分增加说明性注释。不过由于本书本身并未涉及监护照管法方面的论述，所以注释主要是关于婚姻法改革、扶养法以及新增约定财产制方面的说明。而继承法方面的注释主要是针对一些和我国法律用语差别很大或者对本身容易混淆的概念作了一些说明。以上说明性注释均以“译者注”之形式标出，以和原书注释加以区别。

本书新版翻译之出版依然要感谢中南财经政法大学李昊教授在翻译工作中的组织及协调。

本书的翻译工作分工如下：张定军：第一至十二章；雷巍巍、李方：德文第 17 版序言，第十三至二十一章。德文第 16 版序言直接沿用第 16 版中译本葛平亮老师译文，德文第 1 版、第 12 版序言则在葛平亮老师译文之基础上由雷巍巍、李方略作修改补充，在此对葛平亮老师致以诚挚感谢！本书重译以及旧译更新完成后，由译者对译文进行了互校，最后，由雷巍巍、李方统一对全书进行了总校。翻译之事挂一漏万，加之译者水平及时间所限，难免疏漏讹误，恳请方家和读者不吝指正，批评和建议请发至 sanhaklei@sina. con，对此深表感谢！

译者

2025 年 2 月 15 日于张家口

图书在版编目（CIP）数据

德国民法基本概念：从案例出发的德国私法体系导论：第 17 版/（德）哈里·韦斯特曼，（德）哈尔姆·彼得·韦斯特曼著；张定军，雷巍巍，李方译. -- 北京：中国人民大学出版社，2025. 4. --（外国法学精品译丛）. -- ISBN 978-7-300-33992-4

Ⅰ. D951. 63

中国国家版本馆 CIP 数据核字第 2025V4L129 号

外国法学精品译丛
主　编　李　昊
德国民法基本概念（第 17 版）
——从案例出发的德国私法体系导论
［德］哈里·韦斯特曼（Harry Westermann）
［德］哈尔姆·彼得·韦斯特曼（Harm Peter Westermann）　著
张定军　雷巍巍　李　方　译
Deguo Minfa Jiben Gainian——Cong Anli Chufa de Deguo Sifa Tixi Daolun

出版发行	中国人民大学出版社		
社　　址	北京中关村大街 31 号	**邮政编码**	100080
电　　话	010－62511242（总编室）		010－62511770（质管部）
	010－82501766（邮购部）		010－62514148（门市部）
	010－62511173（发行公司）		010－62515275（盗版举报）
网　　址	http://www. crup. com. cn		
经　　销	新华书店		
印　　刷	涿州市星河印刷有限公司		
开　　本	787 mm×1092 mm　1/16	**版　　次**	2025 年 4 月第 1 版
印　　张	14. 75 插页 1	**印　　次**	2025 年 4 月第 1 次印刷
字　　数	293 000	**定　　价**	78. 00 元